FASCINANT

/

FASCISANT

Questions contemporaines

Collection dirigée par B. Péquignot, D. Rolland et Jean-Paul Chagnollaud

Chômage, exclusion, globalisation... Jamais les « questions contemporaines » n'ont été aussi nombreuses et aussi complexes à appréhender. Le pari de la collection « Questions contemporaines » est d'offrir un espace de réflexion et de débat à tous ceux, chercheurs, militants ou praticiens, qui osent penser autrement, exprimer des idées neuves et ouvrir de nouvelles pistes à la réflexion collective.

Dernières parutions

Marcelo BIDINOST, *La ville comme paysage du sentiment, Le sentiment urbain à Bueno Aires aux XIXe et XXe siècles*, 2012.
Gérard SAINSAULIEU, *Les trottoirs de la liberté. Les rues, espace de la République*, 2012.
Jean-Christophe TORRES, *Les enseignants. Quelle reconnaissance pour un métier en crise ?*, 2012.
Gérard LEFEBVRE, *Les chemins du silence*, 2012.
Hubert LEVY-LAMBERT et Laurent DANIEL (dir), *Les douze travaux d'Hercule du nouveau Président*, 2012.
Tony FERRI, *Qu'est-ce que punir ? Du châtiment à l'hypersurveillance*, 2012.
Abou-Bakr Abelard MASHIMANGO, *La dimension sacrificielle de la guerre. Essai sur la martyrologie politique*, 2012.
Jordane ARLETTAZ, Séverine NICOT (dir.), *Le cadre juridique de la campagne présidentielle*, 2012.
Alain BÉNÉTEAU, Louis MALLET, Michel CATLLA, *Les régions françaises au milieu du gué, Plaidoyer pour accéder à l'autre rive, 2012.*
Jean BRILMAN, *Réconcilier démocratie et gestion*, 2012.
André PRONE et Maurice RICHAUD, *Pour sortir du capitalisme. Éco-partage ou communisme ?*, 2012.
Christophe du PAYRAT, *Pourquoi avoir fait de Mayotte le 101e département français ?*, 2012.

Alain CHEVARIN

FASCINANT
/
FASCISANT

Une esthétique d'extrême droite

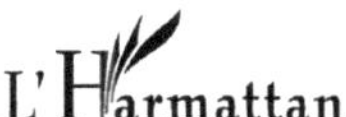

5-7, rue de l'École-Polytechnique ; 75005 Paris

http://www.librairieharmattan.com
diffusion.harmattan@wanadoo.fr
harmattan1@wanadoo.fr

ISBN : 978-2-336-00531-7
EAN : 9782336005317

« *L'art* [...] *doit consister à attirer l'attention de la multitude* [...] *son action doit toujours faire appel au sentiment et très peu à la raison.* »

Adolf Hitler, *Mein Kampf*,
181, « Propagande de guerre »

Introduction

Le 16 mai 1981, dans un article paru dans le journal *Le Monde*[1] sous le titre : « *Un nouveau "Juif Süss" : Lili Marleen* », la sociologue et spécialiste du cinéma Annie Goldmann, alors assistante à l'École des Hautes Études en Sciences Sociales, écrivait à propos du film de Werner Fassbinder *Lili Marleen* : « *Il ne viendrait à l'idée de personne de soutenir que Fassbinder – l'homme et le cinéaste – est antisémite. Pourtant, qu'il l'ait voulu ou non – cela est une autre histoire –, son film l'est bel et bien* ».

Une telle formulation, précédée de l'assertion liminaire : « *On ne répétera jamais assez que tout film est idéologique* », mettait l'accent sur un aspect crucial de l'étude des productions artistiques. Il paraît en effet logique de se demander, comme pour toutes les productions humaines, et plus particulièrement celles qui appartiennent au domaine culturel, de quelle manière et dans quelle mesure les œuvres d'art participent des systèmes de pensée, des systèmes de représentation qui se sont développés dans la société où elles ont pris naissance. L'incrimination d'antisémitisme proférée à propos du film de Fassbinder, associée à l'affirmation que l'auteur ne saurait, lui, être l'objet d'un tel soupçon, permet d'emblée d'affiner le questionnement, et de mettre en jeu les rapports qu'entretient une œuvre avec son auteur : dans quelle mesure et par quels moyens une « idéologie » peut-elle pénétrer ou innerver une œuvre littéraire ou artistique indépendamment de la pensée ou de la volonté de son auteur ? Les relations qui unissent et parcourent le trinôme constitué de l'auteur, de l'œuvre et des systèmes de représentation environnants, même si elles ont donné lieu à une ample littérature, ne se laissent pas facilement appréhender.

Si en effet les domaines politique, économique, social offrent des terrains d'étude relativement faciles à analyser de ce point de vue, parce que l'idéologie y transparaît clairement, traduite en conceptions affirmées, en programmes définis, en revendications explicites, ou parce qu'elle s'y cache sous des « mythes », au sens donné à ce mot par Roland Barthes dans ses *Mythologies*, que l'analyse permet d'élucider, l'art, au sens large et incluant la littérature, est souvent considéré, depuis le « *Tel arbre, tel fruit* » de Sainte-Beuve, comme relevant davantage d'une personnalité, d'une expression ou d'une sensibilité individuelles. Telle est la conception courante, la vulgate scolaire stigmatisée par Pierre Bourdieu dans l'Avant-

[1] *Le Monde* du 16 mai 1981.

propos de son ouvrage *Les règles de l'art*[2] à travers les « *mornes topiques* » dont il trouve l'expression caractéristique dans *Le Don des morts* de Danièle Sallenave[3], selon qui la littérature « *traite toujours de l'homme singulier, dans sa singularité absolue* ». Telle est la conception que développe aussi par exemple, dans la lignée de la pensée heideggérienne, le philosophe allemand Hans-Georg Gadamer, cité également par Bourdieu : « *l'œuvre d'art représente un défi lancé à notre compréhension parce qu'elle échappe indéfiniment à toute explication et qu'elle oppose une résistance toujours insurmontable à qui voudrait la traduire en l'identité du concept* »[4].

Si nous essayons d'affiner la problématique, plusieurs questions se posent. Si l'œuvre d'art est produite par un créateur singulier – et le terme même de *créateur* est, par ses connotations, loin d'être innocent –, si sa réception relève d'une expérience esthétique individuelle et largement indicible, comment y reconnaître une idéologie ? Comment, indépendamment même de la volonté consciente de son auteur, l'œuvre d'art véhicule-t-elle une idéologie, lorsque du moins elle n'est pas une œuvre explicitement engagée ? Encore l'œuvre engagée paraît-elle souvent porter plus un message qu'une idéologie : le *Guernica* de Picasso par exemple n'est-il pas davantage un cri de dénonciation du massacre commis contre les habitants de cette ville que le vecteur d'un système de pensée particulier et identifiable ?

À de telles questions György Lukács ou Lucien Goldmann, d'un côté, Roland Barthes, d'un autre, pour ne citer que les précurseurs les plus connus[5], ont apporté des éléments de réponse, mettant en évidence qui les déterminations sociales et l'influence du milieu, qui les réseaux idéologiques au sein desquels s'élabore l'œuvre. Mais il s'agissait dans la plupart des cas d'analyser la prégnance dans le domaine culturel d'une idéologie au sens de la vulgate marxiste, c'est-à-dire d'une superstructure venant étayer et justifier la domination socio-économique de la classe dominante (en l'occurrence la bourgeoisie ou, chez Barthes, sa fraction « *petite-bourgeoise* »).

---

[2] P. Bourdieu, *Les règles de l'art. Genèse et structure du champ littéraire*, Paris, Seuil, rééd. 1998, pp. 9-10.

[3] Danièle Sallenave, *Le don des morts. Sur la littérature*, Paris, Gallimard, 1991.

[4] H.-G. Gadamer, *L'Art de comprendre, Ecrits* II, *Herméneutique et champ de l'expérience humaine*, Paris, Aubier, 1991, p. 17.

[5] Voir notamment G. Lukács, *La Théorie du roman*, trad., Paris, 1963 ; *Le Roman historique*, trad., Paris, 1965 ; *Balzac et le réalisme français*, trad., Paris, Maspéro, 1969 ; L. Goldmann, *Racine*, Paris, L'Arche, 1956 ; *Pour une sociologie du roman*, Paris, Gallimard, 1964 ; R. Barthes, *Le degré zéro de l'écriture*, Paris, Seuil, 1953 ; *Mythologies*, Paris, Seuil, 1957.

La question se pose autrement s'agissant de l'antisémitisme évoqué à propos de *Lili Marleen*, ou, ce qui sera l'objet de la présente étude, de l'idéologie d'extrême droite – pour une partie de laquelle l'antisémitisme n'est qu'un des traits idéologiques –. L'extrême droite en effet, quelques pertinentes qu'aient pu être les analyses qui y ont vu un recours politique de la bourgeoisie en temps de crise, ne constitue pas sociologiquement une classe : même en restreignant l'analyse à un lieu géographique – la France – et à un moment historique – la période contemporaine – étroitement délimités, sa composition sociologique, largement analysée notamment à l'occasion des scrutins électoraux[6], en témoigne. Ne constituant pas une classe, elle n'est pas non plus en position de produire une idéologie au sens marxien de construction idéelle servant à justifier un ordre existant : la pensée d'extrême droite ne représente pas la doctrine ou l'idéologie d'une classe définie, et ses modes d'élaboration diffèrent de ceux des classes sociales tels qu'étudiés par les auteurs que nous avons cités.

C'est donc à une autre définition de l'idéologie qu'il faudra ici faire appel. Avec Gramsci, nous y verrons « *une conception du monde* », liée à une norme de conduite, « *qui se manifeste implicitement dans l'art, dans le droit, dans l'activité économique, dans toutes les manifestations de la vie individuelle et collective* »[7], définition assez neutre et extensive pour pouvoir être appliquée aux catégories qui nous intéressent ici.

D'autre part, les études menées sur les rapports entre idéologie et culture ont permis de mettre en évidence les liens existant entre idéologies et conditions de la production culturelle, et formes générales de celle-ci, et contenu thématique des œuvres, mais beaucoup plus difficilement entre idéologies et esthétique. À la différence de la littérature, et surtout de la littérature romanesque, fréquemment étudiées dans cette optique du fait de leur rôle social, l'œuvre d'art proprement dite, peinture, sculpture, musique, est restée plus souvent à l'écart de ces analyses parce que sa production, par son caractère d'unicité, par le lien étroit qu'elle entretient avec la personnalité de son auteur, occulte en partie les éléments idéologiques, et par sa diffusion restreinte entre avec la vie sociale dans un rapport moins étroit : comme le note Pierre Bourdieu, « *la fermeture du champ de production crée les conditions d'une circularité et d'une réversibilité presque parfaite des relations de production et de consommation* »[8].

---

[6] Voir par exemple Birgitta Orfali, *L'adhésion au Front national. De la minorité active au mouvement social*, Paris, Kimé, 1989 ; Alain Bihr, *Le spectre de l'extrême droite. Les français dans le miroir du Front national*, Paris, Editions de l'Atelier / Editions ouvrières, 1998.

[7] Voir notamment, d'Antonio Gramsci, le cahier 11 des *Cahiers de prison*, Paris, Gallimard, 1978 (traduction des *Quaderni del carcere* 10 à 13), volume III, p. 180 pour la définition.

[8] *Les règles de l'art. Genèse et structure du champ littéraire*, Paris, Seuil, rééd. 1998, p. 488.

La question se pose pourtant avec acuité, pour deux raisons au moins : la place relativement importante que l'extrême droite occupe depuis une trentaine d'années dans la vie publique en France et dans un certain nombre d'autres pays européens, et le fait que le domaine culturel est un lieu d'investissement parfois discret mais essentiel des droites extrêmes. Une telle interrogation est donc loin d'être incongrue.

Ainsi, par exemple, et ce n'est pas anodin, c'est dans le domaine culturel qu'ont été prises, à Orange comme à Toulon avec Chateauvallon, les premières mesures des municipalités Front national nouvellement élues en 1996-97. La « Nouvelle Droite » d'autre part a depuis quarante ans fait du champ culturel son secteur d'intervention privilégié en France et en Europe, et influencé dans ce sens toutes les droites extrêmes. Dès 1967, l'écrivain et ancien dirigeant des groupes d'extrême droite Jeune Nation puis Europe-Action, Dominique Venner, constatant l'échec des formes classiques de structuration et d'intervention politique ou activiste, prône la constitution d'une organisation dont le « *rôle interne serait celui d'une centrale idéologique, diffusant aux membres un enseignement doctrinal actualisé et permanent. À la base, une organisation sans hiérarchie, sans délimitation territoriale, mais des membres qui fassent rayonner notre enseignement, suivant leur milieu, leurs capacités et leurs affinités. Cela signifie que chaque membre ait l'obligation de militer dans une activité civique, sociale, politique ou culturelle qui lui donne une influence sur d'autres hommes* »[9]. Le GRECE, Groupement de Recherches et d'Études pour la Civilisation Européenne, la principale organisation de la Nouvelle Droite, créée en 1969, et qui a eu sur les droites extrêmes une influence éminente, se définit comme une « *société de pensée à vocation intellectuelle* » et se fixe pour objectif d'élaborer une « *nouvelle culture de droite* »[10].

Et, même s'il convient de rejeter clairement à propos des droites extrêmes la « *loi de l'amalgame* » que dénonce justement Pierre Milza à propos du fascisme[11], il n'est pas inutile de se rappeler que, de manière significative, dans l'Allemagne de l'entre deux guerres, le premier des cinq jours que dura le premier congrès du parti nazi, le 5 septembre 1934, fut consacré à la « Grande Diète culturelle du Parti national-socialiste ».

Ces particularités tant de l'œuvre d'art que de la pensée d'extrême droite rendent délicate l'étude de leurs rapports. En dehors des écrivains et artistes

---

[9] Dominique Venner, Rapport au Collège central du Rassemblement Européen de la Liberté, 2 juillet 1967. Cité par René Monzat, *Enquêtes sur la droite extrême*, Paris, Le Monde-Editions, 1992, p. 208.

[10] Pierre Vial, « Le GRECE et la Révolution du XXIe siècle », dans *Le Monde* du 24 août 1979.

[11] Pierre Milza, *Fascisme français*, Paris, Flammarion, 1987, p. 25.

militants, en dehors des œuvres qui développent une thématique aisément identifiable, comment la pensée d'extrême droite innerve-t-elle un roman, un tableau, une œuvre musicale, comment s'y manifeste-t-elle, comment peut-on l'y reconnaître ? La réponse n'est pas aisée à formuler. Comme l'affirmait naguère le journaliste Michel Contat, faisant dans *Le Monde des Livres*[12] la critique d'un ouvrage de l'historienne Jeannine Verdès-Leroux, *Refus et violence*, sous-titré « *Politique et littérature à l'extrême droite, des années 30 aux retombées de la Libération* » : « *<celle-ci> s'abstient, sur Céline et sur Drieu, d'un jugement littéraire* [...]. *Il y aurait sans doute un autre livre à écrire, beaucoup plus difficile, qui prendrait les œuvres en tant que telles, à droite, à gauche, au centre, pour voir en quoi elles fonctionnent ou non dans le sens de la démocratie* ».

Nous n'avons pas ici l'ambition d'écrire ce « *livre plus difficile* », mais simplement de poser quelques jalons permettant d'examiner et de définir les liens réciproques, d'aucuns diraient dialectiques, qui unissent les systèmes de pensée et de représentation d'extrême droite aux œuvres d'art, à la production artistique et littéraire, et aux conceptions qui l'accompagnent ou la sous-tendent.

Plus précisément, quels critères permettent de rattacher des productions artistiques à une pensée d'extrême droite ? Qu'est-ce qui fait qu'on peut légitimement classer comme véhiculant un système de représentation d'extrême droite telle ou telle œuvre d'art, au sens large et en laissant de côté les œuvres délibérément engagées, propagandistes ou polémiques ? Existe-t-il enfin un art d'extrême droite, et au-delà une esthétique d'extrême droite ?

C'est à ces questions que nous entendons apporter des éléments de réponse, en nous appuyant essentiellement sur l'étude des conceptions des droites extrêmes dans la France d'aujourd'hui, sans nous interdire des incursions et dans l'histoire et au-delà des frontières, tant il est vrai que la pensée d'extrême droite est faite de constantes et de récurrences.

Mais cet examen amène une autre problématique.

On peut en effet aisément montrer que l'extrémisme de droite, sous ses différents aspects, défend et développe, de manière plus ou moins explicite et parfois contradictoire, des conceptions culturelles au sein desquelles l'analyse peut toutefois déceler des éléments de convergence, des points d'ancrage qui fondent une esthétique commune.

---

[12] *Le Monde des Livres* du 19 avril 1996. L'ouvrage de Jeannine Verdès-Leroux a été publié chez Gallimard en 1996.

Cependant, ces idées, ces conceptions, ces manifestations culturelles n'apparaissent pas comme un phénomène totalement détaché de l'environnement sociétal et isolé dans un mode de pensée particulier. Ni le seul nationalisme, ni l'idéologie conservatrice, ni la normativité quasi absolue, ni le rejet de l'autre ne suffisent à en rendre compte ni à lui conférer une spécificité. La facilité relative avec laquelle les extrêmes droites récupèrent des thèmes culturels, des artistes ou des écrivains, est de ce point de vue révélatrice de l'immersion de la pensée d'extrême droite dans un substrat plus large, dans lequel elle peut puiser impunément.

Ce sont les fondements de celui-ci que nous nous proposons de tenter de mettre au jour et d'analyser : si la pensée culturelle d'extrême droite n'apparaît pas comme un corps étranger, isolé dans ses spécificités, c'est que les éléments divers qui la constituent en système participent, sous une forme certes exacerbée, d'un ensemble culturel diffus qui traverse une bonne part de la société, soit que les droites extrêmes aient investi, récupéré, subverti des schèmes culturels présents ailleurs, soit, plus efficacement, qu'elles aient répandu dans la société des éléments de leur pensée spécifiques mais reçus comme banals, perçus désormais comme relevant d'une koinè culturelle, devenus autant de *mythes*, au sens que Barthes donne à ce terme, dans une société frappée d'aliénation.

Si elle a pu peu à peu s'imposer dans des couches sociales de plus en plus larges, c'est que des éléments existaient dans la société, qui préparaient sa venue, suffisamment anodins ou mêlés pour ne pas être identifiés comme relevant d'un courant de pensée précis, mais suffisamment établis dans les schèmes culturels pour être réinvestis sans mal par la pensée extrémiste, et suffisamment marqués pour fournir une référence claire à l'extrême droite. Ainsi par exemple, hors du domaine culturel, de la violence : banalisée et considérée comme consubstantielle à l'humanité, elle occupe cependant une place éminente dans la vie sociale, et forme avec le pacifisme ou la non-violence un couple antithétique qui permet son inscription comme référence par et dans le système de pensée d'extrême droite. En d'autres termes, tous les gens violents ne sont pas d'extrême droite, mais les gens d'extrême droite font de la violence une valeur de référence et la légitiment par son existence dans la société : *homo homini lupus*.

Dans le domaine culturel, la pensée d'extrême droite associe des conceptions, des thèmes, des idées directrices qui, pris isolément, appartiennent chacun à des ensembles plus vastes et plus diffus qui traversent toute la société contemporaine. Que ce soit dans le secteur de la littérature, dans celui de la peinture, dans celui de la musique ou dans tous les secteurs culturels au sens large, on retrouve des interférences idéologiques entre la pensée d'extrême droite et d'autres courants, souvent dominants dans la société occidentale. Ce sont les éléments qui se trouvent à l'intersection de ces différents courants qui constituent les points d'ancrage permettant à l'extrême droite de se développer au sein de la société civile. Ce sont eux qui, rassemblés, cristallisés, exaltés, constituent le corpus idéologique commun aux droites extrêmes. Ce sont eux que, d'un point de vue militant, il convient de circonscrire.

C'est cet ensemble que nous nous proposons d'étudier, afin de délimiter ce qui, dans les pensées culturelles dominantes, dans les comportements culturels, dans les courants artistiques, dans les conceptions esthétiques, ressortit de fait d'un système de pensée et de représentation d'extrême droite.

I

La « guerre culturelle »

L'arrivée en juin 1995 du Front national à la tête des mairies françaises d'Orange, Toulon et Marignane, puis un peu plus tard, en février 1997, de Vitrolles avec Catherine Mégret, a très vite mis en lumière l'intérêt que porte ce parti à la politique culturelle : parmi les mesures prises par les municipalités frontistes, les plus visibles, au moins par leur impact médiatique, concernent précisément ce secteur.

Déjà, avant même d'arriver à la tête de municipalités, des responsables avaient tenté précédemment de mettre en pratique leurs idées sur la culture, en essayant de censurer ou de « purger » des bibliothèques municipales, des lieux d'exposition, etc. À Dreux, Mireille Brion, l'adjointe à la culture entre 1983 et 1989, élue du Front national, tente de faire éliminer des abonnements de la bibliothèque municipale les revues jugées trop « *progressistes* » (notamment celles du Syndicat de la Magistrature, *Justice*, et du MRAP, *Différences*, ainsi que la revue *Europe* fondée par Romain Rolland[13]). À Nice, sous Jacques Médecin, Adrienne Franchi, conseillère Front national, demande en 1989 d'enlever des bibliothèques municipales un certain nombre de livres qu'elle juge d'« *endoctrinement* » : parmi les auteurs incriminés, le romancier d'origine marocaine Tahar Ben Jelloun (Prix Goncourt en 1987 pour *La Nuit sacrée*), le journaliste américain John Griffin (auteur de *Dans la peau d'un Noir*, ouvrage pour lequel il a pris pendant quelques mois l'apparence d'un noir afin de connaître « de l'intérieur » les réalités de la discrimination raciale), mais aussi Bernard Stasi, député centriste (sous l'étiquette du Centre des Démocrates Sociaux, devenu en 1995 Force Démocrate, une des composantes de l'UDF) et ancien ministre du gouvernement Messmer dans les années soixante-dix, pour son livre *L'immigration, une chance pour la France*[14], publié en 1985. Lorsque le Front national dirige quatre municipalités importantes, les mêmes démarches se font plus vigoureuses et sont suivies d'effets.

Cependant, dans un premier temps, après avoir conquis trois municipalités, le Front national a remporté, pendant l'été 1995, une seconde victoire : il a réussi à apparaître, dans le domaine culturel, comme un parti

---

[13] *Le Monde* du 6 janvier 1984.
[14] *Le Monde* du 29 février 1992.

comme les autres, sous la direction duquel art et culture pouvaient continuer à s'épanouir : aussi bien à Orange qu'à Toulon, la saison estivale s'est déroulée quasi normalement. Les célèbres Chorégies d'Orange se sont passées sans problème, et, le 28 juillet 1995, les organisateurs se sont même offert le luxe d'en refuser la présidence à Jacques Bompard, le maire FN, au profit de Thierry Mariani, le député RPR du Vaucluse[15] ; à Toulon on a même eu un concert antiraciste. À Toulon encore, le départ de Châteauvallon et de son célèbre festival, en signe de protestation contre la présence frontiste, du chorégraphe Angelin Preljocaj[16], français d'origine albanaise, stigmatisé un peu plus tard sous le sobriquet de « *Monsieur Prejlyocxwjkalj* » dans le bulletin municipal *Le Toulonnais*[17], est, dans ces conditions, presque passé pour une réaction d'artiste susceptible plutôt que comme une première riposte au Front national. Et le secrétaire national Jean-Yves Le Gallou peut se permettre de faire de l'humour devant les journalistes encore le 13 juin 1996 : « *La mer baigne toujours la rade de Toulon, les avions continuent de se poser à Marignane et le théâtre antique est toujours debout à Orange* »[18].

Pourtant, depuis le 26 septembre 1995 au moins, le Front national tente de remporter une troisième victoire en appliquant sa politique culturelle : à cette date, le conseil municipal d'Orange a décidé de rompre sa convention avec l'association culturelle Mosaïques, organisatrice d'une quarantaine de spectacles l'année précédente, et de supprimer les subventions et les salles municipales accordées tant à Mosaïques qu'aux organisateurs des Chorégies, ce qui revenait à les asphyxier financièrement. Ce sont les premières mesures. Les autres vont suivre : les associations existantes, tant à Toulon et Marignane qu'à Orange, sont « reprises en main » par les nouvelles équipes municipales, clubs de sport y compris, par exemple le Rugby Club Toulonnais.

Les réactions visant à contourner les diktats culturels ou à éviter la collaboration avec les municipalités Front national montrent leurs limites. À Orange, dès l'automne 1995, le ministre de la Culture, Douste-Blazy, décide d'accorder à la ville le million de francs de subventions pour l'organisation des Chorégies que la nouvelle municipalité vient de supprimer : le nouveau maire, Bompart, ne peut y voir qu'un avantage, puisqu'il a en fin de compte pu mettre en œuvre sans contrepartie sa politique culturelle. Il explique[19] : « *Au bout du compte, le pouvoir m'a rendu service. Grâce à son intrusion,*

[15] *Le Monde* des 30-31 juillet 1995.
[16] *Le Monde* du 5 juillet 1995.
[17] *Le Toulonnais* du 13 janvier 1996.
[18] Cité par Michel Soudais, *Le Front national en face*, Paris, Flammarion, 1996, p. 15.
[19] *National Hebdo* n° 621 du 13 au 19 juin 1996, p. 5.

nous avons renégocié le contrat avec l'association des Chorégies à l'avantage de la ville : suppression de la subvention de 1 million de francs. » À Toulon, le créateur et directeur du Théâtre National de la Danse et de l'Image de Châteauvallon, Gérard Paquet, refuse tout contact officiel avec la municipalité frontiste, et refuse en particulier de demander la subvention que la municipalité accordait les années précédentes : « *Autant d'économies pour la ville* », répond Le Chevallier, le maire Front national[20].

Cependant, l'été culturel suivant, en 1996, malgré la déprogrammation du groupe de rap Suprême NTM (voir ci-dessous), malgré quelques craintes lors de la venue de la troupe de Béjart aux Chorégies, malgré des menaces contre la manifestation « *Connections hip hop* » à Chateauvallon[21], s'est en définitive, aussi bien à Orange qu'à Toulon ou à Marignane, passé sans heurts. Même la récupération bat son plein : lorsque, le 3 août, on joue aux Chorégies d'Orange *La Force du destin*, de Verdi, Bompart n'hésite pas à qualifier celui-ci de « *chantre du nationalisme italien* » ... [22]

Le Front national met ainsi en œuvre sa vraie politique culturelle, mais d'abord au coup par coup, plus ou moins discrètement, et de préférence hors des projecteurs de l'actualité estivale. C'est ainsi le 2 octobre 1996 seulement que le maire de Toulon demande au tribunal des référés que soit mis fin aux fonctions de Gérard Paquet, directeur du Théâtre de Chateauvallon et animateur de la « résistance » au Front national[23]. C'est aussi cette attitude qui explique que, aux élections municipales de 2001, les municipalités frontistes, sauf celle de Toulon, verront confirmée leur implantation locale, le MNR Simonpiéri étant même réélu à Marignane avec plus de soixante pour cent des voix.

Peu à peu cependant, les choses évoluent. Après avoir tenu en septembre 1996 sa douzième université d'été sur, précisément, le thème « *Culture et politique* », le Front national accélère la prise de mesures drastiques dans le domaine culturel. C'est la mise en pratique concrète de ce qu'il appelle volontiers lui-même la « *guerre culturelle* » (l'expression « *guerre culturelle* » est de Bruno Mégret au colloque du Front national de 1987)[24], et l'application de ses orientations en ce domaine, maintes fois réaffirmées dans un passé récent.

---

[20] *Le Monde* du 15 juin 1996.
[21] *Le Monde* des 28-29 juillet 1996.
[22] *Le Monde* des 4-5 août 1996.
[23] Suspendu par le tribunal le 15 octobre, Paquet sera finalement licencié en février 1997.
[24] Voir sur ce thème l'article de Michel Guerrin paru sous ce titre dans *Le Monde* du 6 février 1992, auquel j'ai emprunté plusieurs références et citations.

Dès l'été 1996, un rapport d'inspection officiel[25] commandé par le ministère de la Culture « *traduit les constats négatifs sur (...) les critères de choix des ouvrages* » à la bibliothèque municipale d'Orange, et stigmatise notamment « *une interprétation du pluralisme qui postulerait un rééquilibrage systématique de thèmes et d'auteurs jugés de gauche (concept passablement étendu à Orange) par des thèmes et des auteurs de droite, avec une faible zone neutre* », un « *principe d'ethnocentrisme* », le rejet d'ouvrages en fonction de leur thème (« *le racisme, le rap dans de petites collections encyclopédiques* ») ou de « *la vision politique de l'auteur* ». On pourrait estimer qu'il s'agit là de procédés de « mauvaise guerre » somme toute dans la logique politique du Front national, dont on peut difficilement attendre qu'il favorise des ouvrages « de gauche ». Cela pose toutefois le problème de fond de l'accès à une culture plurielle : comme le dit le ministre Douste-Blazy dans un entretien à *L'Express*, « *Il y a toujours eu opposition entre la culture dirigée, apanage de toutes les dictatures, et la culture plurielle, qui se bat contre l'intolérance* »[26]. Mais il y a plus significatif. Le rapport met en premier dans les « *dérives* » qu'il dénonce le choix de « *collections qui ne répondraient qu'à la* fonction de distraction [c'est moi qui souligne] *de la bibliothèque municipale, en réduisant son rôle d'information, d'études et de culture* ». L'ordre et les normes se satisfont mal d'un peuple à la réflexion autonome, d'un peuple « cultivé » : c'est par la déculturation que le Front national entend ici imposer ses vues plus peut-être que par une « culture dirigée », à laquelle il suffit que les élites dirigeantes aient accès : tous les Orangeois ne liront pas les ouvrages « philosophiques » d'Evola, que Bompard a fait acquérir par la bibliothèque.

Julius Evola, mort en 1974, était un intellectuel italien militant d'extrême droite, défenseur d'une civilisation hiérarchique, aristocratique et féodale (il trouvait trop « social » le régime mussolinien), du paganisme et d'un triple racisme : du corps, de l'âme et de l'esprit, ce dernier devant primer, ce qui le rapprochait des SS occultistes et lui faisait mépriser le racisme uniquement biologique des nazis « vulgaires ». En France, ses oeuvres sont traduites et diffusées dans la mouvance du GRECE. Le fait que Bompard, comme le responsable de la communication à la mairie d'Orange, André-Yves Becq, chargé de superviser les acquisitions de la bibliothèque, appartiennent alors à une tendance « élitaire » du Front national, n'est peut être pas sans rapport avec les différences de pratiques entre Orange et les autres municipalités, ni avec cette « dérive » vers la « *distraction* », de même qu'à l'accent mis sur

[25] *Rapport de mission d'inspection*, établi par Denis Pallier, doyen de l'Inspection Générale des bibliothèques, 9 juillet 1996. Le maire d'Orange, Bompard, a récusé ce rapport dans un « Droit de réponse » publié par *Le Monde* du 25 juillet 1996, en précisant « [...] *nous nous engageons à accueillir tout don de livres, quel que soit le courant politique ou idéologique* ».
[26] *L'Express* du 11 juillet 1996.

Evola par exemple[27] : du traditionnel et/ou du distrayant, selon la tendance de chacun, mais dans tous les cas ni réflexion ni remise en question.

Hors du domaine des bibliothèques, nous avons déjà évoqué les problèmes rencontrés par les Chorégies d'Orange et le festival de Chateauvallon à Toulon. Un peu plus tard, la déprogrammation forcée[28], sur ordre du préfet du Var (assorti de la menace de suppression d'une partie des crédits décentralisés accordés au festival), du groupe de rap Suprême NTM, qui devait se produire à Chateauvallon du 26 au 29 juillet 1996, ne peut pas ne pas être ressentie comme une conséquence de la mainmise du Front national sur Toulon, le groupe se produisant ailleurs sans problèmes notables. Le maire de Toulon, Le Chevallier, revendique d'ailleurs cette déprogrammation[29] : « (...) *il dénonce publiquement l'atteinte portée à la dignité de la femme en général et des mères de famille en particulier. (...) la position du maire de Toulon a suscité la totale adhésion des associations familiales de la ville qui demandent immédiatement au préfet d'intervenir pour la déprogrammation des NTM.* »

Plus radicalement encore, le même Le Chevallier n'a pas hésité, en 1996 encore, à faire raser au bulldozer une fontaine monumentale de Toulon, œuvre du plasticien René Guiffrey, édifiée en 1993 sur commande de la ville, après un concours national auquel avaient participé cinq artistes connus[30].

Depuis, les initiatives, souvent à travers des mesures financières, se sont multipliées : à Toulon, tentative de saborder la Fête du Livre au profit d'un ersatz plus conforme aux vues frontistes, la Fête de la liberté du livre ; à Orange, départ forcé de bibliothécaires, interdiction de l'association Coup de Soleil, organisatrice notamment d'un colloque sur la culture maghrébine, fermeture en 1998, faute de subventions, de la salle de cinéma publique Orange Bleue, qui programmait des films indépendants, transformation du Hangar, un espace dédié à l'art moderne, en dépôt de matériaux de voirie, etc. Vitrolles, après sa conquête en février 1997 par l'équipe mégrétiste,

---

[27] Bompard a fait ses classes dans les années 1960-70 d'abord à Occident, puis à Ordre Nouveau, avant d'adhérer dès 1972 au Front national (cf. G. Durand, *Enquête au cœur du Front national*, Grancher, Paris, 1996, page 234), qu'il a quitté en 2005. Depuis, après un passage au MPF de De Villiers, réélu maire d'Orange en 2008, il s'est associé au Bloc identitaire pour les élections régionales de 2010 (liste « Ligue du Sud »). Becq, responsable du FNJ à Grenoble dans les années 1980, était avant les municipales un des animateurs du groupe Nouvelle Résistance de Christian Bouchet.

[28] *Le Monde* du 8 juin 1996 et du 9-10 juin 1996.

[29] *National hebdo* n° 621 du 13 au 19 juin 1996. Le titre de l'article cité est « Les Toulonnais contre "château-bidon" ».

[30] *Le Monde* des 7 et 8 juillet 1996. Accessoirement, la fontaine avait coûté deux millions de francs ...

fournit également un échantillonnage révélateur : licenciement en juillet 1997 de la directrice du cinéma Les Lumières après la projection de courts-métrages sur le sida ; fermeture en octobre de la même année du café-musique associatif Le Sous-Marin, qui programmait raï et rap ; implantation d'associations culturelles nouvelles, telles Sacre du Printemps ou Culture en Provence, qui organise des conférences de proches du Front national, notamment Pierre Vial, alors membre du Bureau politique et ancien responsable du GRECE, Éric Robert, directeur de la revue *Cartouches* publiée par le GRECE, Philippe Gibelin, ancien responsable du GRECE à Paris, Jean Haudry, directeur de l'Institut d'études indo-européennes de l'université Lyon III (dissous depuis) et alors membre du Conseil scientifique du Front national [31].

Les remous qui ont agité depuis ce moment le Front national et la scission intervenue au début de 1999, aboutissant à la constitution du Front national-Mouvement national puis à la création du MNR, Mouvement national républicain, de Bruno Mégret, ont mis quelque peu en sourdine les initiatives culturelles, d'autant que, dans les villes restant détenues par le Front national, des ruptures, relayant les crises nationales du parti, ont pu se produire au sein des équipes municipales, à Orange notamment, où Bompard est allé jusqu'à tenir en mai 2004 une réunion de son club « L'esprit public » malgré l'interdiction faite initialement par Le Pen aux membres du Front national d'y participer, puis de réunir en août de la même année une « université d'été » concurrente de celle organisée officiellement par le parti[32]. Mais ces péripéties n'ont pas changé fondamentalement la donne.

À travers de telles initiatives locales, les institutions culturelles sont directement visées. On sait notamment que le président du Front national envisageait dans les années quatre-vingt la suppression pure et simple du ministère de la Culture (et d'ailleurs aussi de celui de l'Éducation nationale[33]), et son remplacement par un secrétariat d'État consacré aux seuls Beaux-Arts[34]. Des nuances existent certes chez les dirigeants frontistes (ou ex-frontistes) : Mégret par exemple est pour le maintien d'un ministère de la Culture, mais chargé de promouvoir une « *culture identitaire et enracinée* » : « *la bonne voie est de mener une action culturelle à la manière de Monsieur Lang mais selon les options nationales* »[35]. Mais l'ensemble des dirigeants sont d'accord pour voir dans ces institutions des repaires de « gauchistes » qui de surcroît coûtent cher ; la seule véritable nuance tient

[31] Cf. *La Marseillaise* du 7 mai 1998.
[32] Jacques Bompard a été exclu du Bureau Politique du Front national en septembre 2004 et a quitté ce parti l'année suivante.
[33] Déclaration de Le Pen le 13 mai 1984. Cf. *Le Monde* du 22 juin 1984.
[34] *Le Monde* du 31 août 1996.
[35] *Libération* du 3 juillet 1996.

dans les solutions préconisées : les supprimer dans une optique – marquée du sceau du libéralisme – de désétatisation de la culture, ou bien les utiliser pour conquérir et conformer les esprits.

Outre ces aspects de stratégie politique, ces mesures recouvrent une démarche idéologique qui va plus en profondeur, jusqu'à la remise en cause de la notion même de culture. On n'est certes pas dans le registre de l'expression prêtée à divers dirigeants nazis : « *Quand j'entends le mot culture, je sors mon revolver* », mais dans une théorisation d'une opposition entre culture et civilisation, dont rend longuement compte le *Programme de gouvernement du Front national* : « *La civilisation fait du Beau l'étalon de toute production de l'esprit et de la main, la culture sacralise la laideur ou le non-sens, voire le régressif ou le sordide* », ou plus loin : « *La culture refuse toute idée de Beau, toute hiérarchie* »[36]. C'est que le mot « culture » évoque le relatif, le pluriel et l'évolutif (les textes frontistes insistent sur cet aspect, pour le dénigrer, en y adjoignant souvent un nom de ministre : « *la culture Malraux* », « *la culture Lang* »), alors que derrière « civilisation » se cache tout un absolu (qui apparaît dans l'emploi du groupe nominal « *la civilisation* », sans complément) et une permanence, bref un idéal mais aussi une identité : « *La "civilisation" est à la fois état et mouvement. Elle est état en ce sens qu'elle forme un tout ordonné, produit du Beau, du Bien et du Vrai dans tous les ordres de l'activité humaine* »[23]. Identitaire et absolu, le terme, dans l'acception du Front national, est aussi discriminant : il y a les civilisés et … les autres. Enfin, le terme et le concept de civilisation renvoient aussi bien sûr, *in fine*, à un nationalisme : suivant les nuances partisanes, ce sera « *la civilisation française* » ou « *la civilisation européenne* ».

Cette succession de déclarations et de mesures politiques oblige à s'interroger plus avant sur les conceptions qui les sous-tendent. C'est que, sur le plan culturel non plus, le Front national – ou le MNR qui en est aujourd'hui issu – n'est pas un parti comme les autres. Ses conceptions en matière d'art notamment méritent qu'on s'y arrête.

---

[36] *Pour un avenir français. Le programme de gouvernement du Front national*, 2002, chapitre « Liberté de la culture ».

II

Politique, morale et esthétique

Il serait en effet profondément erroné de ne voir dans ces options culturelles qu'un épiphénomène secondaire par rapport aux théories et aux activités socio-politiques du Front national. Les conceptions esthétiques de ce dernier sont d'autant plus intéressantes à étudier qu'elles sont inséparables de l'ensemble de ses conceptions, culturelles, sociales et politiques : le lien entre les principes socio-politiques, les valeurs morales et la doctrine culturelle est clairement affirmé, dès 1984, par Le Pen lui-même, qui se fixe comme objectif d' « *aller hardiment dans la voie de la liberté, de la responsabilité, du patriotisme et de la tradition, entendue dans son sens le plus clair et le plus noble comme la transmission du Beau et du Vrai* »[37].

Plus récemment, lors de l'université d'été du Front national à La Grande-Motte en 1996, Mégret se prononçait de même pour la promotion des notions « *de dépassement de soi, de compétition, du goût du beau et du vrai* »[38], associant de même beauté et vérité comme signes de l'excellence physique et morale, tant il est vrai que ces deux notions paraissent liées dans l'idéologie frontiste : en 2002, le programme du Front national comporte un chapitre intitulé « *La rue de Valois* [siège du Ministère de la Culture] *contre le Beau, le Bien et le Vrai* », et reprend la même antienne, que nous avons déjà partiellement citée : « *La "civilisation" est à la fois état et mouvement. Elle est état en ce sens qu'elle forme un tout ordonné, produit du Beau, du Bien et du Vrai dans tous les ordres de l'activité humaine : la civilisation française est autant dans sa gastronomie que dans ses cathédrales, dans l'harmonie de ses paysages (pour autant qu'ils n'aient pas été normalisés par l'agriculture PAC) que dans la perspective des jardins de Versailles.* »[39] Un universitaire comme Kostas Mavrakis, collaborateur occasionnel de revues de la Nouvelle Droite (sur laquelle nous reviendrons plus loin), reprend le même rapprochement entre beau, bien et vrai dans un récent article publié sur son blog, sous le titre « La mauvaise foi du snobisme ». Il y précise : « *Des gens intelligents, dont certains sont même sensibles à la peinture, prennent fait et cause pour le prétendu "art contemporain" et confondent ainsi l'art et le non-art, le beau et le nul, ce qui revient en fait à*

---

[37] Le Pen, *Les Français d'abord*, Paris, Carrère / Laffon, 1984, p. 13.
[38] *Le Monde* du 31 août 1996.
[39] *Pour un avenir français. Le programme de gouvernement du Front national*, 2002, chapitre « Liberté de la culture ».

intervertir le bien et le mal, le vrai et le faux. J'ai toujours été frappé par ce mystère d'iniquité. Serions-nous entrés dans un âge de ténèbres ? »[40]

Le fait d'établir un lien entre politique et esthétique n'a cependant rien en soi d'exceptionnel : dans toute société, à un ordre social et politique donné se trouve associé tout un ordre symbolique qui fournit un système de références – normes ou valeurs – permettant à la fois de donner sens au monde et de justifier les rapports sociaux, bref une idéologie. Mais le lien particulier ici établi mérite, précisément, d'être défini, délimité et étudié dans sa spécificité.

De même le lien entre le beau et le vrai, entre la morale et l'esthétique est une constante des idéologies conservatrices depuis Platon. Dans le mythe qui occupe une partie du *Phèdre* de Platon, c'est ensemble que, au-delà de la voûte céleste, la Vérité et la Beauté se laissent contempler : « *l'essence <de la Vérité> qui est réellement, elle est incolore, informe, impalpable* », et « *la beauté était alors éclatante à voir* »[41]. Nous y reviendrons.

Il est donc normal que les droites extrêmes, qui toutes se caractérisent par une vision globalisante du monde, mettent au premier plan cette liaison entre social, politique, moral et esthétique : la notion d'un ordre qui y prédomine s'étend à toutes les composantes de la vie humaine. L'association, en termes offensifs, des normes esthétiques, morales et politiques fonde dès l'origine la « pensée de combat » de l'extrême droite : lorsque, par exemple, en 1912, à l'occasion de leur exposition au Salon d'Automne, les cubistes sont décriés et attaqués, c'est à travers la stigmatisation des artistes « *étrangers* » et la dénonciation de leur peinture comme une œuvre de « *métèques* » au caractère à la fois « *anti-artistique* » et « *anti-national* »[42]. Près d'un siècle plus tard, le programme électoral du Front national fait écho : « *L'art véhicule des valeurs spirituelles et morales comme des normes esthétiques : un peuple qui se les verrait imposer par des lobbies ou des forces étrangères perdrait jusqu'au droit à l'existence. Le rôle du Politique sera donc de faire respecter et de conforter l'identité culturelle de la Nation.* »[43]

Cela ne signifie pas pour autant qu'il soit aisé de définir les conceptions esthétiques du Front national – ni *a fortiori* celles de l'extrême droite dans son ensemble – : celui-ci, comme d'ailleurs le Mouvement national

---

[40] *Art, Culture, Société,* Blog de Kostas Mavrakis, consulté le 27 juillet 2009, à l'adresse <http://kostasmavrakis.hautetfort.com/>.

[41] Platon, *Phèdre*, 247c et 250b, édition des Belles Lettres.

[42] Voir par exemple le quotidien *Gil Blas* en octobre et novembre 1912.

[43] *Pour un avenir français. Le programme de gouvernement du Front national*, 2002, chapitre « Liberté de la culture ».

républicain créé par Bruno Mégret, qui en est issu, regroupe une telle nébuleuse de tendances[44], du conservatisme pétainiste attaché aux « valeurs » jusqu'aux délires « néo-paganistes » de groupuscules affidés, qu'il n'est pas toujours facile de discerner les fondements de ses orientations culturelles ou a fortiori esthétiques. L'attitude des différents courants vis-à-vis de la culture peut même différer notablement : alors que Bruno Mégret affirmait à l' université d'été de 1996 à La Grande-Motte que « *Même si nous estimons qu'elle n'est pas secondaire, la culture n'est pas au centre de nos priorités* », Bernard Antony, chef de file des traditionalistes chrétiens, expliquait lors de la même session que « *La politique n'a de sens que si elle* dépend [c'est moi qui souligne] *des façons de vivre, de s'exprimer, de prier, d'aimer, de chanter* »[45]. Il convient pourtant d'analyser ces conceptions et ce qui les fonde, en s'efforçant de distinguer ce qui relève d'options communes et ce qui appartient en propre à telle ou telle tendance, si l'on veut éviter de se trouver réduit à quelques formules simplificatrices.

Afin de rendre plus compréhensible l'exposé, nous distinguerons seulement, toutes les fois au moins que l'analyse ne requiert pas de distinctions plus subtiles, deux grands courants dans l'extrême droite française contemporaine : un courant « conservateur » et un courant « nationaliste révolutionnaire », du nom que se donnent par exemple dans les années 1970 les Groupes Nationalistes Révolutionnaires de François Duprat (membre du Bureau politique du Front national), devenus en 1979, après l'assassinat de ce dernier, le Mouvement Nationaliste Révolutionnaire. Sans entrer dans un détail qui serait ici hors de propos, dans le premier courant, qui se désigne souvent lui-même comme « *national* », on peut rassembler notamment la « vieille garde » des nationalistes, pétainistes, anciens collaborateurs pendant l'Occupation, héritiers des Ligues d'avant-guerre, des anciens de l'Algérie Française, mais aussi des royalistes et les catholiques intégristes ou traditionalistes ; leur point commun réside dans un ultra-conservatisme politique et social, un attachement aux valeurs traditionnelles et à la francité, souvent un rejet nostalgique de la modernité. Le courant « révolutionnaire », qui revendique l'étiquette « *nationaliste* », permet de regrouper diverses mouvances activistes souvent issues du groupe Europe-Action des années soixante, des militants issus ou proches de la Nouvelle Droite, des groupes solidaristes ou néo-fascistes ; leur nationalisme, élitiste et plutôt antiparlementariste, s'étend souvent à l'Europe entière considérée comme porteuse de « la » civilisation, et c'est parmi eux que nous placerons la mouvance païenne qui se réclame des traditions celto-germaniques, ainsi

---

[44] Cf. notamment l'article de Jean-Yves Camus, « Origine et formation du Front national », dans *Le Front national à découvert* (sous la direction de Nonna Meyer et Pascal Perrineau), Paris, Presses de la Fondation Nationale des Sciences Politiques, 1989.
[45] *Le Monde* du 31 août 1996.

qu'un certain nombre de groupuscules ouvertement néo-nazis que les principales organisations, par souci de respectabilité, s'efforcent de tenir à l'écart.

Puisque nous avons mentionné la Nouvelle Droite, il convient de faire ici une place particulière au GRECE, sur lequel nous serons amenés à revenir fréquemment, vue son importance pour comprendre la pensée culturelle des droites extrêmes[46]. Le GRECE, Groupement d'Études et de Recherches sur la Civilisation Européenne, est fondé en 1968 par Alain de Benoist et un groupe de militants de droite ou d'extrême droite d'horizons divers. Il ne s'agit pas d'un parti politique, mais d'une « *association culturelle* ». Considérant que la structuration politique traditionnelle conduit leur courant à l'échec, compte tenu de l'évolution de la situation politique et sociale, ces militants estiment qu'il faut d'abord changer les mentalités et faire ce qu'ils appellent de la « *métapolitique* » : dès sa création, le GRECE, s'appuyant sur une analyse prétendument « gramscienne » de la conquête du pouvoir politique par le pouvoir culturel, entend élaborer « *un corpus idéologique aussi cohérent que possible* », privilégiant « *le domaine des valeurs qui ne relèvent pas du politique, au sens traditionnel de ce terme, mais qui ont une incidence directe sur la constance ou l'absence de consensus social régi par la politique* »[47]. Rejetant un nationalisme français, ils se veulent « patriotes européens », retrouvant du même coup une thématique qui évoque celle des SS (qui s'efforçaient eux-mêmes de dépasser l'aspect trop uniquement allemand du parti nazi), ce qui leur vaut l'intérêt d'une partie des formations groupusculaires les plus extrémistes, et s'opposent donc dans un premier temps au nationalisme étroit du Front national lorsque ce parti est créé en 1972. De même, leur anti-libéralisme et leur rejet du modèle américain les séparent des frontistes jusqu'au changement d'orientation de ceux-ci à la fin des années quatre-vingt. Les maux de la société occidentale actuelle provenant pour eux essentiellement de la perte d'une présumée « identité indo-européenne » primitive au profit d'un égalitarisme judéo-chrétien, ils se veulent élitistes et païens, ce qui les oppose, au sein des droites extrêmes, aux courants catholiques et justifie leur attrait pour les civilisations celte ou germanique. Dans tous les cas, ils ont eu une influence déterminante au sein

---

[46] Sur le GRECE et son idéologie, sur ses fondateurs et leur origine politique, notamment sa filiation avec le groupe Europe-Action, ainsi que sur ses liens avec d'autres mouvements, voir en particulier Anne-Marie Duranton-Crabol, *Visages de la Nouvelle Droite. Le GRECE et son histoire*, Presses de la Fondation nationale des sciences politiques, 1988 ; René Monzat, *Enquêtes sur la droite extrême*, Paris, Le Monde-Editions, 1992, pp. 206 et suiv. ; Pierre Milza, *L'Europe en chemise noire. Les extrêmes droites en Europe de 1945 à aujourd'hui*, Flammarion, coll. « Champs », 2002.

[47] J.-Cl. Valla, « Pour une renaissance culturelle », *Dix ans de combat culturel pour une renaissance*, GRECE, Paris, 1977, p. 73.

de l'extrême droite par, pour ce qui nous intéresse précisément ici, le lien qu'ils établissent entre culture et politique. Nous y reviendrons.

Cependant les interférences sont nombreuses entre les deux courants principaux que nous avons définis, que rapprochent les traits communs à toutes les droites extrêmes : le goût prééminent de l'ordre, l'antiégalitarisme théorisé et revendiqué, le rejet total du cosmopolitisme, la thématique décadentielle, que nous retrouverons tout au long de cette étude, et qui fondent notre recherche d'une *doxa* culturelle et esthétique d'extrême droite.

L'éclatement du Front national au début de 1999 entre « lepénistes » et « mégrétistes », aboutissant à l'existence de deux partis rivaux, a correspondu pour partie, outre les divergences tactiques et les rivalités de personnes, à une fracture entre ces diverses tendances[48], les « conservateurs » se retrouvant plutôt derrière Le Pen, les « révolutionnaires » derrière Mégret. Mais la situation est loin d'être nettement tranchée, comme en témoignent les revirements de diverses personnalités et les hésitations de la « presse amie ». Le maire de Toulon par exemple, Le Chevallier, après avoir rompu avec le Front national dans un premier temps, est revenu dans le giron lepéniste à l'occasion des élections européennes. Yvan Blot, ancien compagnon de Mégret au Club de l'Horloge, a réintégré le Front national. En revanche, un vieux nationaliste comme François Brigneau a quitté Le Pen. En termes d'orientation, un « païen » comme Carl Lang reste fidèle à Le Pen, tandis que le catholique traditionaliste Olivier Pichon reste à la direction du mouvement mégrétiste. La scission ne change ainsi rien fondamentalement à l'analyse, chacun des deux groupes se réclamant explicitement des mêmes présupposés idéologiques et politiques. Il n'est pas indifférent de rappeler que c'est Mégret lui-même qui a été le rédacteur du programme du Front national avant la rupture. Ce n'est donc qu'incidemment que nous indiquerons l'appartenance de tel ou tel au Front national ou au Mouvement national républicain.

Dans tous les cas cependant, le lien reste étroit entre politique et culture, et, au-delà, esthétique. Il se manifeste au fil de plusieurs entrées, correspondant aux principales thématiques développées par le Front national et plus généralement par les droites extrêmes, et permet d'avancer vers une définition des conceptions culturelles et esthétiques de l'extrême droite. Nous nous en tiendrons ici à une triple approche thématique, reprenant les

---

[48] Sur la complexité de la répartition des anciens adhérents ou militants du Front national entre les deux nouveaux partis, voir notamment la revue *Mauvais Temps*, éditions Syllepse, Paris, n° 4, avril 1999, pages 9 à 36.

caractéristiques essentielles de la pensée d'extrême droite : la décadence, l'identité, la nation.[49]

La thématique décadentielle, omniprésente dans toutes les droites extrêmes, associe une décadence culturelle à la dégénérescence politique : c'est parce que « tout fout le camp » que les courants politiques deviennent la « *bande des quatre* » régulièrement fustigée par Le Pen, et réciproquement : la trahison des politiciens conduit à la perte des valeurs de tous ordres qu'ils ne défendent plus, y compris les valeurs culturelles ou « *spirituelles* » : « *Le mal français s'appelle la décadence, le refus de l'effort, refus de la responsabilité, refus de l'esprit de sacrifice, détente des disciplines spirituelles, morales, sociales, économiques* »[50]. Parallèlement, « *Combat pour les valeurs* » est le titre d'un chapitre important de l'ouvrage doctrinal de Mégret publié en 1996, *L'Alternative nationale*[51], et donne la mesure de l'investissement frontiste dans ce domaine.

De même, la thématique identitaire renvoie à la fois à une organisation sociale fondée sur le travail, la famille, la patrie, parfois la religion, et à un ensemble de références culturelles qui mêlent les grands symboles historiques, de Vercingétorix à Jeanne d'Arc, conçus comme autant d'images, à l'Art et à la Littérature avec des majuscules : les cathédrales, dont on projette des photos dans les meetings lepénistes à côté de celles du Parthénon, les opéras romantiques de Wagner ou de Verdi, les « grands auteurs » ... ou ceux que considère tels le Front national, dont le président, Le Pen, écrivait : « *Comment s'étonner du délabrement intellectuel de l'Université quand on apprend que l'écrivain le plus lu en 1978 dans nos lycées (comme, d'ailleurs, dans les classes de français des lycées soviétiques) est, tenez-vous bien, Émile Zola ! On comprend mieux l'angoisse de nos jeunes devant le travail qu'ils auront à accomplir quand on sait que leurs maîtres leur décrivent l'enfer capitaliste à travers* L'Assommoir *ou* Germinal »[52].

La thématique nationaliste enfin mêle étroitement elle aussi culture et politique : « *La nation est la communauté de langue, d'intérêt, de race, de souvenirs, de culture où l'homme s'épanouit* », écrit le Front national dans sa brochure *La Vraie Opposition*[53]. C'est un des fondements de l'anti-

---

[49] Cf. notamment Ariane Chebel d'Appollonia, *L'extrême-droite en France*, Paris, Complexe, 1988.

[50] Le Pen, *Les Français d'abord*, Paris, Carrère-Lafon, 1984, p. 181.

[51] B. Mégret, *L'Alternative nationale. Les priorités du Front national*, Editions Nationales, 1996, pp. 33-53.

[52] Préface à *Droite et démocratie économique*, Paris, 1978, reprise en préface de *Pour la France*, Paris, 1986.

[53] Citée par A. Bihr, *Le spectre de l'extrême-droite*, Paris, 1998, p. 118.

américanisme d'une partie de l'extrême droite, et de la dénonciation virulente de la culture « mondialiste » ou « cosmopolite » pour reprendre la terminologie frontiste, comme, d'autre part, du rejet des immigrés. Mais la notion de culture débouche plus précisément sur l'affirmation d'une « sensibilité » particulière, qui induit une esthétique normée et normative : « *Le passé plus que millénaire et constamment créateur de notre pays a créé une culture, des habitudes de pensée* et de sensibilité [c'est moi qui souligne], *de valeurs morales que tout Français a la fierté d'assimiler et de faire vivre* », dit le programme du Front national en 1988[54]. Ne pas « *faire vivre* » cette « *sensibilité* », c'est donc en quelque manière trahir la nation. C'est ainsi que se noue le lien entre tradition artistique et nationalisme. Le peintre Maurice Denis écrivait dès 1909[55] : « *Barrès, Mithouard, Maurras nous conseillent de chercher une règle dans le passé de notre race* ». Il est donc nécessaire que les arts s'éloignent d'une nouveauté qui ne peut être qu'hétérodoxe, refusent le cosmopolitisme esthétique, et suivent les règles de la tradition nationale. À une nation – limitée à l'hexagone ou étendue aux frontières de l'Europe – conçue comme une entité figée et immémoriale ne peut que correspondre un art normé et traditionaliste.

Le lien entre culture, esthétique et politique, au sens large, est donc clairement affirmé dans l'idéologie frontiste et d'une manière générale dans l'idéologie d'extrême droite. Celle-ci fonctionne comme une pensée manichéenne : dans chacun des domaines que nous avons examinés, on retrouve la même opposition non pas entre des conceptions simplement différentes, mais entre le Bien et le Mal : les défenseurs des valeurs contre les « bandits », moi et ceux qui me ressemblent contre les « cosmopolites » menaçants, la nation contre « *l'anti-France* ». Le recours fréquent, pour stigmatiser et incriminer les autres, au préfixe *anti-* : « *anti-France* », « *anti-national* », « *anti-artistique* », est un signe fort de cette pensée qui ne conçoit l'altérité que comme une agression. Il n'est donc pas surprenant qu'en matière artistique s'y opposent nettement le Beau et le Laid.

---

[54] *Passeport pour la victoire*, programme du Front national pour les élections de 1988, article « Identité nationale ».

[55] « De Gauguin et de Van Gogh au classicisme », *Théories*, Paris, 1920, p. 273 (article paru dans *L'Occident* en mai 1909).

III

Le beau et le laid

Deux postulats déterminent toute la pensée des droites extrêmes à propos de l'art. Tout d'abord, « *le beau est une valeur universelle* ». Déjà en 1909, le peintre Maurice Denis, s'en prenant aux Fauves, écrivait : « *Soit parce qu'ils expriment et résument toute une civilisation, soit parce qu'ils provoquent une culture nouvelle, les chefs-d'œuvre classiques ont un caractère d'universalité, d'absolu. L'ordre de l'univers, l'Ordre divin que l'intelligence humaine manifeste en eux apparaît le même à travers la variété des formules individuelles* »[56]. Et en 2002, le programme du Front national[57] explique, se référant à un « *Beau objectif* », que « *Il ne suffit pas de décréter que tout est "art" pour que cela en soit. La "culture Lang", qui en est l'archétype, refuse toute idée de Beau, toute hiérarchie, toute propension de l'activité artistique à élever l'âme et l'esprit : elle mettra sur le même plan, Mozart et le rap, les colonnes de Buren et le vitrail de Chartres ... avec une préférence pour ce qui est reconnu par l'État.* ».

D'autre part, l'art doit obéir à des règles. Le même programme précise plus loin : « *Contrairement à ce que prétend l'idéologie culturelle contemporaine, l'artiste a besoin d'un modèle, il doit obéir à des règles qui, en s'imposant à lui, le contraignent à se dépasser. Il maîtrise nécessairement une technique propre, fruit d'un difficile apprentissage.* » avant de concéder que « *Il arrive certes que l'artiste rompe avec un passé immédiat, mais c'est alors pour retrouver un passé plus lointain.* » En effet la définition frontiste de l'art se veut universelle, référée à des valeurs absolues : « [...] *l'art n'est jamais imitation, mais dépassement, tension vers le Beau absolu. Il s'agit de suggérer tout autre chose que ce qu'on peut représenter ou décrire, de l'infini avec du fini, la divinité par un corps mortel, un amour qui traverse la mort. Toute belle œuvre d'art, implicitement ou confusément, recherche le Souverain Beau, même si elle n'y parvient pas. C'est ainsi qu'elle est universelle.* »

À première vue, on rejoint là simplement la plupart des conceptions traditionnelles du beau, qu'elles voient dans l'esthétique une métaphysique

[56] « De Gauguin et de Van Gogh au classicisme », *Théories*, Paris, 1920, p. 277 (l'article a été publié en 1909 dans *L'Occident*).

[57] *Pour un avenir français. Le programme de gouvernement du Front national*, 2002, chapitre « Liberté de la culture ».

du Beau ou qu'elles s'attachent, depuis Kant au moins, à définir une esthétique formaliste. Il paraît évident en effet que le beau en tant que concept doit pour être recevable répondre à une exigence d'universalité d'une part, de rationalité d'autre part, ce qui suppose la définition de critères objectifs. Mais les choses dans le détail sont loin d'être aussi simples. La confrontation des thèses frontistes avec les théories du beau permet d'aller plus loin.

Le premier ensemble de conceptions, métaphysiques au sens large, s'origine dans Platon, qui dans *Le Banquet* notamment fait du Beau une des Idées, « *incréée et impérissable* », à la contemplation de laquelle on peut atteindre par l'élévation de l'âme à travers le mouvement dialectique de l'Amour, qui fait passer de la beauté des corps à celle des âmes, des discours, des actions, des lois, des sciences enfin avant d'atteindre le « *beau en soi* », *auto to kalon* [αὐτὸ τὸ καλὸν][58]. Il y a donc d'une part une distinction nécessaire entre les beautés sensibles dans des corps, des objets ou des productions, et le beau absolu, puisque celui-ci, comme le précise Platon en 211b, est une réalité qui n'est pas « *située dans un être différent d'elle-même, par exemple dans un vivant, dans la terre ou dans le ciel, ou dans n'importe qui d'autre* ».

Mais on perçoit aussi derrière ce mouvement, cette progression vers le Beau absolu, toute une hiérarchie des beautés sensibles à la vue ou à l'ouie, que déjà la discussion rapportée de Socrate avec Hippias dans l'*Hippias majeur* avait permis d'esquisser[59]. La réalisation de ces œuvres belles doit donc supposer le respect de certains critères : proportion, symétrie. Cependant là n'est pas la préoccupation de Platon, qui s'intéresse à la définition du concept de beau et non à des exemples de beauté qui ne peuvent qu'être contingents, et subsidiairement à la réception des œuvres mais non à leur production. D'ailleurs dans le *Philèbe*, il dissocie nettement la beauté et les œuvres d'art, peintures ou sculptures, qui ne sauraient être le siège du Beau absolu, dont les figures géométriques sont plus proches de par leur abstraction : « *Ainsi, par la beauté des formes, ce que j'essaie d'expliquer n'est pas ce que comprendrait le vulgaire, par exemple la beauté des corps vivants ou des peintures* ; *c'est de lignes droites que je parle* [...] *et de lignes circulaires, et des surfaces ou des solides qui en proviennent, à l'aide soit de tours soit de règles et d'équerres* »[60]. Il est remarquable que Platon, à sa manière, accorde aux lignes et aux surfaces un rapport avec le Beau que leur dénieront, précisément, les contempteurs de l'art abstrait, et en

---

[58] Platon, *Banquet*, 211d, Paris, Flammarion, 1998 (traduction de Luc Brisson).
[59] Platon, *Hippias majeur*, *Les Belles Lettres*, 2003 (traduction Alfred Croizet).
[60] Platon, *Philèbe*, 51c, *Les Belles Lettres*, 1978 (traduction Auguste Diès).

particulier de l'abstrait géométrique, rejeté par toutes les droites extrêmes comme non artistique ; nous y reviendrons un peu plus loin.

Il est significatif également que lorsque est abordé ce problème des critères et des hiérarchies, qui sera si important vingt-cinq siècles plus tard pour l'extrême droite, c'est dans la bouche non du philosophe, mais d'un sophiste, que se trouvent les essais de définition : Hippias, qui fragmente le beau en diverses espèces et divers degrés (une belle jeune fille, une belle cavale, une belle marmite). Il faudra attendre les interprétations ultérieures du platonisme pour que les critères du beau prennent corps et deviennent prééminents.

Ces interprétations et ces prolongements suivent deux voies connexes mais que l'on peut néanmoins distinguer. D'un côté, les philosophes et théoriciens du beau approfondissent les définitions des différentes formes de beauté et précisent le rapport qui les unit. Pour Plotin, la beauté sensible est ainsi un reflet du beau absolu : « *L'âme, une fois purifiée, devient donc une forme, une raison ; elle devient toute incorporelle, intellectuelle ; elle appartient tout entière au divin, où est la source de la Beauté* [...]. *Donc l'âme réduite à l'intelligence est d'autant plus belle.* [...] *et l'âme est belle par l'intelligence : les autres beautés, celles des actions et des occupations, viennent de ce que l'âme y imprime sa forme ; l'âme fait aussi tout ce qu'on appelle les corps ; et, étant un être divin et comme une part de la beauté, elle rend belles toutes les choses qu'elle touche et qu'elle domine, pour autant qu'il leur est possible de participer à la beauté.* »[61]. Douze siècles plus tard, Marsile Ficin reprend cette idée des beautés sensibles qui seraient le reflet de la Beauté, d'un Beau transcendantal, et qui de ce fait participent de ses caractéristiques, l'harmonie en particulier. Mais ce reflet même n'est qu'imparfait et variable, ce qui explique que l'accent est mis sur les moyens – notamment la médiation de l'Amour – d'accéder à la contemplation de la Beauté davantage que sur les règles de production d'une œuvre belle. De surcroît et dans tous les cas, la dimension métaphysique ou spéculative de ces théories est prédominante et les conduit à négliger les préoccupations artistiques.

C'est à un autre courant que reviendra de relier art et beauté et de définir des critères formels, courant qui à la suite de Cicéron s'empare des règles architecturales conçues par Vitruve au premier siècle avant Jésus-Christ et les transpose dans le domaine des arts en général. La beauté, désignée cette fois par le latin *pulchritudo*, repose sur la triade proportion, harmonie, symétrie. C'est déjà ce qu'écriront au Moyen Âge Thomas d'Aquin dans sa

[61] Plotin, *Ennéades*, I, 6, Paris, *Les Belles Lettres* poche, 1999 (traduction Emile Bréhier).

Somme théologique[62], au treizième siècle : « *pulchrum in debita proportione consistit* [le beau consiste dans une juste proportion des choses] », puis au milieu du quinzième siècle l'artiste et théoricien italien Lorenzo Ghiberti dans ses *Commentarii*[63] : « *La proportionalità solamente fa pulchritudine* [C'est seulement la proportionnalité qui fait la beauté] ». C'est ce que revendiqueront à la Renaissance notamment l'architecte et théoricien Leon Battista Alberti ou Léonard de Vinci[64], qui s'efforceront de (re-)construire l'idée de beauté à partir d'un système de règles théoriques et autonomes. Dans le même temps, et en raison même de ces critères, la notion de beau tend à se limiter au domaine visuel et donc aux arts plastiques : ce sera la *bellezza* de Léonard et des autres Italiens.

Pour tous ces théoriciens, qui tous peu ou prou se réclament de Platon, le Beau est forcément universel, puisque *essentiel.* La doctrine de l'extrême droite au vingtième siècle ne se sépare donc pas, sur ce point, des conceptions traditionnelles et de la définition d'un Beau universel et plus ou moins absolu. Encore est-elle en retrait par rapport à ces conceptions : dès le dix-septième siècle, avant même que naisse l'esthétique comme discipline philosophique, le jugement sur le beau est largement relativisé par les philosophes. Descartes écrit ainsi dans une lettre à son ami l'abbé et musicologue Mersenne[65] : « *Pour votre question, savoir si on peut établir la raison du beau, c'est de même que si vous demandiez auparavant pourquoi un son est plus agréable que l'autre, sinon que le mot beau semble plus particulièrement se rapporter au sens de la vue. Mais généralement ni le beau ni l'agréable ne signifient rien qu'un rapport de notre jugement à l'objet; et parce que les jugements des hommes sont si différents, on ne peut dire que le beau, ni l'agréable, aient aucune mesure déterminée* ».

Ce doute et ce relativisme pourtant classiques ne semblent pas partagés, on l'a vu, par les dirigeants du Front national dans leur diatribe contre la « *culture Lang* » et leur définition du « *modèle* » dont l'artiste a « *besoin* ». S'ils se rapprochent du classicisme, ce n'est ni de celui des philosophes ni de celui des « Modernes », mais plutôt de celui des « Anciens » de la fameuse *Querelle*, qui, tel Boileau dans son *Art poétique*, s'efforcent de délimiter et de contenir l'acceptable en art dans les règles étroites et immuables de l'imitation toujours renouvelée des grands anciens.

---

62 *Somme théologique,* 1re partie, art. 4. q. 5, traduction française A.-M. Roguet, Cerf, 1994, p. 190.

63 Lorenzo Ghiberti, *I Commentarii,* éd. J. von Schlosser, Berlin, Julius Bard, 1912.

64 Voir notamment Alberti, *De pictura*, Paris, Macula, 1992 (trad.) ; Léonard, *Traité de la peinture*, Paris, Berger-Levrault, 1975 (traduction A. Chastel).

65 Lettre à Mersenne, 18 mars 1630, *Œuvres*, Gallimard, « La Pléiade », p. 924

On pourrait cependant objecter que l'extrême droite actuelle a peu à voir, malgré ses références au « *Souverain Beau* » ou à « *l'infini* », avec des conceptions fondées sur une métaphysique du beau, d'inspiration platonicienne ou religieuse. L'examen des démarches que l'on peut globalement qualifier de « formalistes », cherchant à définir le beau hors de toute préoccupation métaphysique, permet d'affiner la réponse.

C'est Kant le premier qui, dans sa *Critique de la faculté de juger*[66], cherche à définir le beau non plus par son essence, mais par sa forme, fondant ainsi une esthétique formaliste. Le jugement esthétique, qui est à la base de l'ouvrage, repose sur des rapports formels entre nos facultés et l'objet, entre le sujet et l'objet. Affirmant l'autonomie du sensible par rapport à l'intelligible, Kant dégage du même coup la beauté, désignée par le terme allemand *Schönheit* (et non plus le latin *pulchritudo*), de toute essence extérieure qui la légitimerait.

Le jugement esthétique ainsi conçu devient un jugement de goût, donc éminemment subjectif, et on pourrait croire à première lecture que le beau perd de son universalité. Mais, des quatre principes *a priori* du jugement esthétique que formule Kant, le second institue néanmoins le beau comme « *ce qui plaît universellement sans concept* », étant donné que « *chez tous les hommes, les conditions subjectives de la faculté de juger sont les mêmes* » : subjectivité ne signifie pas individualité du jugement, encore moins une approche solipsiste du goût.

La prise en compte d'une telle universalité laisse supposer des normes applicables à l'art. Cependant il convient de distinguer normes esthétiques et règles de l'art. Kant par exemple, après avoir évoqué l'impossibilité « *d'une règle d'après laquelle quelqu'un pourrait être obligé de reconnaître la beauté d'une chose* », précise, se référant à « *l'intuition sans concept* » de l'Idée esthétique, que « *ce ne sont ni des règles ni des prescriptions, mais seulement ce qui ne peut être saisi à l'aide de règles ou de concepts, c'est-à-dire le substrat suprasensible de toutes nos facultés, qui sert de norme subjective* ». Certes, pour Kant, « *l'art doit avoir l'apparence de la nature, bien qu'on ait conscience que c'est de l'art* », mais du moins la norme esthétique ne se traduit-elle pas en prescriptions formelles.

C'est là que les conceptions de l'extrême droite classique se singularisent, en réduisant la norme esthétique à des règles et des prescriptions. On mesure la distance qui les sépare de l'universalisme

---

[66] Emmanuel Kant, *Kritik der Urteilskraft,* traduction française A. Philonenko, Paris, Vrin, 1979.

kantien lorsque le programme du Front national[67] explique que « *L'art véritable ne reposera jamais que sur le métier, la mémoire et l'imagination créatrice. Il faut donc rendre ses lettres de noblesse à l'enseignement artistique qui, seul, permet l'acquisition d'un art, en inculque la technique et les règles formelles.* » Et si Le Pen se contente de reprendre la vieille antienne du « Cent fois sur le métier remettez votre ouvrage » en énonçant que « *la culture implique l'effort, le travail, l'ascèse, la soumission à des règles et à des formes* »[68], son second Bruno Gollnisch est plus précis quand il indique que pour lui les normes des arts plastiques sont « *la figuration, les formes harmonieuses, le dessin* », ou explique, sans craindre les amalgames, que chez les impressionnistes, déjà, la peinture s'est exprimée « *au détriment du dessin, ce qui a provoqué une décadence chez leurs successeurs, les pointillistes (Signac, Seurat) et surtout les cubistes qui ont renoncé à la forme. C'est comme ça qu'on finit aux escroqueries du genre carré blanc sur fond blanc* »[69].

On retrouve dans cette prééminence du dessin, de la forme, une constante de la conception artistique et picturale des droites extrêmes. L'esthétique d'extrême droite, non seulement, comme nombre de conservatismes, ignore délibérément aussi bien les travaux de sociologie de l'art de Panofsky, qui propose de passer de l'iconographie à une « *iconologie* » qui considère les procédés stylistiques comme autant de « *symboles culturels* », que, a fortiori, l'approche marxiste de Lukács ou la sociologie des « champs » de Bourdieu, mais va plus loin en fermant toutes les perspectives de relativisation des normes ouvertes depuis la période classique, celles d'un Charles Lalo par exemple qui considérait que la société est créatrice d'une sensibilité formelle, qui varie donc avec les sociétés et les époques considérées : « *Prenons les groupements de faits esthétiques tels que nous les offre l'histoire : il n'y a pas de* section d'or *qui tienne, il est évident que l'art ogival par exemple fut la forme préférée par tous les artistes créateurs et par leur public pendant plusieurs siècles depuis le XIIe, méprisée au contraire par eux depuis le XVIe et qu'aujourd'hui si un architecte ou un dessinateur s'avise de l'employer encore, il n'est plus pour nous qu'un copiste* »[70].

L'esthétique d'extrême droite opère ainsi littéralement une réduction, éliminant la norme esthétique, évolutive et liée à un état de civilisation, pour ne retenir qu'une norme plastique – figuration et dessin – érigée en règle

[67] *Pour un avenir français. Le programme de gouvernement du Front national*, 2002, chapitre « Liberté de la culture ».
[68] *Le Monde* du 6 février 1992.
[69] *Le Monde* du 6 février 1992. Gollnisch est membre du Bureau politique du Front national depuis 1986, et, avec des titres divers, de l'exécutif de ce parti depuis 1994.
[70] Charles Lalo, *L'Art et la vie sociale*, Doin, 1921, *passim*.

universelle et immuable, dont toute évolution est lue comme une dégénérescence.

Ceci demande d'ailleurs à être précisé : les cubistes, par exemple (Picasso surtout, Braque, ...), étaient décriés déjà en leur temps, notamment à l'occasion de leur exposition au Salon d'Automne de 1912, et leur peinture déjà dénoncée comme une œuvre de « *métèques* » au « *caractère aussi nettement anti-artistique et anti-national* »[71]. En 1934 encore, le critique d'art Camille Mauclair écrivait dans *L'Éclaireur de Nice*, sous le titre « *Leurs complices* »[72] : « *Montparnasse, cet abcès poussé dans l'après-guerre en plein Paris, n'a pas été seulement un foyer de laideurs et d'absurdités picturales, dites fauvistes et surréalistes. Ce fut, et c'est encore, un quartier général de métèques d'anti-France* [...] ». Aujourd'hui stigmatisés par le responsable du Front national, ils donnaient pourtant la première place au dessin plutôt qu'à la couleur, souvent réduite à des nuances discrètes, et restent, quoi qu'on en ait, essentiellement figuratifs. S'ils décomposent objets et figures, c'est pour rendre plus sensibles non les apparences, mais la réalité : volumes, structures, formes. Mais leur mode pictural s'oppose nettement à la conception traditionnelle, idéaliste et sentimentale, de la peinture conçue comme l'expression d'une « beauté absolue » servie par un savoir-faire technique et revendiquée ici par l'extrême droite.

L'art moderne – sans même parler du contemporain – se trouve de ce fait condamné sans nuance : on ne trouve dans les musées d'art moderne que « *des urinoirs, des boîtes de Coca ou des étrons séchés* » selon une journaliste de National Hebdo[73] faisant bien sûr allusion au célèbre readymade de Duchamp, à Andy Warhol et à Piero Manzoni. Le chef de file des catholiques traditionalistes, Bernard Antony, s'en prend à « *la déjection qu'est Beaubourg, monstrueux amoncellement de tuyaux pour conduire de la merde* »[74]. À Nice cette fois, le nouveau maire, Jacques Peyrat, dénonçait en 1991, alors qu'il appartenait encore au Front national, à l'installation dans la ville de sculptures monumentales de l'Américain Mark Di Suvero en ces termes[75] : « *Cet amas de poutrelles rouge minium sur la belle place à l'italienne du palais de justice, c'est comme porter une veste de smoking avec un jean* »...

---

[71] Voir notamment *Le Monde* des 27-28 septembre 1992.

[72] *L'Eclaireur de Nice* du 8 novembre 1934.

[73] *National Hebdo* n° 633 du 5 au 12 septembre 1996, article de M. Plat intitulé « Culture et politique ».

[74] *Libération* du 30 août 1996.

[75] *Le Monde* du 29 février 1992 et du 21 juin 1995.

A fortiori, l'art abstrait est dénigré au profit du figuratif. Les « *carrés blancs* » de Malevitch[76] ont été évoqués ci-dessus, mais on pourrait penser également à la série des « *Couleur pure* » peints en 1921 par Alexandre Rodchenko, ou plus près de nous aux monochromes bleus d'Yves Klein, même si ces derniers relèvent des conceptions ésotériques particulières de l'artiste. Ces productions sont devenues emblématiques des œuvres stigmatisées par l'extrême droite comme par la plupart des tenants du conservatisme en peinture, et c'est à leur propos que, en 2009 encore, l'universitaire Kostas Mavrakis peut écrire sur son blog : « *réaliser des monochromes comme Rodtchenko, puis Yves Klein, Ryman et tant d'autres,* [est] *une activité indiscernable de la peinture en bâtiment* »[77].

On sait également en particulier que les *Colonnes* de Buren, installées dans la cour d'honneur du Palais-Royal, sont le type même de l'art que rejette rejettent tous les courants de l'extrême droite. Cet assemblage de colonnes striées de bandes noires et blanches, qualifiées d' « *obsession de quelqu'un qui a vu trop de zèbres* », sont représentatives, selon Mégret, de « *la disparition des règles, des normes, des modèles et du goût* »[78] : entre la naissance du projet en 1985 et son achèvement en juillet 1986, c'est une véritable croisade qui est menée contre les *Colonnes* par l'extrême droite et toute la droite conservatrice, à travers notamment *Le Figaro Magazine* et son chroniqueur d'alors Louis Pauwels. La campagne de dénigrement laissera d'ailleurs des traces durables : en 2001 encore, en pleine campagne des élections municipales, une enquête réalisée par la Sofres pour *Le Figaro Magazine*[79] montrait que les *Colonnes* de Buren venaient, avec trente pour cent de citations, en deuxième position des endroits que les habitants du premier arrondissement de Paris, où se trouve le Palais Royal, souhaiteraient voir « *détruits ou recouverts* », juste après le Forum des Halles qui recueillait, lui, trente et un pour cent, la pourtant contestée Pyramide du Louvre ne recevant que cinq pour cent d'avis défavorables. Et en 2002, c'est, entre autres, à Buren encore que le programme du Front national s'en prend quand il dénonce le fait que « *Philippe Séguin, il a doté la ville d'Épinal d'un Buren et d'un César* »[80].

Les peintres contemporains abstraits – ou considérés comme tels –, dont Buren, mentionné trois fois, apparaît comme le prototype pour le Front national, sont en outre désignés dans le même programme comme les bénéficiaires exclusifs de la « culture officielle » : « *La principale*

[76] Kasimir Malevitch, *Carré blanc sur fond blanc*, 1918.
[77] <http://kostasmavrakis.hautetfort.com/archive/2009/02/index.html>, le 2 février 2009.
[78] *Le Monde* du 6 février 1992.
[79] *Le Figaro Magazine* du 10 février 2001.
[80] *Pour un avenir français. Le programme de gouvernement du Front national*, 2002, chapitre « Liberté de la culture ».

caractéristique de la culture officielle est de faire travailler le cercle des "amis" en dehors duquel il n'y a point de salut. [...] *la manne de l'État culturel n'est pas pour tout le monde : les commandes publiques d'œuvres d'art contemporain, qui progressent de 30% par an, vont toujours aux mêmes, les Buren, Arman, César, Soulage* [sic], *Debré, etc.* [...] *l'achat d'œuvres d'art d'artistes contemporains – forme de mécénat intelligent – est totalement verrouillé puisque l'art contemporain est, a priori, conçu comme non-figuratif.* » Jean-Michel Alberola sera le seul peintre figuratif du vingtième siècle mentionné dans ce vaste programme, mais c'est pour y être stigmatisé comme « *un des peintres favoris de la culture néo-socialiste* ».

La même antienne apparaît de manière récurrente dans les publications frontistes. En 2005 par exemple, une conseillère régionale Front national de Franche-Comté écrivait dans la « *Lettre aux Maires* » publiée par le groupe d'élus[81] : « [...] *comme toute innovation, l'Art contemporain peut tomber dans l'excès. Ainsi, trop souvent l'œuvre exposée finit par susciter des réactions chez le spectateur au lieu d'éveiller en lui une émotion esthétique. La provocation prend alors le pas sur l'Art. Et "le point blanc sur la toile blanche" devient la référence en matière d'Art contemporain pour le seul bonheur des gogos branchés !* [...] *pour comprendre l'Art contemporain tel qu'il nous est généralement présenté dans les différents rapports des Commissions permanentes ou des séances plénières, il faut, à l'évidence, être titulaire d'un doctorat "es Charabia".* [...] ». Malgré la relative prudence des formules employées, on a là un condensé des vues frontistes sur l'art contemporain, associant l'utilisation des « *fonds publics* » au dénigrement du discours sur l'art (le « *Charabia* ») en passant par, encore une fois et près d'un siècle après que Malevitch a peint son œuvre, la caricature obsessionnelle de la « *toile blanche* ».

Il en va d'ailleurs de même pour les autres domaines artistiques, sur lesquels nous ne nous étendrons pas ici. Pour ce qui est, par exemple, de la danse, dès son arrivée à la mairie de Toulon en juin 1995, le frontiste Le Chevallier expose ce qu'il souhaiterait voir représenté au festival de Châteauvallon (qu'il trouve « *trop systématiquement moderne* ») en lieu et place de la danse contemporaine : « *de la danse classique et un peu folklorique* »[82].

Il n'existe donc pas, pour l'extrême droite, des formes du beau artistique, analysables et susceptibles d'évolution en fonction des sociétés qui les produisent, mais un beau unique, délimité par les normes plastiques d'un

---

81 Anne-Marie Jeanmougin, *in La Lettre aux Maires, Lettre d'information des élus FN au Conseil régional de Franche-Comté*, n° 2, 1er semestre 2005.

82 *Le Monde* du 23 juin 1995.

classicisme européen d'ailleurs largement revisité : figuration, dessin, harmonie, et hors duquel tout n'est que laideur ou, pire, dégénérescence. La conception esthétique de l'art est réduite à une norme plastique figée.

IV

Le « peuple »

« *Classique et folklorique* », disait Le Chevallier, le maire de Toulon. En effet, si les règles du « bon goût » sont omniprésentes dans le discours frontiste, c'est associées aux notions d'enracinement et de « peuple » Le folklore est réhabilité par le Front national « *comme la permanence de traditions de chant, de danse, de poésie, exprimant l'âme de nos provinces* ». L'idée n'est pas nouvelle, si on se rappelle la place prise par les manifestations folkloriques sous le régime de Pétain[83].

Au contraire, selon le programme du Front national, « *la culture muséable* [*sic*] [...] *rationalise la mémoire collective, et gère le passé dans le but de réduire culture nationale et cultures régionales à l'état de stock folklorique inoffensif, participant du "patrimoine de l'humanité"* [...] *On lui accorde l'attention condescendante due à des formes jugées inférieures, puisqu'elles viennent du passé et n'ont pas ce ferment de "futurisme" qui caractériserait la "véritable culture" : un morceau de rail tordu dans un tas de sable (vu au Centre national "d'art contemporain") sera toujours pour ces gens-là supérieur à une bisquine cancalaise ou aux tissus imprimés de Provence.* »[84] Il ne s'agit pas, au moins pour la partie conservatrice de la droite extrême, de prôner une culture « intellectuelle » mais une culture « populaire », « enracinée » et de « bon sens ».

C'est dans le même état d'esprit que le maire Front national de Marignane, Simonpiéri, expliquait en 1995[85] : « [...] *nous avons remplacé une culture de privilégiés par une culture populaire de masse. Aux spectacles à prix prohibitifs, n'attirant que peu de monde et destinés à ne faire plaisir qu'à une élite et aux organisateurs, nous préférons les spectacles accessibles au plus grand nombre, comme le cinéma par exemple, avec des places à 20 F, qui a vu son taux de fréquentation augmenter de 56 % entre 1995 et 1996* ». On retrouve là des démarches similaires à celle que nous avons vue ci-dessus à l'œuvre à Orange avec la mise en avant d'une « *fonction de distraction* » pour la bibliothèque municipale.

---

[83] Sur ce point, voir notamment Christian Faure *Le projet culturel de Vichy : folklore et révolution nationale 1940-1944*, Presses universitaires de Lyon, 1989.
[84] *Pour un avenir français. Le programme de gouvernement du Front national*, 2002, chapitre « Liberté de la culture ».
[85] *National Hebdo* n° 621 du 13 au 19 juin 1995, p. 5.

Après les normes, le peuple : voilà en effet les deux références majeures des conceptions artistiques du Front national. On pourrait s'étonner de trouver ici une telle référence au peuple alors que, comme le souligne Ariane Chebel d'Appollonia, « *l'ensemble de l'extrême droite partage une conception élitiste de la société, que cette élite soit aristocratique, guerrière ou même ouvrière* », voire que « *l'extrême droite a donc horreur de la masse, de la "populace" – Bainville écrira que "le nationalisme des foules est celui des intérêts, celui du ventre, du gaster" –* ». Mais, explique la même auteur, « *pour comprendre ce paradoxe, il convient de rappeler que l'extrême droite s'oppose à tout ce qui est susceptible de diviser la nation. Au nom de l'unité, elle affirme que l'élite gouvernante sera l'expression du pays réel et opère ainsi une synthèse entre son élitisme et la sauvegarde du "petit peuple".* »[86] Ce n'est donc pas seulement par opportunisme – même si celui-ci n'est pas absent, comme en témoignent les variations doctrinales du Front national, par exemple, en fonction des résultats électoraux – que le discours s'en réfère au peuple.

Ce dernier apparaît ainsi comme le symbole du « bon sens » cher à Le Pen et à tous les populismes : car, comme l'écrivait Pierre Poujade[87], « *il vaut mieux avoir affaire à des "vulgaires" de bon sens qu'à des polytechniciens "abrutis" par les mathématiques* ». Nous n'entrerons pas ici dans la discussion sur la démarcation entre « populisme » et « extrême droite », largement abordée depuis deux décennies. L'insertion dans le système électoral des principaux partis des droites extrêmes en France, en Italie ou en Autriche a amené certains chercheurs à considérer qu'il s'agissait là de formes de populisme, réservant l'appellation d'extrême droite aux partis et groupes, néonazis notamment, qui récusent la démarche démocratique. Mais les aspects xénophobes, le rejet de l'égalité comme principe politique, ou plus récemment par exemple les déclarations de Le Pen édulcorant l'occupation allemande et le rôle de la Gestapo[88], incitent à revenir sur cette dichotomie. C'est ainsi que, dans un article[89] de la *Revue française de science politique*, le chercheur à l'Institut d'études politiques de Paris Alexandre Dézé préférait en revenir au minimum à l'appellation « national-populisme » pour désigner cette mouvance, le Front national en particulier. Plus généralement, on peut dire que les évolutions doctrinales ou les nécessités stratégiques de ces partis et mouvements ont fait varier la part de populisme de leur orientation.

---

86 Ariane Chebel d'Appollonia, *L'extrême-droite en France*, Complexe, Paris, 1988, pages 52-53.

87 *J'ai choisi le combat*, Paris, 1955, pp. 119-120; cité par Ariane Chebel d'Appollonia, *L'extrême-droite en France*, Complexe, Paris, 1988, p. 41 n. 51.

88 Dans *Rivarol* du 7 janvier 2005.

89 *Revue française de science politique*, février 2004.

Les relations du Front national et du populisme ont ainsi été fluctuantes, en lien avec la composition sociologique du parti ou les opportunités politiques. Les scores réalisés aux élections présidentielles de 1995, qui accordent entre 20 et 30 pour cent de suffrages au Front national chez les ouvriers et les chômeurs[90], accentuent le tournant « social » du discours frontiste et l'éloignement des orientations « reaganiennes » qui l'avaient emporté dans les années quatre-vingt. Le journaliste politique Michel Soudais distingue trois phases[91] : « *"Populiste" de 1986 à 1988, critique vis-à-vis de cette revendication de 1989 à 1993, le Front national est de nouveau séduit en 1994. "Populiste et fier de l'être !" clament les jeunes lepénistes lors de leur université d'été* ». Bruno Mégret, lui, met un bémol : « *Nous préférons le terme de populaire à celui de populiste, tant il est vrai que les mots en "isme" véhiculent souvent une absoluité porteuse d'intolérance ou susceptible de sacrifier d'autres priorités sur l'autel d'un seul concept.* »[92] Mais dans tous les cas la référence au peuple est présente : comme l'affirmait Le Pen, sans craindre l'emphase, dès 1986 dans un entretien à National-Hebdo[93], « *La voix du peuple est aujourd'hui la voix de Dieu* ».

C'est particulièrement vrai dans le domaine culturel. Ce l'est moins dans le domaine économique, malgré la volonté de Le Pen, non dénuée d'électoralisme, de présenter le Front national comme « *la voix du peuple, peuple des salariés et des retraités, peuple des agriculteurs et des petits entrepreneurs, peuple des jeunes et des seniors, peuple des familles et des isolés, peuple des veufs et des veuves, peuple des français de souche et d'ailleurs...* »[94]. À l'exception de quelques mesures démagogiques comme la suppression de l'impôt sur le revenu, le programme économique oscille depuis vingt ans, traduisant à la fois un certain opportunisme et la volonté de concilier les divers courants qui se retrouvent dans le Front national, entre un protectionnisme nationaliste – sortie de la Communauté Européenne, etc. – et un libéralisme « intérieur » qui transparaît à travers le recours à la concurrence, aux assurances privées, aux « *régimes complémentaires de retraite de libre choix* », à la suppression de l'impôt sur la fortune, autant de mesures qui favorisent plus les classes moyennes ou la bourgeoisie que le « peuple ». Mais dans le domaine culturel, incluant l'éducation où le Front national s'efforce de promouvoir « *l'acquisition de la pratique de la lecture par la méthode syllabique et du calcul par l'arithmétique* », le « bon sens populaire » sert de caution à la norme frontiste. On exalte ce qu'aime le

---

[90] Voir notamment un article de Jérôme Jaffré, alors vice-président de la Sofres, dans *Le Monde* du 17 juin 1995.

[91] *Le Front national en face*, Paris, Flammarion, 1996, p. 165.

[92] Dans *La Lettre de Jean-Marie Le Pen* de juillet 1994.

[93] *National-Hebdo* du 5 juin 1986.

[94] Convention présidentielle du Front national, Lille, 25 février 2007, discours de clôture.

peuple, quitte à flatter l'ignorance de ce dernier : l'art du vingtième siècle, largement ignoré par une grande partie des Français, est ainsi rejeté dans sa globalité, dans une condamnation qui, on l'a vu, ne s'embarrasse pas de nuances.

Il est vrai que le « peuple » selon la pensée frontiste renvoie non à une définition sociologique ni à une communauté de sol, mais indissociablement à la nation et aux « racines ». À côté du « porteur de bon sens » privilégié par le populisme conservateur, le peuple est pourvu d'une autre acception, complémentaire et mise en avant par le courant nationaliste : « *Le peuple n'existe que s'il est lié par des liens de fraternité et de solidarité tissés à l'échelle de la Nation* »[95]. Et si le Front national est présenté comme « *la voix du peuple* », Le Pen n'omet pas de préciser dans le même temps[96] : « *... Et moi, je suis le seul candidat de la Nation, de la Patrie et de la République.* »

Ce « *peuple de France* », qui « *a été constitué en des temps reculés* » – et Bruno Mégret n'hésite pas, en 1997 encore, prenant pour le moins quelques libertés avec l'histoire, à situer ces « *temps reculés* » au mésolithique[97] –, est de surcroît riche parmi les riches, ou en tout cas porteur d'une civilisation « *originale* » : Jean-Claude Bardet, ancien dirigeant de la Nouvelle Droite, explique dans la revue *Identité*[98] : « *Ce qui fait l'originalité de la culture française, c'est qu'elle a su réaliser une synthèse du génie indo-européen entre l'esprit germanique, latin et grec.* [...] *La culture française est en quelque sorte le concentré, la quintessence des différentes cultures européennes. Sans doute, d'ailleurs est-ce pour cette raison qu'elle a pu apparaître, à tort, moins nationale et plus universelle. À tort parce que ce caractère "universelle" qui lui est imputé recouvre uniquement les valeurs communes aux Européens, et non celles des autres* ». Face à ce peuple sacralisé porteur d'une telle culture, l'ennemi est évidemment tout ce qui a perdu les valeurs « populaires » ou qui lui en oppose d'autres : l'étranger vecteur d'autres usages bien sûr, d'où la hantise de l'immigration qui caractérise toutes les droites extrêmes ; mais aussi le politique forcément corrompu de la « *bande des quatre* » chère à Le Pen, qui rejette droite et gauche d'un même mouvement, précisant encore en 2007 dans son discours de clôture de sa convention électorale à Lille : « *Qui sont les coupables ? Ils sont tous coupables. Tous coupables, oui. Gauche et droite faussement opposés, en réalité complices dans le partage des prébendes et l'apparence*

[95] *In Qui sommes-nous ?*, note interne de l'Institut de formation nationale du FN du 5 octobre 1989, p. 3.

[96] Convention présidentielle du Front national, Lille, 25 février 2007, discours de clôture.

[97] B. Mégret, « La France, une réalité d'avenir », *Les origines de la France*, Editions Nationales, 1997.

[98] Article « L'identité française », *Identité* n° 13, septembre 1991.

d'un changement organisé pour tromper le peuple. »[99] ; enfin le cosmopolite représenté plus particulièrement par l'intelligentsia, et dans le domaine culturel celui qui « *mettra sur le même plan Mozart et le rap, les colonnes de Buren et le vitrail de Chartres* »[100].

Ainsi se rejoignent l'anti-intellectualisme poujadiste, dont Roland Barthes analysait il y a quelques quarante ans les caractères petit-bourgeois[101], et les variantes diverses du nationalisme, « franco-français » ou européiste. Variantes en effet, car le nationalisme, pour être revendiqué par toutes les droites extrêmes, n'en est pas moins divers. Les plus anciens nationalistes définissent « la nation » comme la France exclusivement, et défendent aussi bien le « peuple de France » que « l'art français » dans leur spécificité. Charles Maurras écrit ainsi : « *Naître en France et de vieux sang français, alors même qu'on y procède du dernier des déshérités, c'est encore naître possesseur d'un immense capital et d'un privilège sacré.* »[102]

D'autres au contraire, influencés par la mouvance de groupes comme Europe-Action dans les années soixante ou la Nouvelle Droite et le GRECE (Groupement de recherches et d'études sur la civilisation européenne) à partir des années soixante-dix, étendent la notion d'identité à l'Europe, porteuse de valeurs communes et, pour les plus extrémistes, d'une communauté ethnique[103]. Charles Champetier, alors l'un des responsables de la Nouvelle Droite, après avoir défini celle-ci comme « *communautarienne, citoyenne, européenne et païenne* », précisait ainsi en 1999[104] : « *Bien plus qu'un choix géopolitique, je vois dans l'Europe la permanence d'une certaine manière d'être au monde, une communauté de culture et de "forme" fondée sur trois naissances "historiales" : l'art (moment paléolithique), la langue (moment indo-européen) et la raison (moment grec).* » Champetier interprète plus loin ces « *naissances* » comme « *des socles de représentation du monde sur lesquels nous bâtissons le présent.* »

C'est d'ailleurs cette vision « européenne » qui a permis à la Nouvelle Droite de récuser parfois tout lien politique avec le Front national, dont la conception serait beaucoup plus étriquée, le même Champetier expliquant : « *Le FN est un mouvement nationaliste, qui conçoit l'identité comme restauration d'un (hypothétique) "âge d'or" de la France et réaffirmation de la souveraineté nationale ; la Nouvelle Droite défend l'identité en soi (et*

---

99 Convention présidentielle du Front national, Lille, 25 février 2007, discours de clôture.

100 *Pour un avenir français. Le programme de gouvernement du Front national*, 2002, chapitre « Liberté de la culture ».

101 « Poujade et les intellectuels », *Mythologies*, Paris, 1957, pp. 170-177.

102 Charles Maurras, *Mes idées politiques*, rééd., Paris, Fayard, 1968, p. 275.

103 Voir ci-dessus chapitre II.

104 Entretien dans la revue du GRECE *Eléments*, n° 94, 1999.

non seulement pour soi), c'est-à-dire soutient tous les mouvements hétérogènes de différenciation et de singularisation affrontant les modes homogènes de concentration. »

Mégret s'est efforcé de rassembler ces deux visions lorsqu'il écrit en 1989 dans une nouvelle revue précisément appelée *Identité* : « Chacun d'entre nous a son identité propre qui est faite d'une multitude d'apports par delà son héritage biologique des multiples communautés auxquelles il appartient, la famille communauté de sang, le terroir communauté d'enracinement, la nation communauté d'histoire, l'Europe communauté de civilisation »[105]. L'éclatement du Front national et la création du MNR ont à nouveau séparé ces conceptions et largement brouillé les pistes, empêchant les droites extrêmes de se référer sur ce point à un corps de doctrine homogène. Reste toutefois, malgré les différences, le point commun originel : la notion d'identité et d'enracinement, au sein de laquelle se trouve la communauté de culture.

Aujourd'hui, cette thématique se retrouve aussi représentée sous une forme exacerbée par les groupes connus sous l'appellation des « identitaires ». Cette mouvance a été révélée au grand public lorsqu'un certain Maxime Brunerie a tenté, le 14 juillet 2002, d'assassiner le président Chirac et qu'il est apparu qu'il se réclamait du groupe Unité radicale. Après l'interdiction de ce dernier, les militants extrémistes se retrouvent notamment aujourd'hui dans le Bloc identitaire mené par Fabrice Robert et Guillaume Luyt, qui compterait en 2005 selon la police[106] environ cinq cents sympathisants et en revendique plus de 2 000 actuellement.

Les identitaires, dont certains membres sont passés par le Front national, d'autres par le MNR, mettent en avant « *notre terre de tradition helléno-chrétienne* », pratiquent un anti-islamisme radical (« *la douce mélodie qui résonne à nos oreilles : Islam, hors d'Europe !* »), refusent le « *métissage ethnique* », condamnent le matérialisme. Ils privilégient le combat culturel et « métapolitique », et utilisent largement Internet, considéré comme une arme, pour diffuser leurs messages[107]. Un rapport de la Commission nationale consultative des droits de l'homme (CNCDH) sur les sites racistes et antisémites rendu public en juin 2004 évoquait à propos d'Unité radicale « *une nébuleuse raciste et d'extrême droite qui faisait d'Internet un moyen de sa structuration.* » La création de l'agence de presse Novopress.info participe de la même démarche.

---

[105] Article « L'Europe, identité et puissance », *Identité* n° 1, mai-juin 1989.

[106] Rapport de la Direction centrale des renseignements généraux, janvier 2005.

[107] Les citations de ce passage sont d'ailleurs empruntées aux sites <bloc-identitaire.com> et <les-identitaires.com> dans leur version 2003.

Le Bloc identitaire est devenu un parti en 2009. Autour de lui gravitent un certain nombre d'organisations proches comme les Jeunesses identitaires, qui furent un temps présentées comme le mouvement de jeunesse du Bloc, des mouvements régionalistes comme Nissa Rebella ou Alsace d'abord, et des associations comme Solidarité des Français.

À cette mouvance sont aussi parfois rattachés les militants souvent plus « anciens » de l'association Terre et Peuple, présidée par l'universitaire lyonnais Pierre Vial – sur lequel nous reviendrons dans les chapitres suivants – et qui compterait deux à trois cents sympathisants. Cette association, créée en 1995, est ici particulièrement intéressante dans la mesure où elle est, comme l'indique sur son site son texte de présentation lui-même, « *animée par la volonté de lier le combat politique avec l'impératif culturel* ». Elle se propose « *de faire prendre conscience de leur identité aux femmes et aux hommes de notre peuple, puis de les amener à se grouper et à s'organiser pour agir ensemble.* [...] *Au moment où notre terre est touchée par une colonisation de peuplement sans précédent, avec l'appui des partisans du mondialisme, il est impératif de revendiquer le droit d'être soi-même. Ce droit à la différence est la clé de notre devenir* ».

Dans ce contexte identitaire – et sans qu'il soit besoin de se référer aux groupuscules les plus extrémistes –, les normes, dont nous avons vu qu'elles se réduisaient en règles pour la pensée d'extrême droite, apparaissent comme les bornes mêmes de « *la civilisation* » : l'homme a besoin d'être « *discipliné par les normes et règles de la civilisation* », affirmait Mégret[108]. « *Civilisation contre barbarie* » était aussi le thème de l'Université d'été du Front national tenue à Arles début septembre 1993[109]. Le programme de gouvernement de 2002 du Front national précise encore à propos de la politique culturelle menée en France « *depuis près de quatre décennies* » : « *Cette entreprise de liquidation de nos racines spirituelles et naturelles vise à rendre amnésiques les Français sur leur propre sol. Notre pays est sa cible principale, parce que sa civilisation élève l'homme et fait rempart à la barbarie* », et plus loin, sous le titre « *"Civilisation" ou "culture" ?* » : « *Alors que le budget du ministère de la Culture n'a jamais été aussi élevé et que son action est relayée par les collectivités locales, la civilisation française, enracinée dans le temps et dans l'espace, est subvertie dans son contraire : la culture mondiale de masse. Le glissement du terme "civilisation" au terme "culture" n'est pas indifférent* ».[110]

---

[108] « La France, une réalité d'avenir », *in Les origines de la France*, Editions Nationales, 1997.
[109] *Le Monde* du 4 septembre 1993.
[110] *Pour un avenir français. Le programme de gouvernement du Front national*, 2002, chapitre « Liberté de la culture ».

Les valeurs correspondant à cette « civilisation » sont exaltées par Le Pen dans un discours prononcé à Rome en mai 1988 comme « *celles de l'admirable civilisation humaniste et chrétienne, Dieu, la patrie, le travail, la famille, la liberté, la fraternité* »[111] : c'est là l'aspect conservateur du discours lepéniste, avec ce qu'il faut de « christianité » pour séduire les traditionalistes chrétiens, ce qu'il faut, mais dans un savant désordre, de « *travail, famille, patrie* » pour garder les vieux conservateurs ; l'autre face, liée à la dénonciation de la « *décadence* », est exprimée, dans le même discours, à travers l'appel à « *l'instinct vital de nos peuples* ».

---

[111] *Le Monde* du 10 mai 1988.

V

Les « valeurs »

L'art doit en effet aussi exalter « *les valeurs* ». Quelles sont ces valeurs ? Alain de Benoist, dans la conception élitiste qu'il en expose, évoque « *la loyauté, le courage, la bravoure, l'esprit de chevalerie, l'esprit de sacrifice, le contrôle de soi, le sens de la décision, l'amour du défi, le goût de la rigueur, de la contrainte de soi, la volonté, la rectitude* »[112]. Plus conservateur, et plus directement politique, Le Pen se contente, nous l'avons vu[113], de proposer d'« *aller hardiment dans la voie de la liberté, de la responsabilité, du patriotisme et de la tradition, entendue dans son sens le plus clair et le plus noble comme la transmission du Beau et du Vrai* », et met plutôt en avant « *les disciplines familiales, scolaires, sociales, légales* »[114] ou les « *principes d'autorité, de fraternité, de propriété* »[115].

Les conceptions culturelles du Front national naviguent de fait entre ces deux tendances, correspondant aux deux types essentiels d'extrêmes droites qui se mêlent dans ce parti (avec de multiples sous-courants et ne nombreuses interférences) – même encore après la scission de 1999, même si la création du MNR de Bruno Mégret a entraîné une certaine répartition des différentes mouvances entre les deux partis – : le conservatisme, où se reconnaissent aussi entre autres les chrétiens intégristes ou traditionalistes, et un « nationalisme révolutionnaire » volontiers paganisant, dont les thèmes culturels sont souvent proches de ceux de la « Nouvelle Droite » et du GRECE, dont de nombreux animateurs étaient également dans les années quatre-vingt-dix membres du Front national, une grande partie d'entre eux ayant suivi Mégret en 1999.

L'art est ainsi également pour le Front national, ou au moins certains de ses dirigeants, exaltation de la force, de l'élan vital, même si les responsables s'abstiennent d'employer cette terminologie par trop connotée. C'est ce qui explique le choix pour l'ouverture des meetings de Le Pen des *Carmina Burana* de Carl Orff, par ailleurs un des compositeurs préférés de la période

[112] « Pour une nouvelle aristocratie », *in Des élites, pourquoi faire ?*, bilan du dixième colloque du GRECE, 1976, pp. 91-92 (cité par Ariane Chebel d'Appollonia, *L'extrême-droite en France*, Paris, Complexe, 1988, p. 52).
[113] Ci-dessus, chapitre 2.
[114] *Les Français d'abord*, Paris, Carrère/ Laffon, 1984, p. 13.
[115] *La France est de retour*, Paris, Carrère/ Laffon, 1985, p. 191.

nazie : cette cantate scénique à la rythmique simple, visant une communication directe, composée en 1935 sur des poèmes médiévaux, évoque les fluctuations du sort (« *O Fortuna* », poème qui ouvre et ferme l'oeuvre) et chante le retour du printemps et les plaisirs païens de l'alcool, du jeu, de l'érotisme ; les nazis y ont vu une célébration de l'aryanité. C'est ce qui explique aussi les récupérations, qui pourraient autrement paraître incongrues, du *Chœur des Esclaves* du *Nabucco* de Verdi au milieu des meetings, et de l'*Hymne à la Joie* de Beethoven en clôture : ivresse « primitive », élan vers la « libération », exaltation.

Cependant, Le Pen, cherchant à donner de lui et de son parti une image rassurante, démocratique et républicaine, s'est efforcé, que ce soit par conviction conservatrice ou par choix stratégique, de contenir et sûrement retenir les expressions les plus extrémistes de cette dernière option. Et malgré son caractère exaltant, Beethoven reste somme toute bien sage. Si les sectateurs de la Nouvelle Droite, dont l'européisme et le paganisme heurtaient une large partie des nationalistes conservateurs et souvent catholiques, ont eu clairement une influence sur l'évolution du Front national[116], l'expression de leurs théories et de leurs conceptions culturelles a été relativement discrète au sein du parti. Passe que Bruno Gollnisch – qui est au demeurant plutôt un représentant du courant conservateur – ait pu déclarer apprécier les oeuvres d'Arno Breker, le sculpteur officiel du régime hitlérien : il s'agit d'une appréciation personnelle et « esthétique ». Mais le Front national doit maintenir l'équilibre entre ses composantes et ne peut laisser libre cours aux expressions spécifiques de tel ou tel de ses courants.

C'est donc du côté de la Nouvelle Droite qu'il faut regarder pour découvrir et étudier l'aspect le plus spectaculaire de cette exaltation des « valeurs », surtout dans certaines de ses manifestations les plus extrêmes, qui rappellent parfois des rituels SS : célébration des solstices et des forces de la nature, cérémonies « païennes », fêtes solaires, etc. Une brochure éditée en 1975 par le GRECE : *Les solstices, histoire et actualité*[117], signée de Jean Mabire et Pierre Vial, ce dernier étant alors par ailleurs membre du Conseil scientifique du Front national, justifie ainsi ce goût pour les célébrations du solstice : « *Au même titre que chez les anciens Aryens, les Germains, les Celtes et les Scandinaves, la célébration du solstice est attestée chez les Grecs et les Latins, héritiers, comme il ne faut cesser de le rappeler, du monde nordique et primitif* »[118].

---

[116] Voir par exemple Géraud Durand, *Enquête au cœur du Front national*, Paris, Grancher, 1996, pp. 153-155.

[117] Jean Mabire et Pierre Vial *Les Solstices, histoire et actualité*, GRECE, 1975 ; réédition Editions Le Flambeau, Chatillon sur Chalaronne, 1991.

[118] Cité par Maurice Moissonnier « *Hommes veillez !* », dans l'ouvrage collectif *Lyon capitale du négationnisme ?*, Golias, Villeurbanne, 1995, p. 31.

De manière plus ou moins discrète, les références textuelles ou iconographiques à ce « *monde nordique et primitif* » sont nombreuses dans les publications liées à la Nouvelle Droite. Dans les textes tout d'abord : René Monzat, dans un article paru en 1997 dans la revue *Art Press*[119], intitulé « La culture graphique de la nouvelle droite », indique que Michel Marmin, un des animateurs du GRECE, a consacré à Arno Breker un livre hagiographique paru aux Ediciones de Nuevo Arte à Barcelone ; qu'Alain de Benoist, son fondateur, dirige dans les années quatre-vingt chez l'éditeur allemand Grabert Verlag la collection Petite Bibliothèque de l'Art Allemand (*Klein Bibliothek der Deutschen Kunst*) dans laquelle sont publiés notamment des ouvrages sur le sculpteur nazi Emil Hipp, fervent admirateur de Wagner auquel il érigea un monument, et sur Wilhelm Petersen, « peintre de guerre » de la SS et à ce titre chargé de soutenir l'ardeur des SS en illustrant leurs faits d'armes, qui a aussi peint les mythes nordiques de l'œuvre de Wagner, et que le GRECE présente comme « *peintre, graveur et illustrateur parmi les plus intéressants de l'art allemand contemporain* ».

Indépendamment de leur proximité avec le nazisme, ce sont l'utilisation des mythes, les célébrations guerrières, le symbolisme des représentations qui constituent les caractéristiques communes des productions de ces artistes. Le rôle de l'art réside pour eux dans l'exaltation graphique de leurs valeurs à travers la représentation mimétique de personnages ou de situations symboliques, ce qui explique d'ailleurs la place prédominante prise par la gravure, le dessin et la sculpture : ce n'est pas un hasard si, sur les sept artistes ou diffuseurs exclusifs présentés dans le bulletin intérieur du GRECE[120], à côté du sculpteur Arno Breker, déjà mentionné, quatre, Georg Sluyterman, Wilhelm Petersen, Ernst von Dombrowski, Rudolf Warnecke, sont avant tout graveurs ou dessinateurs, les trois premiers ayant par ailleurs collaboré à la propagande SS sous le troisième *Reich*.

Ces mêmes éléments se retrouvent dans l'iconographie des publications de la Nouvelle Droite, d'après René Monzat qui, dans le même article, a montré comment l'illustration des revues de ce courant – *Études et recherches pour la civilisation européenne*, *Éléments*, *Nouvelle École* –, à l'exception de *Krisis*, revue sans doute trop « grand public » pour comporter des éléments si explicitement connotés, fait une large « *utilisation récurrente d'éléments de décoration à forte charge symbolique* » repris ou inspirés de l'iconographie nazie, et en particulier des graveurs mentionnés ci-dessus : emblèmes, chevaliers médiévaux, lansquenets, chandelier du solstice ou

---

[119] *Art Press* n° 223, avril 1997, pp. 55 sqq. Cet article fait partie d'un dossier important, intitulé « L'extrême-droite attaque l'art contemporain », introduit par Jacques Henric, et auquel j'ai emprunté plusieurs exemples.
[120] *Grece-Traditions*, n° 4, février-mars 1976.

« tour de Jul ». La « tour de Jul » est un chandelier inspiré de rituels des anciens peuples nordiques ou germains. Repris par l'Institut culturel SS, l'*Ahnenerbe*, pour que les SS fêtent le solstice d'hiver au lieu du Noël chrétien, il était alors fabriqué dans les camps de concentration, à Buchenwald en particulier.[121] On rejoint donc là les cérémonies et les fêtes du solstice évoquées plus haut, mais avec une connotation plus marquée ou au moins plus ambigüe.

Par ailleurs, c'est aussi à travers de telles fêtes que se rassemble l'extrême droite subversive européenne : ainsi en juillet 1988, à Vaulion en Suisse, la « *deuxième fête communautaire national-européenne de Lugnasad 88* » (du nom d'une fête celtique), à laquelle participent par exemple le GRECE de Lyon, la librairie militante parisienne Ogmios, le Parti des Forces nouvelles de Bruxelles, le Centre Thulé de Genève, et à titre d'observateurs le Parti nationaliste français et européen, la Ligue lombarde italienne, le Cercle Cadoudal de Paris, Troisième Voie, etc. ; en juin 1990 en Ile-de-France la célébration du solstice d'été du groupuscule Europe Jeunesse, mouvement de scoutisme proche du GRECE, créé en 1975 ; en 1979, la célébration du solstice organisée par le Centre doctrinal d'études Julius Evola ; etc.[122]

Cependant on navigue là dans l'extrême de l'extrême, et s'en tenir à ces manifestations serait ne travailler qu'à la marge, et négliger ce qui permet de rassembler, précisément, des idéologies aussi disparates que celles dont se réclament les différents courants. L'art en effet doit, pour les droites extrêmes, en même temps et dans la même logique, d'une part servir, comme on l'a vu, à représenter la « beauté éternelle », et d'autre part, exalter « l'instinct vital » : les flammes et les symboles des solstices n'ont en définitive pas d'autre sens.

Il est de cette exaltation même des manifestations plus sages, débarrassées du délire celtisant ou « aryanisant », qui concourent au même but et permettent dans une certaine mesure de rapprocher les deux courants. Dans tous les cas en effet, l'art répond à des normes qui sont celles de la figuration, de la mimésis. Ce dont il s'agit, c'est alors, à travers des formes stylisées, d'exalter la puissance, la virilité, la communauté de destin (avec ou sans la référence à l'aryanité). Récupération de la forme et du langage artistique classiques, jusqu'aux pires poncifs néo-classiques, perfection de la réalisation, symbolisme des représentations conjuguent ces deux données de

---

121 Cf., de René Monzat également, l'article « Le rituel SS de la Nouvelle Droite », dans *Le Monde* du 3 juillet 1993. *Contra*, Pierre-André Taguieff, *Sur la Nouvelle Droite*, Descartes et Cie, 1994, 3e partie, pour qui l'utilisation de ce « *symbole païen* » par le GRECE n'a rien à voir avec sa « récupération » par les nazis (« *sa valeur de preuve est nulle* »).

122 Sur ces cérémonies, voir notamment René Monzat, *Enquêtes sur la droite extrême*, Paris, Le Monde-Editions, 1992, pp. 75, 220, 222-223.

base. *Mutatis mutandis*, les cérémonies nazies de Nuremberg, très disciplinées et organisées mais éclairées aux flambeaux, et l'architecture géométrisée mais ornée d'aigles du Berlin conçu par Speer pour Hitler en donnent clairement la double image. Et les statues d'athlètes du sculpteur Arno Breker, nus et virils, dans des poses académiques, ou les *Titans* du Foro Mussolini à Rome, figurent eux aussi à la fois la norme, parfois jusqu'à la caricature, et la vigueur, comme aussi les athlètes des Jeux olympiques de Berlin en 1936 filmés par Leni Riefenstahl, la cinéaste officielle du IIIe *Reich*, elle aussi fort prisée par la Nouvelle Droite, dans son film *Olympia* ou *Les Dieux du stade*.

Il a déjà été beaucoup écrit sur Riefenstahl[123], cette amie et admiratrice fervente d'Hitler qui s'est toujours défendue d'avoir été nazie. La seule question ici qui nous intéresse, c'est : pourquoi Riefenstahl ? Pourquoi cette cinéaste sans grande originalité, sans discours politique affirmé, est-elle devenue la cinéaste officielle d'un régime nazi qui accordait une place éminente à la propagande ? En quoi des films sur le sport ou des bluettes sentimentales peuvent-ils avoir été considérés comme emblématiques par les nazis qui s'y reconnaissaient ? À la même époque un Veit Harlan réalisait en 1940, à la demande de Goebbels, *Le Juif Süss*, un film de fiction à base historique mais dont la volonté de propagande antisémite est explicite[124]. Le personnage féminin principal, interprété par Kristina Söderbaum, star blonde aux yeux bleus et adulée pour cette raison par le régime nazi, était enlevée par un juif et se suicidait. Plus tard, la propagande de guerre soutiendra la production de films comme *Le grand Roi* (*Der grosse König*, 1942) consacré au roi de Prusse Frédéric le Grand, ou *Kollberg* en 1943, la superproduction de Harlan située pendant les guerres napoléoniennes et dont une copie sera parachutée aux troupes nazies enfermées dans La Rochelle. Rien de tel chez Riefenstahl : que ce soit comme actrice ou comme réalisatrice, ses films, même ses documentaires, ne sont jamais la mise en images directe d'une politique.

Dans les sept films muets puis parlants[125] dans lesquels elle a joué dans les années vingt et trente, réalisés en majorité par Arnold Fanck, auteur de films de montagne, elle interprète une héroïne sauvage et romantique ; dans deux d'entre eux, dont le premier, *La montagne sacrée* (*Der heilige Berg,* 1926), et *Avalanche* (*Stürme über dem Montblanc,* 1930), elle escalade des

---

[123] Notamment en dernier lieu Steven Bach, *Leni Riefenstahl. Une ambition allemande*, traduit de l'anglais (États-Unis) par Manuel Tricoteaux, Édition Jacqueline Chambon, 2008.

[124] Sur *Le Juif Süss*, voir Claude Singer, *Le juif Süss et la propagande nazie l'histoire confisquée*, Paris, Les Belles Lettres, 2003.

[125] *Der heilige Berg,* 1926 ; *Der grosse Sprung,* 1927 ; *Das Schicksal derer von Habsburg,* 1929 ; *Die weisse Hölle von Piz Palü,* 1929, muets ; *Stürme über dem Montblanc,* 1930 ; *Der weisse Rausch,* 1931 ; *S.O.S. Eisberg,* 1932-1933, parlants.

sommets où les autres n'osent pas aller ; ce thème de l'escalade vers des sommets inaccessibles est aussi celui du premier film réalisé (et joué) par Riefenstahl elle-même : *La lumière bleue* (*Das blaue Licht,* 1932), où l'héroïne est seule à pouvoir atteindre un sommet d'où rayonne une lumière bleue : la métaphore est ici devenue évidente. C'est que, comme l'a montré Susan Sontag dans un texte important[126] consacré à Riefenstahl, la plupart de ces films, bien que résolument apolitiques, « *now seem in retrospect, to be an anthology of proto-Nazi sentiments.* [apparaissent aujourd'hui rétrospectivement comme une anthologie de sentiments proto-nazis] » et l'ascension des montagnes comme « *a visually irresistible metaphor for unlimited aspiration toward the high mystic goal,* [...] *which was later to become concrete in Führer-worship* [une métaphore visuellement irrésistible de l'aspiration au but mystique, qui se concrétiserait plus tard dans l'adoration du *Führer*] ». L'instinct, la force, l'esprit de conquête permettent l'ascension vers la « lumière bleue » et la domination sur les « *hommes de la vallée* ». Ce n'est pas l'histoire, le contenu diégétique, où n'apparaissent ni réalisme ni allusions à l'actualité socio-historique, qui est ici reconnu et apprécié par les nazis, mais cette thématique de l'ascension, de l'exaltation, et surtout cette esthétique de la fascination, appliquée à des fictions mais annonciatrice des documentaires à venir.

En effet, lorsque Riefenstahl réalise, à partir de 1932, sur commande, les documentaires propagandistes qui resteront à la postérité : *Victoire de la Foi* (*Sieg des Glaubens*) en 1933, qui présente le premier congrès du parti nazi, et le célèbre *Triomphe de la Volonté* (*Triumph des Willens*) en 1935 qui peint le second congrès, il ne faut pas s'étonner d'y retrouver la même approche thématique et esthétique. En particulier, *Triomphe de la Volonté* est un documentaire sans texte de commentaire, à l'exception du texte introductif, et un documentaire politique sans développement d'idées politiques. Tout est dans l'image, et dans elle seule. Ou plutôt tout est image, une image faite pour jouer sur la fascination et l'exaltation. Les plans montrant une foule souvent en uniforme et soigneusement ordonnée, se déplaçant horizontalement dans une véritable chorégraphie, alternent avec les gros plans d'un visage extatique ou d'un corps tendu dans une pose théâtralisée, ou avec les discours des principaux tribuns. Susan Sontag rappelle les conditions de cette réalisation : l'unique texte, celui d'ouverture, présente le congrès comme « *the redemptive culmination of German history* », mais surtout l'absence de commentaire transforme l'histoire en théâtre : « *It has no commentary because it doesn't need one* [...] *: history become theater.* » Elle montre l'intérêt politique de cette manière de filmer, de cette esthétique, qui a déterminé même l'organisation du congrès : « *How*

126 « Fascinating Fascism », 1975, repris dans *Under the Sign of Saturn*, New York, Farrar Straus Giroux, 1980, auquel j'emprunte une part de l'analyse et des références.

the 1934 Party convention was staged was partly determined by the decision to produce Triumph of the Will », et quasiment transformé l'évènement en décor pour le film, au point que les séquences ratées de ce « documentaire » seront même refilmées *a posteriori* sur ordre d'Hitler, rejouées par les dignitaires dans un décor de studio bâti par Speer : « [...] *Hitler gave orders for the shots to be refilmed ; and Streicher, Rosenberg, Hess, and Fanck histrionically repledged their fealty to the Führer weeks later, without Hitler and without an audience, on a studio set built by Speer.* »

Puis vint *Olympia*, le « documentaire » tourné pendant les Jeux Olympiques de 1936, un immense film de trois heures et demie, en deux parties appelées significativement *Fête du Peuple (Fest der Völker)* et *Fête de la Beauté (Fest der Schönheit)*, qui recevra la médaille d'or au Festival de Venise en 1938. Ici, ce sont les successions de gros plans ou de plans moyens sur les athlètes qui fonctionnent comme autant de représentations de la vigueur et de la beauté physiques. Mêlant cette fois les mouvements horizontaux et verticaux, Riefenstahl met en avant l'effort, la tension encore, et l'extase de la victoire. Ce n'est pas un reportage sur une compétition sportive, mais une mise en image d'un triomphe du corps viril, auquel le regard du Chef, Hitler lui-même, confère une dimension quasi mystique, voire sacrée.

Il y a un lien direct, fondé sur une esthétique, entre toutes les œuvres interprétées ou réalisées par Riefenstahl, qu'il s'agisse de fictions ou de commandes documentaires : symbolisation, idéalisation, stylisation, refus du réalisme, mouvement mais aussi pose, les deux conçus comme une tension : du regard porté sur le haut de la montagne où luit la « lumière bleue » à l'envol décomposé de l'athlète, l'esthétique est la même, celle de la fascination.

Et trente ans plus tard, sortant de l'oubli où l'avait quelque peu fait tomber la dénazification, Riefenstahl réalise et publie son célèbre livre de photographies des Noubas, ces guerriers de l'est africain qu'elle a visités et qu'elle s'est plu à saisir dans leur virilité « primitive ». Alors que ce livre a servi aux admirateurs de l'ancienne cinéaste pour tenter d'effacer les accusations de philo-nazisme (« vous voyez bien qu'elle ne peut pas avoir été nazie, elle photographie un peuple d'Afrique »), c'est pourtant la même esthétique encore qui y est à l'œuvre : photos de corps guerriers presque nus, mettant en évidence les muscles, impression de mouvement là encore quasi chorégraphique, connotation d'héroïsme. C'est ce qui permet à Susan Sontag de dire qu'elle publie là « *le troisième volet de son triptyque d'images fascistes* », « *the third in her triptych of fascist visuals* », après les films de montagne et les commandes du *Reich*.

Dans un entretien accordé aux *Cahiers du Cinéma* en 1965[127], Riefenstahl expliquait à propos d'*Olympia* et de *Triomphe de la Volonté* : « *Je me sens spontanément attirée par tout ce qui est beau. Oui : la beauté, l'harmonie.* [...] *Tout ce qui est purement réaliste, tranche-de-vie, ce qui est quotidien ne m'intéresse pas. Je suis fascinée par ce qui est beau, fort, sain, ce qui est vivant. Je cherche l'harmonie* ». Son œuvre est intéressante précisément pour cette raison : Riefenstahl n'est pas une militante politique (elle a d'ailleurs été acquittée après-guerre pour cette raison), et ses films donnent une vision en quelque sorte pure, si l'on ose dire, de l'esthétique prisée par les nazis : ressentir ou susciter la fascination pour ce qui est « *beau, fort, sain* », représentatif d'un ordre prédéfini. C'est un des éléments clés de l'esthétique de toute l'extrême droite.

En un mot, cette esthétique relève d'une conception figée de l'harmonie, pour laquelle d'autres n'hésitent pas à appeler la philosophie grecque à la rescousse, même si c'est à travers une lecture quelque peu simplifiée. Yvan Blot, alors membre des instances dirigeantes du Front national, explique ainsi, au détour d'un article où il s'en prend à « *l'idéologie des droits de l'homme* »[128], que « *Déjà Platon refusait avec la dernière énergie la formule du sophiste Protagoras pour qui "l'homme est la mesure de toutes choses". Car, si tel est le cas, l'homme étant éminemment divers et capable du bien comme du mal, il n'y a plus de mesure du tout, il n'y a plus de critère des valeurs, donc* ni esthétique [c'est moi qui souligne] *ni morale.* ». Ce lien entre art et morale peut remonter effectivement à Platon (mais plus exactement aux dialogues du *Banquet* ou de l'*Hippias majeur*) et peut-être, avant lui, à Socrate : si Platon s'oppose aux sophistes, c'est que le Beau pour lui, loin de se rattacher au domaine du paraître, de l'objet, appartient au domaine des essences, il est, comme le Bien ou le Vrai, une réalité en soi, une des Idées qui fondent la doctrine platonicienne. Le Beau, apparaissant dans le monde sensible (à la différence des autres Idées) et pouvant donc être perçu directement, est présent à des degrés divers dans les « belles choses », dont il fonde la beauté ; il constitue à ce titre un Idéal dont l'artiste doit se rapprocher : d'où la nécessité, le fondement théorique même, de la mimésis. D'où aussi, et tout aussi fondamentalement, une normativité quasi absolue : l'art n'est pas affaire de goût, et l'artiste est non pas un créateur mais un artisan, dont la valeur se mesure à la capacité à respecter les normes (proportions, harmonie) pour se rapprocher au mieux du modèle idéal et immuable.

---

[127] *Cahiers du Cinéma*, septembre 1965.

[128] *Présent* du 13 avril 1996, p. 5. Yvan Blot, cofondateur en 1974 du Club de l'Horloge, a été membre du RPR et proche de Pasqua, jusqu'à son adhésion au Front national en 1989, avant les élections européennes. Exclu du Front national en 1998, il adhère à l'UMP en 2004.

C'est cette notion, moins philosophique, d'une harmonie idéale que retiennent prioritairement les théoriciens d'extrême droite et qui fonde leur référence fréquente à la Grèce antique. On se souviendra qu'Hitler lui-même, dans son discours d'ouverture au Congrès de Nuremberg, le 5 septembre 1934, présentait comme un idéal de beauté l'art des Grecs, tout en ajoutant, aryanisme oblige : « *membres, comme les Allemands eux-mêmes, de la communauté de race indo-germanique* » ... Le théoricien nazi Alfred Rosenberg considérait, dans son ouvrage *Le mythe du XXe siècle*, que les Grecs étaient les « *grands Aryens* » de l'Antiquité pour avoir produit « *un art organique, engendrant la vie* »[129]. Il est intéressant de relever que cette référence à la Grèce est aussi la raison du choix du nom et du sigle du Groupement de recherches et d'études pour la civilisation européenne, le GRECE, fondé en 1968 autour d'Alain de Benoist pour élaborer une nouvelle culture s'opposant à « *la pensée, la mentalité, l'anthropologie égalitaires* ».[130] Comme quoi la nordicité et l'hellénisme peuvent faire bon ménage lorsqu'il s'agit d'appâter le chaland.

Dans tous les cas, ces valeurs correspondent à celles d'un « *ordre naturel* » qu'il s'agirait de ou défendre ou de retrouver. L'idée n'est pas nouvelle. Maurras déjà, comme avant lui les contre-révolutionnaires des dix-huitième et dix-neuvième siècles, défendait l'idée que « *La société n'est pas une association volontaire ; c'est un agrégat naturel.* [...] *Nous ne choisissons ni notre sang, ni notre patrie, ni notre langage, ni notre tradition. Notre société natale nous est imposée* »[131]. Que sa conception soit d'origine religieuse, laïque ou « organiciste »[132], cet ordre s'impose précisément parce qu'il est considéré comme naturel : tout ce qui s'y oppose ou s'en écarte est donc signe de déviance, de transgression, de dérégulation dangereuse : « *Au droit à la déviance, à la drogue et à la pornographie, nous opposons la morale naturelle* », proclame Le Pen[133]. À l'inverse, on rejoint l'extrême droite, explique Le Pen, toujours, « *par une réaction* biologique [c'est moi qui souligne] *contre le désordre, la crasse, la paresse et le vandalisme* »[134]. Le même précise encore : « *Nous nous réclamons, nous, d'un ordre naturel qui respecte l'homme dans ces cadres naturels et vivants que sont la famille, la commune, le métier, la province, la nation* »[135].

---

129 *Le mythe du XXe siècle*, édition de 1934, page 448.

130 Cf. Jean-Claude Valla (un des fondateurs du GRECE), « Pour une renaissance culturelle », *in Dix ans de combat culturel pour une renaissance*, GRECE, Paris, 1977, pp. 62 (pour la référence à la Grèce antique) et 69.

131 *Mes idées politiques*, rééd., Paris, Fayard, 1968, p. 173.

132 Sur ces distinctions, voir notamment Ariane Chebel d'Appollonia, *L'extrême-droite en France*, Paris, Complexe, 1988, pp. 20-35.

133 *National Hebdo*, 12 novembre 1987.

134 *Les Français d'abord*, Paris, Carrère/Lafon, 1984, p. 70.

135 *Présent*, 30-31 août et 2 septembre 1991.

Ce « naturel » n'a d'ailleurs pas besoin d'être défini : la nature est ici un présupposé, un a priori incluant suivant les besoins de la cause aussi bien les « *cadres naturels* » que « *le métier* »... Naturel, cet ordre ne peut qu'être immuable, d'où la permanence des notions d'héritage, de transmission, de tradition : « *Respectons le patrimoine qui nous a été transmis, respectons les promesses qu'il implique* »[136] et, à partir de ce présupposé, la constitution d'une morale naturaliste : « [...] *nous sommes des créatures vivantes. Parce que nous faisons partie de la nature, nous obéissons à ses lois. Les grandes lois des espèces gouvernent aussi les hommes malgré leur intelligence et parfois leur vanité. Si nous violons ces lois naturelles, la nature ne tardera pas à prendre sa revanche sur nous* »[137]. Une telle conception impose des absolus et exclut le débat. Commentant un discours prononcé en 1987 au Mont-Saint-Michel par Le Pen, où celui-ci définit la politique comme « *un art, une science, un sacerdoce* », les auteurs de *Le Pen, les mots* expliquent à juste titre[138] : « *Cette conception morale implique que la politique est menée selon des valeurs qui ne se discutent pas. Ces valeurs apparaissent précisément dans cet extrait comme émanant d'un ordre naturel.* [...] *Dans ce cadre, le débat n'est pas autorisé car les règles et les valeurs ne sont pas déterminées par l'être humain ; elles lui sont supérieures et s'imposent donc à lui. La notion de sanction et le rejet du libre arbitre sont la démonstration du refus et de l'interdiction du débat* ».

Il en va de même dans le domaine artistique, où le respect de la tradition, après l'avoir été par la recherche du beau idéal, du « *Souverain Beau* » du programme du Front national, se trouve ainsi justifié par le caractère « naturel » de celle-ci : on retrouve ce qu'écrivait en 1909, en ajoutant une connotation religieuse, le peintre Maurice Denis, que nous avons déjà cité : « *L'ordre de l'univers, l'Ordre divin que l'intelligence humaine manifeste en eux* [les chefs-d'œuvre classiques] *apparaît le même à travers la variété des formules individuelles* »[139]. L'ordre et l'harmonie « naturels » doivent être respectés et imités ; il ne s'agit pas là non plus d'une idée nouvelle : Héraclite déjà (fragment 126) affirmait : « *La vraie sagesse est de parler et d'agir en écoutant la nature* », mais dans un autre contexte. Dans la pensée d'extrême droite, la « *sagesse* » s'est faite norme, et le flux perpétuel – « *panta rhei* » – du philosophe grec qui soutenait qu'on ne se baigne jamais dans le même fleuve s'est mué en un temps figé, en une tradition immuable. Ici, tout ce qui est « *paresse* » – paresse sociale ou paresse du trait chez le peintre –, tout ce qui est « *désordre* » est condamné au profit d'une

---

[136] Le Pen, *in Présent*, 30-31 août et 2 septembre 1991.

[137] Le Pen, *in Présent*, 21-22 octobre 1991.

[138] Maryse Souchard, Stéphane Wahnich, Isabelle Cuminel, Virginie Wathier, *Le Pen, les mots. Analyse d'un discours d'extrême-droite*, Paris, La Découverte, 1998, p. 133.

[139] « De Gauguin et de Van Gogh au classicisme », *Théories*, Paris, 1920, p. 277 (l'article a été publié en 1909 dans *L'Occident*).

exaltation de la force – des « forces de la nature » – et de la reproduction mimétique d'un idéal.

Cette idéalisation du « naturel » permet aussi de rapprocher les deux courants, autrement antagonistes, qui se partagent les droites extrêmes : là où les courants conservateurs, comme la propagande pétainiste et comme avant elle la thématique maurrassienne, voient dans la « nature » l'ordre rustique, discipliné et vertueux de la famille, du travail, de la patrie, d'autres, plus proches *mutatis mutandis* du Barrès de *La Colline inspirée* et de ses « *lieux enveloppés, baignés de mystère* », « *châteaux de l'âme* », y voient un ordre cosmique qui régirait l'élan vital : ainsi Louis Pauwels et son homme baigné de « *la musique des sphères* »[140], ainsi Alain de Benoist et sa recherche d'une « *biopolitique* »[141].

Chez les artistes, c'est, du côté conservateur, par exemple Vlaminck, ancien fauve anticonformiste, retiré après la première guerre mondiale en Eure-et-Loir pour y peindre inlassablement les mêmes paysages dans une facture traditionnelle (*La Maison à l'auvent*, 1920), ou Derain, qui, suivant le même chemin, multiplie à la fin de sa vie natures mortes et paysages selon les lois de la perspective, du modelé, interrogeant sans cesse les arts du passé pour y retrouver le « grand style » ; du côté de l'exaltation des forces de la nature, c'est Arno Breker et ses athlètes : la coexistence temporelle n'est pas fortuite.

Valeurs éthiques et esthétiques du passé à reproduire, ou valeurs « éternelles » à exalter, toutes les variantes ont existé et coexisté. Roland Barthes a montré dans ses *Mythologies* comment l'idéologie qu'il qualifie de « *bourgeoise* » constitue en nature les faits culturels, conférant à ce qui relève de l'histoire, de son histoire, une portée universelle. L'idéologie que nous pouvons qualifier d'extrême droite procède de manière à la fois identique et différente : identique dans la démarche, car elle présente le réel comme naturel, « *transforme l'Histoire en Nature* », pour reprendre les termes mêmes de Barthes, et utilise en partie les mêmes procédés, les mêmes « *figures* », étudiés dans les *Mythologies*[142] : la tautologie, le « *ninisme* » (« *Ni droite ni gauche* »), la quantification, le proverbe ; mais différente dans son rapport au temps, car elle s'attache non pas aux faits culturels du présent mais à ceux d'un passé délibérément figé. Là où la bourgeoisie de 1950 étudiée par Barthes institue en mythe ses contemporains : le catch, le cinéma, le Tour de France, l'automobile, miss Europe 53, le visage de Garbo ou la « *blancheur Persil* », l'extrême droite de 2000 convoque l' « *esprit de*

---

140 *L'homme éternel*, Paris, Gallimard, 1970, p. 8.
141 Titre d'un chapitre de *Vu de Droite*, Paris, Copernic, 1977, pp. 144 et suiv.
142 Roland Barthes, *Mythologies*, Paris, Seuil, 1957, *passim* et notamment pp. 224-229.

chevalerie », Jeanne d'Arc, ou, selon les chapelles, le roi Arthur. Le seul élément contemporain mythifié par l'extrême droite est le double thème du complot et de la décadence qui lui est liée, mais les prétendus artisans du complot, « l'Internationale juive » et la franc-maçonnerie en particulier, sont pluriséculaires, et cette décadence renvoie précisément à un passé : Rebatet écrit, de manière significative, dans *Les Décombres*[143], en 1942 : « *La France est couverte de ruines, ruines de choses, ruine de dogmes, ruines des institutions* ».

La pensée d'extrême droite est fondamentalement, nous y reviendrons, une pensée sans présent.

[143] *Les Décombres*, rééd. (sous le titre *Mémoires d'un fasciste*), Paris, Pauvert, 1976, p. 9.

VI

La mimésis

L'a priori idéologique de la nécessité de la mimésis dans l'art, les arts plastiques en particulier et la peinture au premier chef, mérite qu'on s'y attarde. Il serait réducteur en effet de n'y voir que l'effet d'un conservatisme, attaché aux œuvres traditionnelles – et toujours figuratives – du passé et hostile à la nouveauté de l'abstraction.

En effet, qu'on y voie une imitation, à la manière de Platon, qui de ce fait la condamnait pour son caractère trompeur et illusoire, ou une représentation, à la manière aristotélicienne, la mimésis reste le fondement essentiel des arts plastiques au moins jusqu'au dix-neuvième siècle et à sa remise en question par les romantiques, aboutissant à son rejet radical par les frères Schlegel en particulier. August Wilhelm Schlegel demande que le terme usuel *nachahmen* « imiter » soit remplacé par *bilden* « *donner une forme* » : « *die Kunst muß Natur bilden* [*l'art doit donner une forme à la nature*] »[144].

Le problème, on le voit, tient à la difficulté d'appréhender la notion même de mimésis. Dérivé de *mimos* [μίμος], le « mime », ce terme grec s'applique originellement aux activités d'expression corporelle, mime, danse, musique, puis vers le cinquième siècle avant Jésus-Christ aux arts qui reproduisent le monde extérieur, le théâtre en particulier, avant que Platon puis son disciple Aristote ne l'intègrent à leurs théories philosophiques respectives, mais avec des sens et des emplois notablement différents, voire opposés.

Platon le premier innove en effet en appliquant le terme de mimésis aux arts visuels, plus particulièrement à la peinture, considérée comme consistant à imiter en image le monde extérieur. La problématique développée par Platon est alors celle de la ressemblance entre le réel et l'image, ou plutôt de l'image à son modèle. Les peintres, en particulier ceux qui réalisent des œuvres de grandes dimensions, explique-t-il dans le *Sophiste*, utilisent en général une *mimêsis phantastikê,* « *mimésis de l'illusion* » qui ne cherche pas

---

[144] August Wilhelm Schlegel, *Vorlesungen über schöne Literatur und Kunst* [*Leçons sur la littérature et les beaux-arts*], 1801-1802, éd. E. Behler, Paderborn, Schöningh, vol. 1, 1989, p. 253.

à reproduire le réel tel qu'il est : « *ces artistes, donnant congé à la vérité, ne produisent-ils pas par les images les proportions non pas qui sont, mais qui paraissent belles ?* »[145]. Cette mimésis picturale à la fois s'écarte de la vérité, qu'elle ne reproduit pas, et fait croire à la vérité d'une simple image (*eidôlon*), elle est donc pour Platon doublement condamnable. Seule échappe à la condamnation une *mimêsis eikastikê*, qui copie exactement le réel en respectant ses proportions et ses couleurs, mais n'est pas, et pour cause, celle de la plupart des artistes, dont l'objectif n'est pas de réaliser un double de l'original. Platon reprendra ce même problème de ressemblance, d'identité entre l'image et son modèle, dans le *Cratyle* en faisant dire à Socrate : « *Te rends-tu compte de tout ce qui manque aux images pour être identiques à ce dont elles sont les images ?* »[146].

Aristote, dans sa *Poétique*, envisage autrement le problème. Revenant au domaine du théâtre, et non plus de la peinture, il fait de la mimésis la représentation d'une action (*mimêsis praxeôs*) et établit ainsi un lien entre la mimésis et l'histoire (*muthos*) : « *c'est l'histoire qui est la représentation de l'action* »[147]. La problématique est alors celle de l'identité du sujet, personnage et acteur, et non plus comme avec Platon celle de l'identité de l'objet imité, et la mimésis, loin d'être rejetée, est revendiquée comme fondement du théâtre, de la tragédie en particulier.

C'est la version de Platon qui nous intéresse ici, puisqu'elle concerne de manière privilégiée les arts plastiques. Mais les emplois du terme mimésis par les deux philosophes mêmes sont loin d'être univoques. De cette dualité de significations de la mimésis, ressemblance ou représentation, de cette ambiguïté qui fait qu'en grec comme en français « imiter quelqu'un/quelque chose » peut référer au modèle ou au produit de l'imitation, naît la multiplicité et la variété des théories de l'imitation en art de l'Antiquité à nos jours, les théoriciens mêlant platonisme et aristotélisme et les réinterprétant conjointement au gré de l'évolution de la notion même d'art. Dans tous les cas, il s'agit de répondre aux questions fondamentales : qu'imiter, la nature (l'objet, le réel) ou les artistes ? qu'est-ce qu'une « bonne » imitation ? comment penser la ressemblance de l'image à son modèle ?

Les réponses données sont diverses, et il n'est pas de notre propos de les étudier ici[148]. Au Moyen Âge, l'*imitatio* est avant tout imitation de l'action de créer, prolongement de l'activité de la nature, imitation de la *natura*

---

145 Platon, *Sophiste*, 236a, Paris, Les Belles Lettres, 1985 (traduction Diès).

146 Platon, *Cratyle*, 432 c7-d2, Paris, GF-Flammarion, 1998.

147 Aristote, *Poétique*, 6, 1450a 2, Paris, Seuil, 1980 (traduction R. Dupont-Roc et J. Lallot).

148 Aperçu détaillé et références bibliographiques dans Barbara Cassin (dir.), *Vocabulaire européen des philosophies*, Paris, Le Seuil / Le Robert, 2004, article « mimêsis », par Jacqueline Lichtenstein.

naturans plutôt que de la *natura naturata* : en appliquant les principes d'harmonie et de proportion qu'il découvre dans la contemplation du monde, l'artiste prolonge en quelque sorte l'œuvre de Dieu. La Renaissance, avec Alberti ou Léonard de Vinci entre autres, donnera la priorité à l'imitation de la nature au sens de création d'une image de la réalité, mais en donnant des réponses différentes à la question du modèle : faut-il imiter le réel, même imparfait, ou une beauté largement idéalisée, laissant place à l'invention ? Cette dernière option sera celle de Raphaël par exemple, celle prônée par Alberti ou plus tard par Pic de la Mirandole, qui l'expose dans sa correspondance lors de sa querelle avec Bembo, partisan, lui, d'une conception normative de l'imitation. Poursuivi, *mutatis mutandis*, au siècle classique, ce débat verra s'opposer les défenseurs de l'imagination, de l'Idée, et les partisans des règles de composition, de proportions, de dessin.

Dans tous les cas, la tradition mimétique a ainsi pour elle l'ancienneté et l'aura des maîtres du passé, face auxquelles les autres formes d'expression artistique apparaissent comme des innovations et en même temps comme des remises en cause du magistère antérieur, surtout lorsque la nouveauté consiste en une rupture avec ce qui précède. Et l'époque moderne semble avoir été fertile en ruptures, encore précipitées au vingtième siècle, au point qu'un Luc Ferry croit y voir une « *révolution* » fondamentale « *unique dans l'histoire* »[149] : « *À la fin du théologico-politique répond celle du théologico-culturel. Au lieu de refléter un ordre extérieur aux hommes (cosmique ou religieux), l'œuvre d'art va devenir, dans les sociétés modernes, l'expression de la personnalité d'un individu, certes hors du commun, "génial",* mais néanmoins humain. *Un humanisme esthétique est né, parallèle à celui qu'institue le politique.* » C'est de là, pour Ferry, qu'émerge la question de la « *création* », alors que « *auparavant, l'art n'était que reflet d'un autre monde, imitation de la nature ou du divin* [...] ». Et de conclure : *« De là, au terme (provisoire) de la sécularisation, l'apparition des idéologies avant-gardistes qui vont radicaliser sans cesse davantage l'impératif moderne de la table rase et de l'innovation.* »

Mais, quelles que soient les analyses de ces évolutions des conceptions artistiques, on aurait tort de ne voir dans les positions des droites extrêmes qu'une résultante, certes exacerbée, de l'antagonisme entre tradition et avant-gardes. C'est en effet pour l'extrême droite de donner, mimétiquement, des images du réel qu'il s'agit, mais pas n'importe quelles images. La mimésis en effet a pour elle une autre fonction qui explique sa persistance et sa récupération par l'extrême droite. Philippe Lacoue-Labarthe et Jean-Luc Nancy expliquent ainsi que « *le mimétisme seul est à même*

---

[149] Luc Ferry, *Le Sens du Beau, Aux origines de la culture contemporaine*, Paris, Livre de poche, 2002, p. 17.

d'assurer une identité»[150]. Et les fondements théoriques de cet attachement à la figuration révèlent tout un mode de pensée sous-jacent, toute une conception du monde, aussi, qui va bien au-delà du simple conservatisme.

Un article déjà ancien de Pierre Vial[151], alors membre du GRECE et du Front national, en présente un aspect fondamental : sous le titre « *13 juin 1794 : les iconoclastes au pouvoir* », il évoque la décision de la Convention de faire détruire « *tous les tableaux et portraits représentant des individus de la race Capet* » et explique : « *Éliminer la représentation d'une autorité refusée et haïe est un geste dont la signification psychologique est évidente : il s'agit de nier, d'effacer des références, des racines, un passé qu'il est hors de question d'assumer.* », avant de généraliser un peu plus loin (c'est moi qui souligne) : « *À cet égard,* l'art abstrait est un iconoclasme, *révélateur d'une idéologie sous-jacente – celle du déracinement et du cosmopolitisme.* » et d'expliquer : « *Il s'agit en effet, dans et par l'abstrait, de réaliser une déconstruction de la réalité, qu'on ne veut assumer comme telle. En niant la réalité, on entend la faire disparaître, car elle est déplaisante (puisque non conforme à l'utopie, qui est rejet de la réalité). Réalité et identité sont liées, abstraction et utopie aussi.* ».

Et la phrase qui suit immédiatement cette analyse vaut certes son pesant de mélange des genres : « *D'où la logique de la Terreur : la vie humaine est réduite à un principe abstrait.* », mais nous ramène aussi à ce qui a été évoqué plus haut : les conceptions esthétiques sont étroitement liées aux autres éléments de l'idéologie frontiste ou plus largement d'extrême droite.

C'est donc à travers l'affirmation d'une assomption de la réalité – dans son acception la plus courante – et la revendication d'une identité qu'est revendiquée la figuration et qu'est parallèlement anathématisée l'abstraction. Affirmation simplificatrice et qui pose au moins trois problèmes.

Tout d'abord, l'affirmation de Vial selon laquelle « *l'art abstrait est un iconoclasme* », si elle paraît traduire une évidence, relève d'une interprétation à contre sens. L'iconoclasme est un refus de l'image, certes, mais pas de n'importe quelle image, mais pas de la réalité terrestre : Alain

---

[150] Philippe Lacoue-Labarthe et Jean-Luc Nancy, *Le mythe nazi*, Paris, L'aube poche, rééd. 2005, p. 34.

[151] *National Hebdo* n° 621 du 13 au 19 juin 1996, p. 7. Pierre Vial a été secrétaire général du GRECE de 1978 à 1984, membre du Front national depuis 1988, et depuis 1990 membre du Conseil scientifique de ce parti. Lors de la scission du Front national en 1999, il accompagne B. Mégret dans la constitution du FN-MN puis du MNR, avant de s'en séparer au début de 2002. Il préside l'association Terre et Peuple qu'il a fondée en 1994, et fait partie depuis 2009 du mouvement identitaire Nouvelle droite populaire.

Besançon a montré dans *L'Image interdite*[152] que le refus des images est indissociable de l'objet dont on rejette ainsi la représentation. Si iconoclasme il y a, c'est par refus de réduire à la réalité triviale, à une image, ce qui est irreprésentable parce que transcendant : Dieu ou le divin en général. C'est tout le problème de l'incirconscription de la divinité qui est posé : pour Eusèbe de Césarée, le prélat grec du IVe siècle, l'image du Christ est non seulement interdite mais littéralement impossible, puisque l'essence divine est invisible, inaccessible aux sens. Les différents iconoclasmes refusent l'image du divin parce qu'elle est soit illusoire et trompeuse (représenter le divin à travers des figures anthropomorphes), soit réductrice (réduire le divin transcendant à des figures concrètes, le créateur à sa création), soit iconolâtre et blasphématoire (transférer à l'image l'adoration due à Dieu seul). C'est par souci non pas « *de nier, d'effacer des références, des racines, un passé qu'il est hors de question d'assumer* », comme le voudrait Vial, mais de s'élever jusqu'à une transcendance que l'iconoclasme s'affirme ; pour qu'il y ait iconoclasme, il faut qu'il y ait icônes, et celles-ci n'ont rien à voir avec le passé ni avec le réel : elles sont la représentation du transcendant, non de la réalité, et c'est à ce titre qu'elles sont rejetées.

C'est ce qui explique qu'un iconoclaste comme Calvin, pour lequel « *toutes les fois qu'on représente Dieu en image, sa gloire est faussement et méchamment corrompue* », n'interdise pas l'image : « *Je ne suis pas tant scrupuleux de juger qu'on ne doive endurer et souffrir nulles images ; mais autant que l'art de peindre et tailler sont dons de Dieu, je requiers que l'usage en soit gardé pur* », et permette qu'on peigne « *les histoires pour en avoir mémorial ; ou bien figures, ou médailles de bêtes, ou villes, ou pays. Les histoires peuvent profiter de quelque avertissement ou souvenance qu'on en prend ; touchant le reste, je ne vois pas à quoi il servirait, sinon à plaisir* »[153].

Et l'interdiction hébraïque des images est de même étroitement associée à la crainte de l'idolâtrie, et aux impératifs de l'adoration due au seul Dieu, qui se définit lui-même comme un « *dieu jaloux* » : ainsi dans l'Exode : « *Tu ne feras point d'image taillée, ni de représentation quelconque des choses qui sont en haut dans les cieux, qui sont en bas sur la terre.* [...] *Tu ne te prosterneras point devant elles, et tu ne les serviras point ; car moi, l'Éternel, ton Dieu, je suis un Dieu jaloux* [...] » ; dans le Lévitique : « *Vous ne vous ferez point d'idoles, vous ne vous élèverez ni image taillée ni statue, et vous ne placerez dans votre pays aucune pierre ornée de figures,* pour

[152] Alain Besançon, *L'image interdite*, Paris, Fayard, 1994, *passim*, en particulier pp. 162-164 (Eusèbe de Césarée), 170-180 (le haut Moyen Age), 253-259 (Calvin).
[153] Calvin, *L'Institution chrétienne*, livre I, chapitre XI, paragraphes 4 et 12. Cité par A. Besançon, *L'image interdite*, Paris, Fayard, 1994, pp. 256-258.

vous prosterner devant elle » (c'est moi qui souligne)[154]. Et si l'image cultuelle est résolument et définitivement prohibée, l'histoire montre[155] que la pensée juive a su trouver de multiples arguments pour tolérer épisodiquement divers autres types d'images, répondant par avance à Alain de Benoist qui, opposant les religions indo-européennes au judaïsme, se demande encore dans la revue *Krisis*[156] s'il existe « *non pas seulement des artistes juifs mais un "art juif" qui puisse être étudié comme tel* »...

La même logique a poussé l'Islam à proscrire l'idolâtrie et partant la reproduction de la figure divine. Encore s'agit-il, là encore, d'interdire les idoles (*al-âçnâm*) plutôt que les images en général (*çûra*), dont le chiisme en particulier a autorisé une production abondante comme en témoignent par exemple les miniatures persanes. Si l'art musulman est resté pour l'essentiel non figuratif, seul le wahhabisme, dominant notamment en Arabie Saoudite, et suivi aujourd'hui par les *taliban* afghans, a poussé jusqu'à l'extrême l'iconoclasme.

Le rejet par Platon des images et autres sculptures relève *in fine* d'une analyse du même type : le Beau étant une Idée absolue et inaccessible autrement que dans la contemplation, toute représentation ne peut en donner qu'une image, *eidolon*, dégradée et fausse, un simulacre, et doit donc être ignorée par le sage. C'est du fait de son impuissance à atteindre dans son œuvre le vrai Beau que l'artiste est banni de la Cité idéale, non du fait qu'il "*assumerait la réalité* ", pour reprendre la formule de Vial. On notera au passage que la référence fréquente de l'extrême droite à la Grèce antique néglige délibérément cet aspect du platonisme ...

D'autre part, considérer « *l'abstraction* » dans sa globalité comme un refus de la réalité occulte les supports théoriques qui fondent une grande partie de l'art abstrait du vingtième siècle. Le rejet de la fiction narrative qui caractérise celui-ci a pour contrepartie certes un auto-référencement de la peinture qui se retourne sur elle-même de manière critique, parfois, a-t-on pu dire, jusqu'à l'autisme, mais aussi un mode de communication directe qui ignore la médiation de l'objet représenté. Le théoricien de l'expressionnisme abstrait américain des années quarante, Clément Greenberg, voit dans cette expression « *un moyen de communication fondamental dans une époque troublée par la guerre* »[157]. De même, Mark Rothko et Adolph Gottlieb, qui figurent au nombre des principaux représentants de l'expressionnisme

[154] Exode, XX, 4; Lévitique, XXVI, 1.
[155] Voir notamment A. Besançon, *L'image interdite*, Paris, Fayard, 1994, pp. 104-108.
[156] De Benoist, « Image interdite, image exaltée. Iconoclasme et religion », *in* revue *Krisis*, printemps 1997.
[157] Voir notamment C. Greenberg, *Art et culture – Essais critiques*, Paris, Macula, 1988.

abstrait américain de l'après-guerre, expliquaient en 1943 : « *Nous utilisons des images qui sont directement communicables à tous ceux qui acceptent l'art en tant que langage de l'esprit* » ou encore : « *Une idée largement répandue chez les peintres consiste à croire que ce que l'on peint n'a pas d'importance du moment que c'est bien peint. Cela est l'essence de l'académisme. Il n'existe pas de bonne peinture sur rien.* »[158], cependant que Rothko précisait un peu plus tard : « *Les tableaux les plus intéressants sont ceux qui expriment ce que l'on pense bien plus que ce que l'on voit. Des pensées philosophiques ou ésotériques, par exemple* »[159]. Et ce n'est pas par hasard si nombre des artistes de l'expressionnisme abstrait se préoccupaient qui de politique (Rothko, Motherwell), qui de métaphysique (De Kooning, Pollock). L'abstraction de ce point de vue vise plus à une appréhension directe du réel qu'à une fuite loin de lui.

L'abstraction ne peut pas non plus être considérée comme synonyme de refus du réel dans sa pratique : particulièrement explicite de ce point de vue est la série des *Otages* de Fautrier. Jean Fautrier se rattache au courant de l'art « informel », que le peintre Georges Mathieu baptisera en 1947 « *l'abstraction lyrique* », et au sein duquel des artistes – Dubuffet, Wols, Riopelle, … – pratiquent l'abstraction mais rattachent leurs œuvres, au moins par leurs titres, à des référents tout à fait réels. La quarantaine de tableaux des *Otages*, réalisés entre 1943 et 1945 et exposés en mai 1945 à Paris, loin de nier le passé, tente d'en préserver la mémoire, et constitue un témoignage plastique des fusillades d'otages et de résistants par les nazis, auxquelles l'artiste a assisté presque quotidiennement depuis la maison de Chateaubriand à Châtenay-Malabry, dans la Vallée-aux-Loups où il vivait alors en quasi reclus. Quelques douze ans plus tard, la série des *Partisans* exprimera, toujours par le recours à cette « *figuration informelle* », la « *juste indignation* » qu'éprouve Jean Fautrier devant l'invasion de Budapest par les chars soviétiques. Si refus il y a, c'est bien plutôt refus de la fiction, fiction narrative de l'objet représenté ou fiction de l'œuvre peinte même, que refus d'un réel qu'il s'agit dès lors non plus de représenter mais d'appréhender dans ce qu'il a de plus intime. C'est ce que le québécois Jean-Paul Riopelle traduisait à sa manière en affirmant[160] : « *Mes tableaux considérés comme les plus abstraits auront été, pour moi, les plus figuratifs au sens propre du terme* ».

---

[158] Mark Rothko et Adolph Gottlieb, *Lettre ouverte* au *New York Times*, 1943 ; cités dans Colas-Adler et Ferrer (dir.), *Groupes, mouvements, tendances de l'Art contemporain depuis 1945*, Paris 1989.

[159] *Conversations avec Clay Spohn*, 1947.

[160] Cité dans *Le catalogue raisonné de Jean Paul Riopelle*, tome 1, partie « Riopelle l'écart absolu », à l'adresse <http://www.riopelle.ca/>, consultée le 10.10 2011.

Enfin, revendiquer la figuration comme un réalisme, comme une assomption de la réalité (puisque, dit Vial, le choix de l'abstraction déconstruit « *la réalité, qu'on ne veut assumer* »), pose au minimum le problème de la définition de cette dernière. Riopelle, encore : « [...] *les oies, les hiboux, les orignaux ... Ces peintures dont on croit lire le sens ne sont-elles pas davantage abstraites que le reste ?* ». Associer, dans les termes où le fait même indirectement Pierre Vial, réel et figuration, c'est, d'une certaine manière, tel Narcisse, confondre l'objet représenté et sa représentation, dont on sait depuis au moins Magritte et son célèbre tableau *Ceci n'est pas une pipe* qu'ils ne sont pas réductibles l'un à l'autre. C'est donner dans le concept de réalité la place prépondérante à l'objet en lui-même au détriment du rapport à celui-ci, pourtant déterminant, si on laisse de côté les œuvres purement décoratives, dans la création artistique moderne au moins depuis l'invention de la perspective. Même quand l'œuvre est considérée comme un microcosme répondant au macrocosme, quand la représentation se veut un miroir du monde, toute figuration demeure un simulacre du réel. Figurer ne peut en effet signifier que donner une certaine image, même conforme, même la plus « fidèle » possible, du réel objectal et objectif, une image qui sera celle que codifient les canons du genre ou celle que développe chaque artiste individuellement. L'évolution de la peinture figurative au cours du XXe siècle en fournit maints exemples.

Ainsi, les images surréalistes, largement figuratives, que ce soit chez Salvador Dali, chez Max Ernst ou chez Man Ray, sont une traduction individuelle et individualisante d'un état de rupture, des fantasmes de leurs auteurs, loin d'une assomption de quelque réel objectivé. Le réel n'est pourtant pas rejeté : le premier *Manifeste du Surréalisme*, en 1924, se propose « *d'exprimer* [...] *le fonctionnement réel de la pensée* ». Mais il s'agit d'un réel dynamique, et de l'association d'objets en fonction de la relation qu'entretient avec eux le peintre (ou le poète) surréaliste « *en dehors de toute préoccupation esthétique ou morale* ». À la différence des expressionnistes, qui se proposaient d'amener à la surface des sentiments, les surréalistes font apparaître les contenus inconscients dissimulés sous la réalité quotidienne. La « présentation » d'objets, systématisée par Ernst dans la série des « *Loplop présente* ... », se substitue à la « représentation » : l'enjeu du travail artistique n'est plus l'objet à représenter, mais l'acte de présentation, avec sa charge d' « *automatisme psychique* ». Et certains collages et montages d'Hans Arp ou les tableaux du Max Ernst des années quarante (*Nageur aveugle : effets d'attouchement*), pourtant largement référentiels, sont plus proches, parfois, par leur géométrisation, de l'abstraction que de la représentation d'éléments du « réel ».

Ainsi encore, la Nouvelle Figuration de la fin des années 60, qui s'oppose à l'individualisme de Duchamp et des surréalistes, affiche une volonté de

« *réfléchir sur le monde de la représentation* », de se manifester « *dans le temps et dans l'espace* » [161], et les images qu'elle offre, souvent sérielles et issues de la vie quotidienne, sont autant d'instruments de critique, de réflexion, voire de dénonciation qui déconstruisent et reconstruisent le réel plus qu'elles ne le représentent. Si les artistes de la Nouvelle Figuration, d'Arroyo à Recalcati, de Cueco à Rancillac ou Erro, se veulent socialement impliqués, comme le montrera en 1968 la création par certains d'entre eux de l'Atelier populaire des Beaux-Arts, leur technique et leur syntaxe : traitement lisse de la surface, aplats, utilisation et juxtaposition de photographies, de documents, d'extraits de magazines, sont loin de l'esthétique classique de la figuration mimétique. Lorsque Rancillac peint en 1966 sa *Sainte Mère la vache*, c'est du rapprochement, du contraste entre les figures de deux indiens misérables et le logo de *La vache qui rit* que naît le rapport au réel, réel interprété, ici de manière critique, et non simplement « représenté ».

Ce n'est pas de ces images-là, figuratives ou non mais en prise avec la réalité du temps, avec le présent, soit pour le manifester soit pour le dénoncer, qu'il s'agit dans l'esthétique d'extrême droite. L'image d'extrême droite est une image identitaire, la représentation d'un totem, une présentation sans cesse réitérée, et par là une image liée au passé, ou à tout le moins l'image d'une réalité sans présent.

---

[161] Citations empruntées à C. Millet, *L'art contemporain en France*, Paris, Flammarion, rééd. 1994, pp. 66 et 80.

VII

La dénégation du présent

L'image d'extrême droite s'impose au contraire, d'une manière constante et quel que soit le courant politique qui la porte, comme la présentation non réaliste, malgré la prétention mimétique, d'une « réalité » déconnectée du présent, conforme à une visée idéologique, bref comme une dénégation du présent.

On pourrait objecter que toute image est forcément plus ou moins porteuse, intrinsèquement, d'éléments idéologiques, au sens où Barthes recherchait et étudiait dans *Le degré zéro de l'écriture*[162] l'idéologie véhiculée par la littérature moderne et d'une certaine manière la structurant. Mais ce n'est pas d'une telle portée idéologique qu'il s'agit ici : nous avons affaire avec l'extrême droite à une idéologie revendiquée, extrinsèque pourrait-on dire, et à une image permettant une identification symbolique parce que figurant les valeurs ou le destin d'une communauté. Significative de ce point de vue est l'affirmation de Robert Brasillach qui, rendant hommage à la « révolution nationale » pétainiste, expliquait que « *la calamité de la démocratie est d'avoir privé la nation d'images, d'images à aimer, d'images à respecter, d'images à adorer – la Révolution du vingtième siècle les a redonnées à la nation.* »[163] Nous ne discuterons pas la question de savoir si la démocratie est par essence réellement « infigurable » ou « imprésentable », ou si, comme le suggèrent Philippe Lacoue-Labarthe et Jean-Luc Nancy, pour la démocratie, « *la fonction mythique, avec ses effets nationaux, populaires, éthiques et esthétiques,* [...] *est* [...] *ce contre quoi la politique est désormais à réinventer (y compris pour ce qu'elle exige peut-être dans l'ordre du "figural")* »[164] : ce qui est fondamental ici, dans la déclaration de Brasillach, c'est la revendication non pas d'une simple représentation, non pas d'art figuratif ni même d'art, mais « *d'images à adorer* ».

Cette conception suffit à distinguer l'image d'extrême droite de l'image simplement conservatrice. Depuis la Renaissance au moins, et l'invention de

[162] Roland Barthes, *Le degré zéro de l'écriture*, Paris, Seuil, 1953.
[163] Brasillach, article « Les leçons d'un anniversaire », *in Je suis partout* du 29 janvier 1943.
[164] Voir notamment une ébauche de discussion de cet aspect chez Philippe Lacoue-Labarthe et Jean-Luc Nancy, *Le mythe nazi*, Paris, L'aube poche, rééd. 2005, pp. 11-14 (qui citent également Brasillach).

la perspective, l'image moderne représente. Le tableau, écrit dans son traité de peinture en 1435 le théoricien du *Quattrocento* Leon Battista Alberti, est « *une fenêtre ouverte sur le monde* »[165], ou plutôt, comme l'a bien vu Jean-Louis Schefer dans la traduction qu'il donne du traité, une fenêtre ouverte sur l'*historia*, c'est-à-dire « *ce qui peut faire l'objet d'une narration ou d'une description* ». C'est cette image qui est reprise en compte et revendiquée, contre l'abstraction notamment, par les conservateurs. L'image d'extrême droite, elle, présente.

Cette image combine deux ensembles de deux fonctions possibles, selon qu'on l'aborde du point de vue de l'appréhension du temps ou du point de vue de l'effet à produire chez le public. Dans son rapport au temps, elle se veut alors soit une magnification du passé, d'un passé idéalisé, et ce sont, pour ne prendre que des exemples consacrés par l'histoire et accordés à l'époque de Brasillach, les chromos de la propagande pétainiste ; soit une exaltation d'un futur idéal, et ce sont *Les Dieux du stade* de Leni Riefenstahl ; dans son rapport au destinataire, elle est présentée soit pour rassurer : c'est la version conservatrice et les images du « retour à la terre » ; soit pour imposer un sens, un ordre, un symbole, c'est la version « révolutionnaire » et les oriflammes de Nuremberg ou les athlètes néo-classiques d'Arno Breker.

On pourrait objecter encore qu'une certaine peinture « de gauche » offre également une visée idéologique explicite : Catherine Millet a montré[166] par exemple comment, à la différence du pop-art américain, la Nouvelle Figuration européenne, que nous avons déjà évoquée ci-dessus, évolue dans les années 70 vers une peinture politique, jusqu'à une négation de la « valeur artistique », une disparition des artistes au profit des militants, « *des artistes qui, voulant jouer un rôle fonctionnel dans la société, compromettaient l'intégrité de leur statut et de leur œuvre au point, parfois, de ne plus réaliser d'œuvre à proprement parler* ». Mais, pour la plupart, ces œuvres gardent précisément un lien direct avec le présent qu'elles dénoncent ou combattent. Et même lorsque les théoriciens font appel, pour analyser le refus de l'individualisme qui caractérise la période, aux « *mythes* » ou à une « *névrose collective* », c'est d'un mythe présent qu'il s'agit, d'une névrose actuelle, loin d'une perspective jungienne : Gérald Gassiot-Talabot, cité par Catherine Millet[167], analysait en 1973 l'œuvre du peintre espagnol Eduardo Arroyo en expliquant que « *il s'agit moins pour lui de se raconter que de*

[165] Leon-Battista Alberti, *De Pictura*, traduction et notes de J.-L. Schefer, Paris, Macula, 1992, p. 115.
[166] *L'art contemporain en France*, Paris, Flammarion, rééd. 1994, pp. 93 sqq.
[167] *L'art contemporain en France*, Paris, Flammarion, rééd. 1994, p. 95 ; les citations qui suivent sont empruntées au même ouvrage.

donner des indications en établissant [...] *quelques coordonnées entre la trajectoire d'un individu et le contexte dans lequel celui-ci a vécu, en même temps que des millions d'êtres, en affrontant les mêmes contraintes, les mêmes mythes, les mêmes contradictions* » ; de même Alain Jouffroy en 1967 à propos de l'œuvre de Jacques Monory : « *Ta peinture* [...] *ne jette-t-elle pas une lumière crépusculaire sur la névrose collective à laquelle Jacques Monory participe ?* », ce que Jean-François Lyotard traduisait à sa manière par le titre du texte qu'il consacrait alors au peintre : « *Contribution des tableaux de Jacques Monory à l'intelligence de l'économie politique libidinale du capitalisme dans son rapport avec le dispositif pictural, et inversement* ». La démarche politique prime sur la démarche esthétique, le contenu prime sur la forme, mais c'est un contenu actuel, lié à un contexte bien présent, particulièrement présent.

Il en va tout autrement de la peinture revendiquée par l'extrême droite. Le lien qu'établit Pierre Vial, dans l'article que nous avons cité au chapitre précédent, entre « *réalité* » et « *racines* » est explicite : pour lui, comme pour toute la pensée des droites extrêmes, le réel n'existe que par référence à un temps figé, sans contradictions, identitaire. Dans tous les cas, il s'agit d'un refus, d'une négation du présent, du contexte, de la complexité du rapport à l'autre, au profit d'un idéal ou passé ou rêvé et formulé en images. Philippe Dagen a bien mis en évidence[168] cette démarche de l'esprit dans les périodes cruciales que sont les années qui suivent la guerre de 1914-1918 puis le régime de Vichy. Après la guerre de quatorze, « *le présent, dont ces artistes* [Duchamp, Picabia, Ernst] *imposent si cruellement les apparences et les conséquences, a, pour le plus grand nombre, le visage d'un mort ou d'un mutilé.* » De ce fait, explique Dagen, « *faire de la peinture comme avant, avec du métier, à la façon de Courbet et de Corot – c'est la solution Derain – ou à la façon de Monet et de Renoir – solution Matisse –, c'est oublier les photos de la ligne de front, oublier Dada, oublier la brisure et, là encore, se leurrer de l'idée rassurante d'une restauration, d'un retour en arrière.* » Et Dagen précise justement : « *Par un jeu de passe-passe, un abus de mots, ces artistes se donnent pour des réalistes, quand le réalisme profond qui révèle les vérités du temps préfère à l'imitation des apparences l'abstraction des formes géométriques et les apparitions surréalistes* » : le réel n'est pas où on veut le voir, et c'est ce qui invalide la prétention de Vial et de l'extrême droite à rejeter l'abstraction au nom d'une prétendue réalité.

C'est dans une approche comparable que Dagen encore évoque l'art de la période vichyste : « *Nier, nier, toujours nier le présent. L'horreur absolue, instinctive, du changement.* [...] *liquider ce qui restait d'art contemporain intempestif, enfermer les Surréalistes au camp des Milles et à la Villa Air-*

---

168 Philippe Dagen, *La haine de l'art*, Paris, Grasset, 1997, pp. 224-232.

Bel, remettre à l'honneur la plus vénérable tradition académique. » Et stigmatise « *ceux qui avaient excellé durant l'entre-deux-guerres dans l'art de dissimulation, Derain, Vlaminck, Friesz – anciens révolutionnaires reconvertis dans la peinture meublante – et des fabricants de femmes nues et idéales en bronze, Despiau, Belmondo* ». Derain, Despiau, Friesz, Vlaminck, comme le graveur Oudot ou le peintre Dunoyer de Segonzac, seront mis à l'index à la Libération par le Front national des Arts pour leur attitude pendant l'Occupation.

Dans la France d'aujourd'hui, semblant illustrer la version passéiste, Le Pen lui même déclarait le premier juin 1996, lors de la journée culturelle du Front national de la Jeunesse[169] : « *La conception que j'ai de la culture est une conception restreinte et par là-même élitiste* [...]. *Rap, tag, sont des modes passagères, des excroissances pathogènes.* [...] *J'ai plus confiance dans les beautés créées par ceux qui nous ont précédés que dans celles de ceux qui vont nous suivre* ». Et le programme actuel du Front national reste sur la même ligne[170] : « *Sous l'universel changement qui nous abuse ou nous enivre, se cache une grande et profonde loi d'immobilité ou, tout au moins, d'équivalence compensatrice dans l'oscillation des divers changements* », et, plus loin, citant Hippolyte Taine : « *Chaque génération n'est que la gérante temporaire et le dépositaire responsable d'un patrimoine précieux et glorieux qu'elle a reçu de la précédente à charge de le transmettre à la suivante* ». Cependant, si, par exemple, la condamnation sans appel du rap, ce « *moyen de propagande en faveur de la guerre civile* »[171], est unanime chez les frontistes, des nuances, voire des divergences, peuvent dans ce domaine aussi apparaître : l'année même où son président faisait la déclaration que nous venons de citer, Bruno Mégret déclarait ainsi[172] : « *Je ne suis pas de ceux qui estiment que le passé est bien et le présent est mal* ».

En effet, cette « *apothéose du passéisme à la française* », pour reprendre les termes de Dagen à propos de la période pétainiste, ne rend compte qu'incomplètement de la dénégation du présent qui caractérise la pensée d'extrême droite. Dagen n'aborde l'autre aspect – ce n'est pas son sujet – qu'au détour d'une incidente[173] à propos de « *l'État français, dont les responsables n'avaient évidemment pas compris que le triomphe du Reich était celui de la rationalisation moderne au service de la folie* ». Si le refus du présent peut se traduire par la recherche d'un passé mythifié, il se montre aussi dans l'exaltation d'un futur idéal à construire selon les « valeurs

[169] Cf. *Le Monde* des 23-24 juin 1996.

[170] *Pour un avenir français, Le programme de gouvernement du Front national*, 2002, chapitre « Identité la France ».

[171] L'expression est de Marie-France Stirbois, cf. *Le Monde* du 31 août 1996.

[172] A l'université d'été de 1996; cf. *Le Monde* du 31 août 1996.

[173] Philippe Dagen, *La haine de l'art*, Paris, Grasset, 1997, p. 230.

éternelles », conjuguant alors « *moderne* » et « *folie* » selon les termes de Dagen, ou, si l'on préfère, rejet de la décadence et exaltation. Cette dualité de conception, dont nous avons trouvé ailleurs d'autres aspects, traverse toute la pensée d'extrême droite.

Historiquement, les mêmes ambiguïtés ou les mêmes paradoxes apparaissent ailleurs. On sait par exemple que le fondateur du mouvement futuriste du début du siècle, le poète et dramaturge italien Filippo Tommaso Marinetti, se rapproche dès 1923 de Mussolini et deviendra un des intellectuels officiels du régime fasciste. De même, en Grande-Bretagne, Wyndham Lewis, le fondateur du vorticisme, qui correspond dans ce pays au futurisme italien, est un admirateur du chef du parti fasciste anglais Oswald Mosley, et publie en 1931 un éloge d'Hitler[174]. C'est par la notion de vigueur, d'énergie, que se fait la transition. Le *Manifeste du futurisme*, rédigé par Marinetti en 1908, proclame[175] : « [...] *La littérature ayant jusqu'ici magnifié l'immobilité pensive, l'extase et le sommeil, nous voulons exalter le mouvement agressif, l'insomnie fiévreuse, le pas gymnastique, le saut périlleux, la gifle et le coup de poing* »; et plus loin : « *Il n'y a plus de beauté que dans la lutte. Pas de chef-d'oeuvre sans un caractère agressif. La poésie doit être un assaut violent contre les forces inconnues, pour les sommer de se coucher devant l'homme* ».

La démarche intéressa des courants culturels largement opposés. La question du futurisme divisa les dirigeants nazis : Goebbels lui était plutôt favorable, ainsi qu'à l'expressionnisme allemand, allant jusqu'à cautionner en mars 1934 l'exposition consacrée à « *l'art futuriste de l'aviation* », à Berlin, ou à déclarer la même année, lors de la première assemblée de la Chambre du *Reich* des Arts Plastiques : « *Nous, nationaux-socialistes, nous nous considérons les soutiens de la modernité la plus avancée en matière artistique* » et se proposait « *d'évaluer l'apport artistique de l'expressionnisme et de l'abstraction à la Révolution nationale* »[176]. Rosenberg au contraire détestait ces œuvres « *impertinentes, corrosives, artificielles, estropiées* » et Hitler trancha en sa faveur, de façon définitive dans son discours du 5 septembre 1934, lors du congrès de Nuremberg : « *Tout ce bégaiement artistique et culturel des cubistes, futuristes, dadaïstes et consorts est intolérable et n'a aucun fondement dans la race de notre peuple* », rejetant désormais des artistes, même des expressionnistes comme Munch ou Nolde, qui avaient eu un temps les faveurs du nazisme.[177]

---

174 Voir Jean Clair, *La responsabilité de l'artiste*, Paris, 1997, p. 57. Sur l'ensemble de la période, cf. Jean-Louis Cohen (dir.), *Années trente. L'architecture et les arts de l'espace entre industrie et nostalgie*, Paris, 1996.

175 *Manifeste du futurisme*, éd. L'Age d'Homme, 1908.

176 Cf. Jean Clair, *La responsabilité de l'artiste*, Paris, 1997, pp. 42-43 et note 1.

177 Sur cet aspect, outre l'ouvrage de J. Clair cité ci-dessus, voir notamment l'article très

On comprend par ailleurs que ce thème du mouvement, de la « *révolte* », ait également influencé les avant-gardes dadaïste et surréaliste, qui s'en séparent toutefois radicalement sur d'autres points, en particulier lorsque le même *Manifeste* de 1908 affirme : « *Nous voulons glorifier la guerre – seule hygiène du monde –, le militarisme, le patriotisme, le geste destructeur des anarchistes, les belles idées qui tuent, et le mépris de la femme* ». Le futurisme intéresse aussi un temps les peintres cubistes, mais ceux-ci accordent la première place à l'objet statique, ou aux natures mortes, plutôt qu'au mouvement.

Ceci ne veut pas dire que les futuristes de 1908 aient été des « pré-fascistes ». S'il est délibérément nationaliste, ce dont témoigne son engagement belliciste et interventionniste en 1914, le futurisme italien se réclame aussi d'un individualisme anarchisant qui amènera d'ailleurs Marinetti à une rupture provisoire avec Mussolini au début des années vingt. D'autre part, le futurisme est inscrit dans une période où l'exaltation du machinisme, du progrès technologique, où la fascination pour le mouvement, la vitesse sont partagées par nombre d'autres courants, de l'Art nouveau aux premiers cubistes, qui ne sont pas soupçonnables de philo-fascisme. Enfin l'hétérogénéité du mouvement futuriste empêche d'y voir une orientation politique définie : si Marinetti se compromet très tôt avec le fascisme, d'autres prennent leurs distances : Carlo Carrà, dès 1915, rompt avec le « marinettisme » y compris au plan pictural, tentant une synthèse avec le cubisme à travers ses « papiers collés » de 1914 ou retrouvant dans ses « formes concrètes » l'intérêt pour les modèles du passé, Giotto ou Della Francesca. Hors d'Italie, si les vorticistes anglais se rapprochent, on l'a vu, de l'extrême droite, les futuristes russes, avec David Bourliouk ou Vladimir Maïakovski, prennent une tout autre voie : c'est ainsi que Maïakovski anime d'octobre 1917 à mars 1919 les *Komfouty*, futuristes communistes, qui participent au commissariat du peuple à l'Instruction publique et éditent le journal *L'Art de la Commune*.

On se trouve là au cœur de notre problématique. La démarche futuriste n'est pas assimilable directement à une démarche d'extrême droite, dont son rejet du passé et de la tradition suffirait à la distinguer ; mais sa valorisation de la violence, son exaltation de la vigueur, sa revendication de l'agressivité, son assimilation de la beauté à la lutte et à la force, sa volonté de recréer un homme nouveau immergé dans le « *dynamisme universel* », sont autant de conceptions qui constituent l'un des fondements majeurs des idéologies d'extrême droite. Le futurisme n'est pas un mouvement d'extrême droite, mais il véhicule, pour partie, une conception du monde et une esthétique d'extrême droite. Que certains de ses représentants, et Marinetti en premier,

---

documenté d'Alexandre Szombati dans *Le Monde* des 9-10 septembre 1984.

aient franchi le pas qui mène de la proximité esthétique à l'adhésion politique ne saurait donc surprendre.

Mais pour en rester à ce qui nous intéresse ici, ce clivage, encore, entre conceptions figées et conceptions « révolutionnaires » traverse l'extrême droite autant dans le domaine politique, où se mêlent, nous l'avons dit, éléments conservateurs et éléments « nationalistes révolutionnaires », que dans le domaine culturel. Ce qui a fait pendant deux décennies la force du Front national, c'est notamment d'être parvenu à fédérer des tendances aussi diverses en apparence, jusqu'alors cloisonnées en de multiples groupuscules souvent rivaux.

Ce qui en effet domine fondamentalement, et fonde la cohabitation de tendances opposées en apparence et leur appartenance commune à ce que nous appelons ici l'extrême droite, c'est la notion, que nous avons déjà évoquée dans les chapitres précédents, d'un ordre – ou plutôt d'un Ordre supérieur – aussi bien dans le domaine politique ou social que dans le domaine culturel. C'est une des affirmations premières du programme du Front national[178] : « *L'histoire des peuples du monde entier l'atteste : une civilisation ne peut durer sans se référer à un ordre spirituel qui dépasse les individus, ordre qu'ont à garder, en dépit des vicissitudes humaines, les institutions politiques et sociales.* [...] *La société n'est pas le produit du contrat, mais le fruit d'un Ordre. Rien ne se fait sans soumission à cette loi* [...] *Il y a, en effet, dans la continuité des civilisations et des peuples, une harmonie préétablie, reflet de la Création, que les Grecs appelaient Cosmos, qui signifie Ordre. Le vingtième siècle, siècle du matérialisme "scientifiquement" réalisé et des barbaries totalitaires, du communisme à l'avortement, n'a cessé de vouloir s'affranchir de cet Ordre. Cet "affranchissement" a débouché sur d'immenses tragédies dont nous continuons à payer le prix* ».

Mais cet ordre, considéré comme permanent et « naturel », peut représenter un ordre passé à préserver ou un « ordre nouveau » à construire ou à reconstruire – Ordre nouveau a d'ailleurs été le nom d'un des principaux mouvements d'extrême droite de la fin des années soixante qui ont donné naissance au Front national –. Le lien entre les deux aspects est d'ailleurs affirmé dans le programme même du Front national, dont l'avant-dernier chapitre, consacré à la « *liberté de la culture* », s'intitule significativement, en faisant le pont entre passé et futur et, ici encore, en occultant le présent : « *Enraciner l'avenir* ».

---

178 *Pour un avenir français, Le programme de gouvernement du Front national*, 2002, chapitre « Identité : la France ».

VIII

Mythe et fascination

Dans tous les cas, l'idéal est, dans la pensée des droites extrêmes, formulé en images, c'est-à-dire en discours, mais un discours figé, porteur de certitudes.

La psychanalyse a mis en évidence le rôle des images dans la vie psychique, et leur corrélation avec le refus du temps, de l'incertain, de l'attente, de l'inachèvement ou du changement. L'image est figée, porteuse de certitudes, et contrarie l'acceptation des règles du temps, du présent, par définition incertain, de l'Histoire.

L'expérience psychanalytique permet précisément, à travers la relation au psychanalyste, de « traverser » les images (*durcharbeiten*, « élaborer en traversant », a dit Freud) et de retrouver la dimension temporelle de sa vie psychique, mouvante et en devenir. Le *durcharbeitung*, en français la *perlaboration*, désigne le « *processus susceptible de faire cesser l'insistance répétitive propre aux formations Ics en les mettant en relation avec l'ensemble de la personnalité* »[179]. Ce concept, peu assuré dans la théorie freudienne, n'apparaît que tardivement, en 1926 dans *Inhibition, symptôme et angoisse*, dans la foulée de la mise en évidence par Freud de la notion de répétition[180]. Selon Freud[181], « *nous faisons cette expérience que le moi trouve encore et toujours des difficultés à défaire les refoulements, même après avoir pris la résolution d'abandonner ses résistances, et nous avons désigné la phase d'effort et de contention qui succède à cette louable résolution, comme celle du "perlaborer". On est alors amené à reconnaître le facteur dynamique qui rend un tel perlaborer nécessaire et compréhensible.* ». Il s'agit, dans la cure analytique, du travail fait par l'analysant pour accepter certains éléments refoulés et moins subir l'emprise des mécanismes de répétition ; ainsi, par l'interprétation, l'analyste montre en quoi certaines significations se trouvent dans des contextes différents.

---

[179] J. Laplanche et J.-B. Pontalis, *Le vocabulaire de la psychanalyse*, Paris, PUF, 1968, p. 305.

[180] En particulier en 1920 dans *Au-delà du principe de plaisir*, publié dans les *Essais de psychanalyse*, traduction Jankélévitch, Paris, Payot, 1963 (cf. notamment pp. 126-127).

[181] *Inhibition, symptôme et angoisse*, XI, « Suppléments », A, a, Paris, PUF, 5e édition, 2002, p. 71 (trad. J. et R. Doron).

L'esthétique d'extrême droite exclut précisément cette dimension temporelle : elle donne un sens immédiat, référé à un passé mythifié ou à un futur exalté et idéalisé ; en tous les cas, elle rattache à des certitudes en niant l'historicité. Au devenir s'oppose l'ordre immuable, celui du passé sans évolution mais devenu dégénéré, littéralement changé de « genre », ou celui du « *Reich* de 1 000 ans ».

Cette conception lénifiante ne peut que trouver un écho dans le discours populaire qui tend, principalement dans les périodes de doute ou de crise, à magnifier le passé, les temps anciens, l' « autrefois », ce temps incertain où « tout allait mieux ». Elle édifie le passé – ou parallèlement le futur – en mythe, ce *muthos* immuable qui transmet ce qui doit être dit, toujours semblable à lui-même et pourtant sans cesse reformulé. Le *muthos*, circonscrit à un groupe social, par sa temporalité indéfinie comme par son idéalisation symbolique, ancre des certitudes avec d'autant plus de force qu'il (r)établit l'appartenance à un groupe et qu'il procède par fascination, s'opposant par là à cette autre parole, le *logos* des savants, des philosophes et des historiens, parole de raison porteuse de relativité, de doute et d'historicité[182]. C'est la fonction et le fonctionnement de tout mythe : comme le définit André Dabezies[183], « *sera réputé "mythe"* un récit *(ou un personnage impliqué dans un récit)* symbolique, *qui prend* valeur fascinante *(idéale ou répulsive) et plus ou moins totalisante* pour une communauté humaine *plus ou moins étendue à laquelle il propose en fait l'explication d'une situation ou bien un appel à l'action.* » Pour Dabezies, « *La différence du mythe "explicatif" au mythe "normatif" ne dépasse guère celle de l'implicite* [...] *à l'explicite, sinon en ce que les mythes normatifs ou dynamiques semblent plus orientés vers un avenir à accomplir, les autres vers un ordre à maintenir.* » Et il précise justement : «*Le mot "fascinant" nous paraît la moins mauvaise transposition des effets classiquement attribués au "sacré"* [...] *dans un monde virtuellement désacralisé* ».

Ce n'est pas par hasard que les temps de crise voient resurgir les mythographies : il suffit de considérer la résurgence du mythe antique dans la littérature et la musique des années trente et quarante : Œdipe chez Stravinsky, avec *Oedipus Rex*, sur un livret français de Cocteau et une traduction en latin par Jean Daniélou, créé à Paris en 1927, chez Gide, avec sa pièce *Œdipe* en 1931, chez Cocteau encore avec *La Machine infernale* en

[182] Sur la distinction entre *muthos* et *logos*, qui trouve son origine chez Platon, voir notamment Jean-Pierre Vernant, *Les origines de la pensée grecque*, Paris, 1962, 10è édition, PUF, collection Quadrige, novembre 2007, et, avec Pierre Vidal-Naquet, *Mythe et tragédie en Grèce ancienne*, Paris, 1972, rééd. Paris, La Découverte, 2001.

[183] André Dabezies, *Des mythes primitifs aux mythes littéraires*, in *Dictionnaire des mythes littéraires*, dir. P. Brunel, Paris, Editions du Rocher, 1988, p. 1131.

1934, chez Enesco avec son opéra *Œdipe* en 1936 ; Antigone avec les pièces *Antigone* de Cocteau en 1922, d'Anouilh en 1944, avec l'œuvre du même nom d'Honegger ; les Atrides avec *Le deuil sied à Électre* d'O'Neill en 1931, l'*Électre* de Giraudoux en 1937, *Les Mouches* de Sartre en 1943 ; Orphée et Eurydice avec l'*Orphée* de Cocteau en 1926 (d'où il tirera un film en 1949), avec *Eurydice* d'Anouilh en 1942, ou, en poésie, dans *Matière céleste* de Jouve en 1937, dans *Le tombeau d'Orphée* de Pierre Emmanuel – résistant, lui, à la différence des précédents – en 1941 ... Années de doute, de désillusion ou de déréliction, années où les mythes refleurissent, même déformés, détournés, même parcourus du scepticisme ambiant et habités de héros redevenus humains, « *débarrassés de leur poussière de chef-d'œuvre* » selon le mot de Cocteau : ce n'est pas un hasard non plus si Cocteau, Giraudoux et Anouilh croiront, au moins un temps, trouver dans le pétainisme une renaissance. Et Gide lui-même, pourtant de sensibilité de gauche, admirera un temps le maréchal, et publiera ses *Feuillets* autobiographiques dans la *NRF* pourtant reprise par le collaborationniste Drieu La Rochelle, avant de rejoindre finalement De Gaulle en 1943.

Ce recours au mythe est tout différent du recours à la mythologie qui traverse le classicisme : si Corneille et Voltaire par exemple écrivent un *Œdipe*, c'est en n'en retenant que la grandeur et la noblesse « à l'antique », plus inspirées du stoïcisme de Sénèque que du tragique de Sophocle ; si Poussin peint *La Nourriture de Jupiter*, c'est en n'en retenant que l'allégorie et le prétexte à une composition harmonieuse et à un paysage « héroïque » : il n'est pas besoin de chercher une renaissance dans un passé mythifié, puisque « *l'âge d'or* » annoncé par Malherbe est arrivé et que le Roi-Soleil étend ses rayons dans un présent maîtrisé et rationalisé. Le mythe, lui, intervient dans les temps incertains.

C'est que le mythe, par son symbolisme, définit aussi le Beau et le Bien, modèles sensibles d'autrefois dans un monde « privé de sens ». Quand le *logos* défaille, quand, selon le vers célèbre de Lamartine, « *l'homme est un Dieu tombé qui se souvient des cieux* », le *muthos* ravive la sensibilité : qu'on songe là encore aux oxymores romantiques, opposant métaphoriquement le noir et le blanc, l'ombre et la lumière d'Hugo, les incarnats de Delacroix surgissant de l'ombre, ou encore les jaunes de Friedrich dominant la « *mer de nuages* » : il faudra attendre la fin du dix-neuvième siècle pour retrouver la « *chanson grise* » chère à Verlaine.

Ce symbolisme, cette référence au mythe, fondent le rapprochement, constant jusqu'au XVIIIe siècle, effectué par les théoriciens de l'art entre image et littérature, et en particulier entre peinture et poésie. Françoise

Graziani explique ainsi[184] : « *L'énoncé littéraire étant généralement considéré comme l'origine des mythes, l'image est censée reproduire dans l'ordre du visible "l'idée" exprimée par les poètes, dans les récits fondateurs d'Homère et d'Hésiode puis de Virgile, mais aussi dans les gloses successives que constituent les textes de l'Antiquité tardive et du Moyen Âge. Telle est la position des théoriciens de l'art et des mythographes à la Renaissance.* ». Tout change au XVIIIe siècle, avec des théoriciens comme Lessing, chacun des deux arts prenant son autonomie. Leur relation s'en trouve profondément modifiée, mais les caractères fondamentaux de l'image demeurent : elle condense une signification, une « idée » : « *La poésie est d'abord narrative, c'est-à-dire fondée sur l'action et le mouvement* [...]. *La peinture à l'inverse est statique et ne peut que* "suggérer une action continue" *et* "permanente" *: elle se situe dans l'instant, même si cet instant équivaut à une éternité.* [...] *Ainsi, le fait de réduire la narrativité du mythe à une figure est-il analysé comme un acte de fixation complexe, impliquant que soit réalisée à l'intérieur d'un code représentatif la combinaison de la temporalité et de l'éternité, du mouvement et de la staticité. C'est donc un acte de condensation et de transfert analogue au processus métaphorique (*trans-latio*).* »

Cette perception du mythe à travers l'image « *est littéralement* réductrice *: elle est issue d'une substitution qui condense la représentation individualisée et dramatisée qui était celle de la fable narrative, pour la codifier en une représentation " morale ", plus abstraite et plus générale (plus " éternelle ", pour reprendre les termes de Lessing) qui repose sur l'*analyse *des mythes dont la narrativité n'est plus que référentielle* »[185].

C'est cette fonction que l'extrême droite entend faire jouer à l'image : représentation sensible, excluant la raison, du modèle immuable. D'où la nécessité d'une mimésis qui offre une interprétation immédiate tout en renvoyant, par le symbole, à une transcendance ou, à défaut, à des forces immanentes.

Des forces, car, à l'instar des autres moyens d'expression, l'image doit fasciner. La fascination est, on l'a vu, le mode d'action du mythe. Elle est aussi celui de l'image conçue par l'extrême droite. On a beaucoup écrit sur le caractère médiumnique d'Adolf Hitler et en particulier de sa parole, de son ton, de son phrasé, retransmis par les postes de radio, les *Volksempfänger*, que le régime offrait aux foyers allemands : cette voix sortant du poste, dont Chaplin tirera une séquence célèbre de son film *Le*

---

[184] *Image et Mythe*, in *Dictionnaire des mythes littéraires*, dir. P. Brunel, Paris, éd. Du Rocher, 1988, p. 760.
[185] *Ibid.*, p. 762.

Dictateur, ou, à Nuremberg, sortant de la nuit des cérémonies aux flambeaux, agit, autant que par l'adhésion au discours, par la fascination qu'elle exerce. L'image procède de même. Statique, l'image condense les significations et exclut l'analyse. Par là, elle induit une appréhension immédiate et sensible, et une adhésion par le regard, bref une fascination. La présence d'une figuration – au moyen d'une figurante – de Jeanne d'Arc dans les défilés du Front national le premier mai ne renvoie pas à l'histoire de Jeanne, à une narration, et encore moins à une analyse, mais à un condensé de valeurs, à un symbole.

Porteuse de mythes et suscitant une émotion immédiate, cette image n'est évidemment pas, dans le domaine artistique, l'apanage de l'extrême droite. Elle en véhicule cependant l'esthétique et souvent les présupposés idéologiques, et les mouvements artistiques qui s'en réclament, même apolitiques, n'échappent pas à une certaine ambiguïté, surtout lorsque la forme, expressive, mythophorique, se conjugue avec une thématique identitaire ou reprend certains des thèmes récurrents des droites extrêmes : exaltation du passé, de la force, de la surhumanité, opposition des forces du Bien et du Mal.

C'est le cas dans la première moitié du vingtième siècle avec les expressionnistes, dont plusieurs en Allemagne s'engagèrent contre le nazisme ou s'exilèrent, mais dont la peinture – comme les autres œuvres, les films notamment – vise précisément à traduire les angoisses ou les rêves à travers une création émotionnelle et violente. Ce que cherche à réaliser l'expressionnisme, c'est avant tout d'inventer une autre réalité, en rupture avec celle, « bourgeoise » et conventionnelle, de l'Allemagne du début du siècle qui lui fait horreur : réalité « intérieure » qu'il s'agit d'exprimer, toute hantée par la mort et la résurrection, par la haine de la ville « *tentaculaire* », selon le mot du poète Émile Verhaeren, et la quête d'une « authenticité » qu'ils croient trouver dans le « barbare ». Le groupe de la *Brücke* (« le Pont ») en particulier, avec Ernst Ludwig Kirchner, Emil Nolde notamment, par l'emploi de couleurs primaires violentes, la réalisation de gravures sur bois, l'influence revendiquée des arts africains ou océaniens, alors appelés « primitifs », affirme cette démarche dès 1905. Appel à l'émotivité, registre pathétique, révolte contre le monde témoignent de ce *Sturm* (« tempête » ou, en langage militaire, « assaut », du nom de la revue *Der Sturm* créée par Herwarth Walden à Berlin) qu'ils appellent de leurs vœux.

On comprend que cette révolte violente – picturalement en tout cas – contre les valeurs bourgeoises, associée à la fascination de la mort et à la recherche d'une authenticité, d'un enracinement « barbares », ait pu séduire un Goebbels, et, a contrario, amener certains expressionnistes : le peintre Emil Nolde, le poète Gottfried Benn, à une proximité avec le nazisme (qui *in fine* les rejettera sous l'influence de Rosenberg). Il est vrai que, à l'inverse, d'autres combattirent le nazisme jusqu'à en mourir, comme Rolf Lauckner. Mais les thèmes de leur art et leurs conceptions esthétiques portaient en eux tout ce qui précisément constitue le fondement culturel des droites extrêmes, du moins dans leur version « révolutionnaire ». Il n'est pas jusqu'au vocabulaire qui ne les rapproche : *Sturm*, comme le rappelle le philologue Victor Klemperer[186], deviendra un des mots clés du nazisme, désignant les groupes de combat dans l'armée nazie après avoir constitué le sigle SA, *Sturmabteilung* (« sections d'assaut »), établissant le lien, à travers l'expressionnisme, entre le *Sturm und Drang* (« tempête et élan ») du dix-neuvième siècle romantique et l'idéologie nazie.

Les mêmes ambiguïtés et les mêmes déchirements apparaissent un demi-siècle plus tard, dans les années soixante-dix, avec les « Nouveaux Fauves » (*Neue Wilde*) allemands, parfois qualifiés de néo-expressionnistes : Georg Baselitz, A. R. Penck, retrouvant les grands formats propres à l'élan et les couleurs violentes, élaborent de même des « signes » ; leurs successeurs : Anselm Kiefer, Jorg Immendorf, Salomé, expriment un retour aux mythes, ou à ce que le critique Donald Kuspit appellera dans *Art Press*[187] « *le Moi archaïque de Baselitz* ». Dans tous les cas, c'est de retourner à une signification immédiate qu'il s'agit, et, dans la démarche retrouvée des expressionnistes, de susciter des émotions, de jouer sur les affects.

Ces artistes ne peuvent être classés à l'extrême droite, certains la rejettent explicitement. Cependant, leur peinture, par ses thèmes comme par ses formes, présente un aspect ambigu et controversé qui ouvre le champ à des lectures contradictoires. Figuration, peinture (à un moment où domine l'art conceptuel), recours aux mythes et à l'expressivité sont autant d'éléments identiques à ceux que prône l'extrême droite, et qui, conjugués, posent le même problème qu'autrefois l'expressionnisme.

Kiefer a ainsi, à travers la peinture, mais en utilisant aussi la photographie ou la gravure, donné la première place au mythique et au subjectif. Sa quête avouée, comme celle de Baselitz, en un temps où l'Allemagne cherche encore à effectuer son travail de mémoire par rapport à la période nazie, est celle d'un identité germanique renouvelée, purifiée du poids du nazisme et dégagée des tabous. Mais cette quête puise ses sources dans le romantisme allemand, l'œuvre de Friedrich notamment, ou dans les légendes remises au goût du jour par Wagner. Les quatre tableaux de Kiefer qui en 1973 constituent son *Parsifal II* renvoient à ces mythes aussi bien par leur titre que par les éléments symboliques figurés : bassine emplie de sang, inscription du

---

[186] Voir infra.

[187] *Art Press* n° 77, janvier 1984, pp. 4-8.

nom d'Amfortas (le gardien du Graal). Ainsi, tout en affirmant vouloir exorciser le nazisme, Kiefer en reprend les mythes et les modes d'expression, jusque dans le caractère monumental de ses toiles, entretenant par là même une ambiguïté notable. Dix ans plus tard, son tableau *À l'Être suprême* laisse apparaître le même aspect dérangeant : le caractère grandiose de son architecture intérieure évoque les mystagogies nazies, et en 1977-78, les deux versions successives des *Voies de la sagesse du monde*, disposant autour d'un feu des figures célèbres de l'histoire allemande, y compris celles de la période nazie, traduisent certes une volonté de prise de distance critique ou ironique, de mise en question du refoulement de l'histoire, mais à travers les formes mêmes que l'on prétend purifier de leur relent de nazisme.

C'est une démarche comparable qu'on retrouve chez Georg Baselitz, avec les mêmes ambiguïtés : le « retournement » des tableaux, qu'il généralise après 1969, peut marquer une prise de distance, une ironie, mais l'écriture renoue, là aussi, avec la figuration expressive, et la recherche d'une germanité épurée reprend la référence aux mythes nordiques, plus empreinte de nostalgie peut-être et marquée du sceau d'un nationalisme affirmé. Jean Clair rappelle[188] comment Baselitz, « *à la sixième Documenta, en 1981, pour protester contre la présence de peintres est-allemands, parmi lesquels Bernhard Heisig, Willi Sitte et Werner Tübke, décrocha ses œuvres, entraînant dans son mouvement les autres peintres ouest-allemands qu'échauffait, comme lui, cette fièvre nationaliste* ». Clair mentionne aussi, pour s'en inquiéter, des propos tenus par Baselitz à propos de William Rubin, le commissaire de l'exposition « *Primitivism* » organisée à New York en 1984, à laquelle il n'avait pas participé : « *Rubin n'aime pas ce que je fais. Il est juif : il a donc une autre esthétique, une autre culture. Il n'aime ni les Allemands ni l'art allemand* ».

Ces dérives ou ces ambiguïtés n'ont rien de surprenant ni d'isolé. On retrouve par exemple leur équivalent au cinéma avec des films comme le *Portier de nuit* de Liliana Cavani à travers l'esthétique néo-expressionniste, le caractère ambigu et malsain des relations unissant les protagonistes. Nous y reviendrons[189].

Disons simplement ici qu'il apparaît à l'évidence paradoxal de prétendre mettre en question le nazisme – et au-delà la pensée ou l'esthétique d'extrême-droite – en se situant sur le même terrain, en prétendant redonner en l'occurrence une vision épurée de quelque germanité ou des mythes qui la fondent. C'est avancer l'idée que le nazisme est une perversion d'idées, de mots ou d'images justes. C'est croire ou faire croire qu'en supprimant les

---

[188] *La responsabilité de l'artiste*, Paris, Gallimard, 1997, pp. 99-100, et note 2.
[189] Cf. *infra* chapitre XVI.

camps de concentration et l'antisémitisme on aurait une idéologie traditionnelle tout à fait recevable, comme si l'on pouvait trier le bon grain d'une ivraie parasite, comme si la pensée nazie, et toute pensée d'extrême droite, ne reposait pas précisément sur une totalité, une vision globale du monde, une *Weltangschauung*, associant actes, idées, images et mots.

Mots, car l'image ainsi conçue nomme, ou permet de nommer, directement. Mots et images remplissent ici la même fonction de signes sensibles et immédiats, au-delà, ou plutôt en deçà de toute visée analytique. Lorsque l'américain Cy Twombly réalise, au début des années quatre-vingt, une série de tableaux composés de lignes abstraites ou de graffitis, qui portent des titres renvoyant explicitement à la mythologie : *Narcisse*, *Bacchus*, *Naissance de Vénus*, *Orphée*, *Mars et Ariane*, etc., il place, au lieu des figures, le nom des personnages mythologiques sur la toile. Le rapport entre l'image et la simple dénomination est ici évident : le nom du dieu se substitue à sa figuration et, comme l'image, condense les significations et l'histoire en un symbole[190]. Le fait que Twombly se retrouve à ce moment proche des artistes du *Neue Wilde* allemand, évoqué ci-dessus, qui développe une peinture spontanée et non plus analytique, n'est pas indifférent.

Le nom en effet, comme l'image, exclut l'analyse et l'historicité, et laisse agir le *fascinum*, le charme. C'est ce que savent tous les sectateurs de l'ésotérisme qui, des récitants de mantras aux gnostiques, utilisent la nomination ou l'itération du nom comme procédé magique ou extatique permettant d'accéder à la communion avec le monde du divin ou de la Connaissance. La Tradition, au sens que lui donne René Guénon, maître à penser d'une certaine extrême droite, repose aussi sur la nomination, et ce qui est transmis est la nomination : les textes sur lesquels repose la tradition sont un don des dieux, premiers initiateurs, que les initiateurs successifs transmettent sans les modifier.

De cette fascination du nom, ou, corrélativement, de l'adjectif dont la qualification sert à elle seule de justification ou de repoussoir, les droites extrêmes font un usage permanent : il n'est que de voir dans le discours lepéniste le retour insistant de termes comme « technocratique », « décadence », « système ». *Mutatis mutandis*, Victor Klemperer a montré, dans *LTI, La langue du IIIe Reich*[191], comment le nazisme avait subverti la culture allemande par le recours à une manipulation du langage, à

[190] Sur ce double référencement de l'image à l'art et à la littérature, cf. notamment R. Barthes, " *Sagesse de l'art* ", in *L'Obvie et l'Obtus*, Paris, 1982, pp. 168-174.
[191] Victor Klemperer, *LTI, Notizbuch eines Philologen*, Leipzig, 1975 ; les citations sont tirées de la traduction française *LTI, La langue du IIIe Reich*, Paris, Albin Michel, 1996, p. 141. *LTI* est l'abréviation du latin *Lingua Tertii Imperii*, « La langue du troisième *Reich* ».

l'utilisation dans un sens connoté de certains termes, courants comme « système », devenu intrinsèquement porteur d'un « *blâme métaphorique* » et opposé par les nazis à « organisation », ou plus rares, comme l'intraduisible *Weltanschauung* qui s'oppose à « philosophie ». Et Klemperer, citant *Le Mythe du XXe siècle* du théoricien nazi Rosenberg, explique clairement : « *Les professionnels de la philosophie, enseigne Rosenberg, commettent tous une double erreur. Premièrement, ils sont à la "chasse de la prétendue vérité unique et éternelle". Et, deuxièmement, leur recherche se fait "par une voie purement logique, en ce qu'ils ne cessent d'inférer à partir d'axiomes posés par l'entendement".* [...] *À la place de la vérité une et universelle, censée exister pour une humanité universelle imaginaire, apparaît la "vérité organique" qui naît du sang d'une race et ne naît que pour cette race. Cette vérité organique n'est pas pensée et développée par l'intellect, elle ne consiste pas dans un savoir rationnel, elle se trouve au "centre mystérieux de l'âme du peuple et de la race"* [...] ». Klemperer conclut : « *C'est la pensée qui recherche la clarté, la magie, elle, se pratique dans la pénombre* ».

Magie, ou fascination, en effet. Ou encore mythe, au sens que lui donne Roland Barthes dans ses *Mythologies*, le signifiant du mythe étant constitué du signe (signifiant + signifié selon la distinction saussurienne) de la langue : « *il y a dans le mythe deux systèmes sémiologiques, dont l'un est déboîté par rapport à l'autre : un système linguistique, la langue (ou les modes de représentation qui lui sont assimilés), que j'appellerai* langage-objet, *parce qu'il est le langage dont le mythe se saisit pour construire son propre système ; et le mythe lui-même, que j'appellerai* méta-langage, *parce qu'il est une seconde langue,* dans laquelle *on parle de la première.* [...] *Voilà pourquoi le sémiologue est fondé à traiter de la même façon l'écriture et l'image : ce qu'il retient d'elles, c'est qu'elles sont toutes deux des* signes, *elles arrivent au seuil du mythe, douées de la même fonction signifiante, elles constituent l'une et l'autre un langage-objet.* »[192].

Le signe linguistique, mot ou image, que Barthes appelle ici *sens* pour éviter l'ambiguïté, est récupéré dans sa globalité pour être constitué en signifiant du mythe : le mot « système » par exemple, cité par Klemperer, est un signe-sens, composé d'un signifiant (le mot lui-même) et d'un signifié, ici le système politique (et plus particulièrement celui de la République de Weimar) ; dans la novlangue nazie, « système » devient le signifiant (que Barthes appelle alors *forme*) d'un mythe, signe nouveau composé d'un signifiant (le mot « système ») et d'un signifié : le monde abhorré de tous les fonctionnements démocratiques, que rejettent et méprisent viscéralement les nazis. Derrière le mot « système » prononcé par un nazi se dresse le

---

[192] *Mythologies*, Paris, Seuil, 1957, rééd. 1970, p. 188.

fantasme général de l'abjection socio-politique. Point n'est alors besoin de l'expliciter, de recourir à l'analyse, à l'explication, à la raison : le mot proféré suffit à susciter le rejet. La fascination est à l'œuvre à travers la profération.

C'est, en direction inverse, pour susciter l'attraction et non plus le rejet, sur le même « déboîtement » que joue le choix comme emblème de la croix gammée par les nazis, ou, *mutatis mutandis*, d'une flamme tricolore par le Front national : de signe (l'emblème d'un parti, composé d'un signifiant : formes et couleurs, et d'un signifié : drapeau d'un parti politique), la flamme tricolore devient ainsi le signifiant d'un « mythe » dont le signifié est la force, la pureté ou la nation luttant contre la décadence ; de signe de reconnaissance, elle devient signe identitaire et valeur. Devenue forme, elle nomme et cette nomination se suffit à elle-même.

La réduction du mot ou de l'image à la forme peut alors permettre à la pensée d'extrême droite de s'accommoder de formes nouvelles, de révolutions formelles telles que, on l'a vu, le futurisme ou l'expressionnisme défendus par Goebbels, pour peu qu'elles échappent à leur fonction de signe pour devenir signifiants d'un mythe. Sans entrer dans le débat sur le rôle de l'expressionnisme dans la montée du nazisme, on peut ici rappeler que Lukacs[193] condamnait en 1934 ce courant artistique dans lequel il voyait un « *traitement mythologique des problèmes concrets* ». Et c'est, rappelle opportunément Jean Clair dans *La responsabilité de l'artiste*[194], avec des arguments « *indéniablement proches de l'idéologie nationale-socialiste* » que Gottfried Benn, pourtant peu après interdit de publication par le régime nazi, défend en 1933 l'expressionnisme et les autres formes nouvelles en affirmant que, à travers la liste des peintres qu'il donne, « *tout l'Occident est ici réuni et qu'aucun des noms cités n'est autre que celui d'un Aryen*[195] ».

Mais ce n'est pas le moindre paradoxe du même Jean Clair, prenant parti dans la « querelle de l'art contemporain » qui a traversé ces dernières années le monde de l'art, que, après s'être il est vrai demandé : « *À partir de quel moment peut-on et doit-on séparer les bourreaux et les victimes ?* », d'affirmer quelques pages plus loin que « *Le rôle le plus haut de l'art a toujours été d'appeler les êtres et les choses, de les appeler par leur nom, de les appeler précisément mot à mot comme on dit face à face. Justesse de la parole et de l'image qui est de les rappeler à nous, de les nommer et de les tourner vers nous, toutes les choses,* "jusqu'aux animaux même", *selon le*

[193] György Lukacs, *Grandeur et décadence de l'expressionnisme*, 1934, repris in *Problèmes du réalisme*, Paris, Arche, 1975, pp. 48-49 et 79-80.
[194] *La responsabilité de l'artiste*, Paris, Gallimard, 1997, pages 50-51.
[195] G. Benn, « Expressionnismus », repris in *Gesammelte Werke*, Wiesbaden, 1959, p. 242.

mot admirable de Rimbaud. », et de faire référence sinon révérence au même Gottfried Benn pour illustrer cette définition du rôle de l'art : « "Gott ist Form", *avait un jour écrit Gottfried Benn, dans une fulgurante intuition. Non pas* "Gott ist eine Forme", *ni* "Gott ist die Form", *ni défini ni indéfini, mais Dieu est Forme.* »[196]

Tant il est vrai que la pensée d'extrême droite puise ses éléments dans un terreau où d'autres peuvent se nourrir : mot réduit à sa simple profération ou image réduite à son signifiant symbolique sont autant de moyens de conforter un pouvoir, d'asseoir un conservatisme, de justifier un rejet de l'analyse rationnelle. Ils fondent une esthétique basée sur la nomination, sur l'adhésion identitaire, sur l'émotion du «*face à face*», bref sur la fascination.

---

[196] *La responsabilité de l'artiste*, Paris, Gallimard, 1997, pages 140-141.

IX

L'image enseignée

Investie d'une puissance symbolique, l'image, dans sa fonction de représentation, a pu être instituée en rhétorique d'enseignement par les différents pouvoirs, religieux ou politiques. C'est notamment un moyen privilégié de répondre au désir de certitudes des individus. « *Des certitudes...,* explique le psychanalyste Emmanuel Chavaneau[197]. *Il s'agit pour celui qui les cherche de disposer là de moyens de penser, et les certitudes sont sans doute là ce qu'il y a de moins coûteux, non pour son porte-monnaie mais pour lui-même.* » C'était déjà, précise Chavaneau, la conception de Freud : « *En son temps, Freud avait montré comment la quête de certitudes permettait à un sujet de faire l'économie sur lui-même en lui fournissant notamment "l'illusion de la réalisation des désirs les plus anciens, les plus forts, les plus pressants de l'humanité", la religion étant le pourvoyeur principal de ces illusions* ».

L'image est alors la représentation sensible de ce qui *doit* être tenu pour le Beau et le Bien, de ce qui *doit* être reçu, appris, contemplé, ou adoré, de ce à quoi on *doit* adhérer ; mimétique et symbolique, elle donne à voir de manière immédiate, sans le détour par la spéculation ou même la réflexion. Elle assure et rassure. Objet d'enseignement, elle *doit* assurer et rassurer.

Parmi les religions monothéistes, judaïsme et islam, nous l'avons dit, interdisent d'une manière générale la représentation. L'Occident chrétien, à la différence de l'orthodoxie byzantine, a largement rejeté les tendances iconoclastes, devenues hérésies, et fait assumer à l'image une fonction pédagogique : donner forme à l'illusion. C'est la fonction première des multiples statues de saints patrons à vénérer, figures immuables du modèle à suivre, de l'ordre à respecter, figures édifiantes et rassurantes aussi, exerçant une fonction de médiation entre l'homme et l'invisible. Au modèle et à l'ordre à respecter correspondent les règles disciplinaires et les interdits ; à la volonté d'édifier correspond l'art même de l'artiste et ses techniques les plus performantes. Au milieu du XVe siècle, « *le pape Nicolas V*, rappelle Alain Besançon[198], *justifie dans son testament la magnificence de ses constructions*

---

197 E. Chavaneau, *L'illusion d'une vie sans histoire*, *in Négationnistes les chiffonniers de l'histoire*, ouvrage collectif, Paris, Golias/Syllepse, 1997, p. 211. La citation de Sigmund Freud est tirée de *L'Avenir d'une illusion*, trad. Marie Bonaparte, Paris, PUF, 1971, p. 43.
198 *L'image interdite*, Paris, Fayard, 1994, p. 237.

par les arguments mêmes de Grégoire [Grégoire le Grand, l'un des quatre Pères de l'église d'Occident, pape de 590 à 604] *: les masses incultes et ignorantes ont besoin d'être " émues par des spectacles hors du commun ", car leur assentiment est faible et se dilue avec le temps jusqu'à se réduire le plus souvent à rien* ». Fonction pédagogique, donc, et cette fonction s'exerce par l'émotion. Besançon encore[199] : « *Dans la voie de prédication et de conquête des cœurs qui est celle des ordres mendiants, l'image, aidée par un faire artistique perfectionné, développe une rhétorique de l'émotion.* »

C'est la même utilisation de la figuration qu'on retrouve dans l'iconographie fasciste (le nazisme constituant un phénomène à part du fait de son aspect mystique) comme d'ailleurs dans l'art officiel du stalinisme[200]. C'est celle-ci que l'on retrouve dans toute la conception esthétique de l'extrême droite. Et ce n'est pas autre chose que dit Le Pen lorsqu'il affirme : « *Toute action politique en profondeur a besoin de se rattacher à des mythes et à des images. Or, la France a la chance d'avoir une image synthétique exceptionnelle et vraie. C'est Jeanne d'Arc. C'est une fille du peuple, général victorieux à dix-huit ans, martyre à dix-neuf ans.* [...] *C'est une image pure, généreuse, courageuse. C'est une synthèse des qualités de la race française* »[201]. L'image de Jeanne d'Arc, représentée par une figurante costumée dans les défilés du premier mai organisés par le Front national, n'a ainsi rien d'un référent historique : elle symbolise les valeurs – pureté, générosité, courage – que ce parti prétend incarner. Elle est là pour édifier le peuple et l'émouvoir, pour l'enseigner et susciter son adhésion, mais non pas – surtout pas – pour l'amener à avoir une réflexion historique.

Devant assumer une fonction pédagogique, l'image est doublement enseignée, et dans sa réception et dans sa production. Pour la réception, des critiques s'emploient à canaliser les réactions du public. Le futur pétainiste Camille Mauclair s'en prenait ainsi en 1929 à « *La Farce de l'art vivant* » en ces termes[202] : « *Rien de noble, rien de généreusement frémissant, rien qui parle au cœur ni exalte l'esprit* » : sentiment et exaltation, voilà les deux seules réactions qu'il convient de développer dans le public, le reste n'étant que « *farce* ». Il est vrai que cette conception de la réception des œuvres

---

[199] *Ibid.*, p. 227.

[200] Ce n'est pas ici le lieu de traiter de cet aspect. Il suffit de rapprocher des citations qui suivent celle-ci, de Louis Aragon en 1938 « *L'art de notre pays trouve sa vie et sa force dans la réalité nationale* [...] *tous les mouvements de l'art dans son histoire aux mille retours tendent au triomphe de la réalité.* » (*Ecrits sur l'art moderne*, Paris, Flammarion, 1981, p. 62).

[201] Propos rapportés par Géraud Durand, *Enquête au cœur du Front national*, Paris, Grancher, 1996, p. 185.

[202] Camille Mauclair, *La Farce de l'art vivant*, Paris, Editions de la Nouvelle Revue critique, 1929, p. 198.

d'art est pour une large part celle de tous les conservatismes, ou de tous les classicismes même, dont elle constitue la *doxa*, depuis le « *plaire et toucher* » de Racine jusqu'à la « *mystique de la sensation* » de Valéry. C'est aussi la conception de Schopenhauer, pour lequel la contemplation de l'objet beau agit comme un « *charme* » qui nous affranchit du « *vouloir vivre* », et qui place pour cette raison la musique au-dessus et même au-delà de tous les autres arts ; ou de Bergson, pour qui on retrouve dans les procédés de l'art « *sous une forme atténuée, raffinés et en quelque sorte spiritualisés, les procédés par lesquels on obtient ordinairement l'état d'hypnose* »[203]. Mais la pensée d'extrême droite va plus loin, instituant ce qui était théorie philosophique ou canon individuel, relation entre un artiste et son public, celui de la Cour ou des « *happy few* », en idéologie à prétention universelle, en norme culturelle, en « règle du goût ».

Quant à la production d'images, elle inclut nécessairement travail, canons et « métier », par un passage là encore du constat historique à l'obligation idéologique. Le peintre André Lhote explique en 1942 dans la *Nouvelle Revue Française* alors dirigée par Drieu La Rochelle[204] : « *Les qualités spécifiques du peintre français sont l'application fervente, la patience enjouée et l'amour du réel* » ; cinquante ans plus tard, Le Pen lui fait écho : « *la culture implique l'effort, le travail, l'ascèse, la soumission à des règles et à des formes* »[205]. Pour le Front national, la production d'images est, on l'a vu[206], reproduction du modèle édifiant : « *l'artiste a besoin d'un modèle, il doit obéir à des règles qui, en s'imposant à lui, le contraignent à se dépasser.* » Et ces règles s'enseignent : « *Il maîtrise nécessairement une technique propre, fruit d'un difficile apprentissage.* » Et si le même texte prétend que « *l'art n'est jamais imitation* », il précise aussitôt : « *mais dépassement, tension vers le Beau absolu* » : imiter ne signifie certes pas reproduire platement un modèle historique, mais « tendre vers » le « *Beau absolu* » à travers des règles apprises et dans une perspective édifiante.

Ces théorisations frontistes représentent l'exacte antithèse de ce qu'énonçait avec pertinence le peintre Gérard Garouste, l'un des maîtres de la figuration dans les années quatre-vingt[207] : « *L'un des avantages de la*

---

[203] Schopenhauer, *Le Monde comme volonté et comme représentation*, 1818, trad. PUF, 1966, livre III, § 38 et 43 ; Bergson, *Essai sur les données immédiates de la conscience*, Paris, Alcan, 1889, rééd. PUF, 1959, ch. I.

[204] « *De Fouquet à Picasso* », *NRF*, novembre 1942; cité par Laurence Bertrand-Dorléac, *L'Art de la défaite*, Paris, Seuil, 1993, p. 208.

[205] Cité dans *Le Monde* du 6 février 1992.

[206] *Pour un avenir français, Le programme de gouvernement du Front national*, 2002, chapitre « Liberté de la culture », cf. *supra* p. 33.

[207] Gérard Garouste, entretien à *L'Humanité* du 29 juin 1999, à l'occasion de son illustration du *Don Quichotte* de Cervantès.

peinture est qu'elle ne passe pas par les mots. Le peintre n'est pas là pour expliquer sa peinture. Elle lui échappe. » Et Garouste ajoute une illustration personnelle éclairante : « *Le plus beau compliment, c'est quand un visiteur dans l'atelier va "expliquer" mon tableau, évoquer les associations que cela suscite en lui, quand il va mettre sa propre couche de peinture. Sinon, on ne peut que se placer dans l'ordre du Bien, du Bon, de la Beauté, et c'est l'ordre fasciste. Si l'on est dans un champ inverse, celui du doute, de l'incertitude, de l'approximation : je prends...* ». On retrouve là l'opposition que nous avons établie plus haut entre ce qu'on pourrait appeler l'art vivant et le traitement de l'image par l'extrême droite, qui en fait une norme figée, pourvoyeuse de certitudes à travers la nomination de « valeurs ».

Dans un domaine plus trivial, le journaliste Michel Soudais décrit ainsi[208] le décor mis en place pour accueillir Le Pen lors de l'université d'été 1996 du Front national de la Jeunesse, dans le château du Cercle National des Combattants : « *Tout le monde prend place sur le perron, sous une gigantesque fresque* [...]. *Elle représente un homme et une femme, résolument tendus vers l'avenir. Lui lève une épée, pointe en bas. Elle tient à bout de bras une balance. Le tout veut illustrer le slogan de la semaine.* "Contre la fracture : justice sociale, sécurité nationale !". [...] *de part et d'autre des marches, les participants agitent des drapeaux tricolores* [...] ». De même que le slogan, réduction d'une pensée à sa forme la plus immédiatement accessible, assume une fonction pédagogique en montrant la voie à suivre, de même l'image condense une signification, la simplifie, et la donne à voir, en appelant par là à l'adhésion sensible.

Il est donc nécessaire pour les frontistes que cet art fait de règles et de quête du « *Beau absolu* » soit enseigné : « *L'art véritable ne reposera jamais que sur le métier, la mémoire et l'imagination créatrice. Il faut donc rendre ses lettres de noblesse à l'enseignement artistique qui, seul, permet l'acquisition d'un art, en inculque la technique et les règles formelles.* », et enseigné largement : « [...] *ces disciplines trouveront leur place dans les programmes scolaires à tous les niveaux d'enseignement, du cycle primaire jusqu'au supérieur. Des cours d'histoire de l'art seront également prévus. Une haute qualification technique chez les professeurs d'art sera exigée par le biais des concours publics* ». Il en va d'ailleurs de même pour la musique, sur laquelle nous reviendrons : « *L'apprentissage du chant choral, musique de l'âme, selon Saint François d'Assise, de la musique instrumentale et de la danse, sera encouragé à partir du plus jeune âge. Les salles de concerts et*

[208] *Le Front national en face*, Paris, 1996, p. 257.

les conservatoires seront développés en province. Les lycées et les universités seront invités à organiser des concerts dans leurs locaux. »[209]

Cette fonction pédagogique assignée à l'image par les droites extrêmes se retrouve dans l'histoire du vingtième siècle européen : l'Italie fasciste développe largement la production et l'enseignement artistiques, sous l'égide de Giuseppe Bottai. Celui-ci, un des théoriciens du fascisme, ministre de l'instruction publique puis de la culture du régime mussolinien, promeut, contre les conservateurs du parti, une vision relativement « ouverte » de l'art fasciste, afin d'attirer au fascisme les milieux intellectuels italiens : partisan d'une orientation corporatiste (il a été ministre des corporations à la fin des années vingt), il entend faire en sorte, en gommant les occasions d'affrontement, que la liberté – toute relative – de la culture conduise celle-ci à se mettre comme naturellement au service de l'idéologie fasciste. Il fonde en mars 1940 la revue *Primato*, destinée – et ce point est particulièrement intéressant pour nous – à « *rendre concret et efficace le rapport entre art et politique* », c'est-à-dire à montrer et étendre l'influence du régime fasciste sur les intellectuels, afin de « *réaliser une union entre la haute culture et la culture militante* » (« *operare un'unione fra alta cultura e cultura militante* »), comme il l'explique dans son éditorial du premier numéro, significativement intitulé « *Il coraggio della concordia* », « Le courage de la concorde »[210].

Le nazisme tente de l'imiter : Rosenberg crée et dirige le *Kampfbund für Deutschen Kultur*, la Ligue de combat pour la Culture allemande, Goebbels anime la *Reichskulturkammer*, la Chambre de la Culture du *Reich*, fonde en 1934 la *Reichskammer der Bildenden Kunste*, la Chambre du *Reich* des Arts plastiques ; dès 1933 le ministère de la Propagande, dirigé par Goebbels, organise des concours de peinture, d'architecture, de décoration de monuments, et y convie des artistes éminents. Jean Clair cite, parmi ceux qui, bien que n'étant pas nazis, furent attirés par les subsides ou les honneurs du régime hitlérien, Walter Gropius, le fondateur du Bauhaus, qui participe en 1933-34 à divers travaux et adhère à la *Reichskulturkammer* ; l'architecte Mies van der Rohe, troisième directeur du Bauhaus, qui concourt à la conception du pavillon allemand pour l'Exposition internationale de Bruxelles en 1935, et signe en 1934, avec notamment le chef d'orchestre Wilhelm Furtwängler et le peintre Ernst Barlach, un appel pour soutenir la candidature d'Hitler à la présidence de la République ; ou encore Kandinsky, qui en 1933 recommande par lettre que les artistes modernes s'affilient au

---

209 *Pour un avenir français, Le programme de gouvernement du Front national*, 2002, chapitre « Liberté de la culture ». Sur la musique, voir *infra* chapitre 14.

210 Giuseppe Bottai, « Il coraggio della concordia », *Primato*, n°1, 1er mars 1940.

Kampfbund de Rosenberg[211]. Il s'agit pour les dirigeants de l'époque de faire créer des images et, par là, de créer l'image même du nazisme, d'en exalter les valeurs et, ce qui ne gâte rien, d'obtenir ce résultat avec la participation d'artistes éminents.

Les « avant-gardes », de par leur situation de rupture, de bouleversement des modes de pensée dominants, souvent accompagnées de surcroît de manifestations provocatrices, ne peuvent dès lors qu'être anathématisées, surtout si l'on retient la thèse de Philippe Sollers[212], pour lequel, loin d'être une expression du « progrès » ou d'une idéologie, les avant-gardes apparaissent « *en réaction* » aux régressions fasciste, nazie ou stalinienne, comme autant de tentatives pour « *échapper à cette emprise mortelle* », comme autant de « *combats, de détours, de cris, d'appels incompris ou tragiques* » : « *signe* » d'un combat, l'art d'avant-garde entre en opposition frontale avec la volonté normative de l'extrême droite. Même quand celle-ci pourrait apprécier certains des thèmes de telle ou telle « avant-garde », sa réaction première est, surtout en France où les courants conservateurs ont toujours été puissants, d'y voir une remise en question, une altérité difficilement intégrable dans ses schémas de pensée.

Il n'y a guère que le fascisme mussolinien qui ait fait exception, en admettant et favorisant, nous l'avons vu[213], le futurisme. Le nazisme éliminera celui-ci après un temps d'hésitation, Hitler ayant choisi Rosenberg contre Goebbels. En France, l'extrême droite conservatrice est en général résolument hostile à toute nouveauté, des campagnes contre le cubisme au début du siècle jusqu'à la Révolution nationale pétainiste. Un changement s'est toutefois amorcé, dont les divergences d'appréciation au sein du Front national portent témoignage, avec l'irruption sur la scène culturelle de la Nouvelle Droite dans les années soixante, et sa volonté d'intervenir dans le champ culturel. Mais pour Le Pen, nous l'avons dit, la culture reste « *la soumission aux règles* ».

---

211 Jean Clair, *La responsabilité de l'artiste*, Paris, Gallimard, 1997, pp. 54-57.

212 Intervention lors du débat organisé en 1977 sur le thème « Crise de l'avant-garde », in *Art press* n° 16, mars 1978.

213 Ci-dessus chapitre VII.

X

Littératures et droites extrêmes

Les pages qui précèdent ont surtout été consacrées à l'art dans son sens le plus habituel, et plus précisément aux arts plastiques. Il convient de s'intéresser aussi à cette autre forme d'expression qu'est cet « art de dire » qui occupe une place prédominante à notre époque : la littérature. Par sa nature même, celle-ci permet l'expression directe d'idées, d'arguments, voire d'idéologies, ce dont témoigne le concept même de « littérature engagée ». Cependant une première délimitation s'impose dans l'ensemble littéraire : des œuvres comme l'essai politique ou philosophique, l'ouvrage théorique ou biographique, a fortiori le pamphlet ou le manifeste, pour littéraires qu'elles puissent être, ne relèvent pas d'une démarche prioritairement artistique, et ne peuvent nous intéresser ici que comme documents.

Au contraire, la poésie ou le théâtre sont assimilables à des productions artistiques, tout comme les fictions romanesques et leurs multiples succédanés, nouvelles, contes, récits de vie ... Les romans étant la forme actuellement la plus répandue et la plus populaire, cela justifiera que nous leur consacrions une part importante de ce chapitre, mais en même temps cela met au jour une particularité de la littérature narrative – roman ou même théâtre – et un premier problème pour notre étude. En effet, bien plus que dans les arts plastiques, l'histoire racontée, le « sujet » de l'œuvre, avec les personnages qui la font « vivre » et y incarnent ou y énoncent des idées, prend une importance considérable et occupe souvent aux yeux des lecteurs le premier plan. L'esthétique mise en œuvre par l'écriture n'apparaît alors que comme un facilitateur discret et de second plan, souvent peu ou mal identifié, voire quasiment négligé.

Or, précisément, au sein de ces œuvres littéraires « artistiques » ainsi délimitées, ce ne sont pas les idées exprimées ou rendues manifestes de manière directe qui pour l'essentiel nous occuperont ici, mais, comme précédemment pour les arts plastiques, la forme qui les porte et l'esthétique qui oriente leur réception. Si le contenu des œuvres nous intéressera, ce ne sera pas pour l'histoire qui y est racontée ou les idées qui y sont exposées, mais plutôt pour y rechercher quelques thématiques récurrentes qui permettront de poser des jalons pour définir les caractéristiques de l'expression d'extrême droite. Il ne s'agit pas pour nous en effet d'étudier où, comment et dans quelle proportion des auteurs ont pu insérer dans leurs productions poétiques, dans leurs œuvres dramatiques, dans leurs fictions narratives, des idées ou des éléments idéologiques d'extrême droite, mais d'examiner comment ces œuvres en elles-mêmes peuvent être rattachées à une idéologie d'extrême droite, par les thèmes abordés, mais aussi et surtout par les motifs qui s'y entrelacent, par leur ton, par leur rythme, par leur lexique, par leurs tropes, bref par leur écriture. Ou, pour dire les choses autrement en reprenant la terminologie de Jakobson[214], ce n'est pas la fonction référentielle du langage mis en œuvre qui nous importera ici, mais bien plutôt la fonction poétique, qui nous permettra d'esquisser, comme nous avons essayé de le faire pour les arts visuels, une typologie des œuvres littéraires en fonction de leur relation à l'esthétique d'extrême droite. Comme la peinture d'extrême droite peut être définie en fonction d'une esthétique et d'une technique picturale, de la représentation plus que de l'objet représenté, nous chercherons à définir la littérature d'extrême droite d'abord à partir d'une esthétique et d'une écriture plutôt qu'à partir des sujets abordés ou des histoires narrées.

Pas plus qu'en peinture ou, nous l'avons vu, au cinéma, ce ne sont pas les œuvres explicitement militantes qui sont de ce point de vue décisives. D'une part, tournant à la simple propagande, elles sont souvent littérairement médiocres. D'autre part, et surtout, de forme souvent classique, elles représentent rarement une écriture particulière qui permette de les rattacher à un courant idéologique ou à une esthétique. Pour prendre un exemple éclairant dans le domaine cinématographique, le film de Hans Steinhoff *Le jeune hitlérien Quex* (*Hitlerjunge Quex*), tourné en 1933, retrace de manière romancée la vie d'un jeune hitlérien, le souteneur Horst Wessel, devenu célèbre et à qui on a consacré une chanson emblématique, le *Horst Wessel lied*. Le film est évidemment destiné à faire l'apologie du nazisme. Mais ce n'est pas un « film nazi » : simplement un film classique dont le héros est un nazi (et qui de ce fait valorise évidemment le nazisme), et au demeurant un film médiocre, dans lequel, dira Georges Sadoul[215], « *la grandiloquence et la grossièreté tinrent lieu de puissance* ». Il sera d'ailleurs retiré de la distribution dès 1935 par les nazis eux-mêmes. Au contraire, les films de montagne de Veit Harlan ou les bluettes de Leni Riefenstahl, dont nous avons parlé plus haut, n'ont pas besoin d'être propagandistes ni d'avoir des référents historiques pour être de véritables « films nazis ».

---

[214] Roman Jakobson, *Essais de linguistique générale*, Paris, Minuit, 1963, chapitre « Linguistique et poétique ».

[215] Cité dans Roger Boussinot, *L'encyclopédie du cinéma*, Paris, Bordas, 1980, à l'article *Hitlerjunge Quex*.

La littérature permet une approche du même ordre. Ce n'est pas le contenu, le sujet, les personnages, leurs propos, qui nous permettront seuls de déterminer la proximité idéologique d'une œuvre littéraire. Certes on peut trouver matière à réflexion lorsque, pour ne prendre qu'un exemple, un des protagonistes du roman *Le Camp des Saints*, de Jean Raspail, dont nous reparlerons plus loin, déclare presque incidemment : « [...] *avec Charles Martel lardant de la chair arabe, cela m'aurait rendu fort enthousiaste* », ou évoque ailleurs la nécessité de « *massacrer un million d'immigrants à peau noire si nous ne voulons pas mourir à notre tour* »[216]. Mais cela ne saurait suffire à situer ce roman dans une catégorie typologique, en l'occurrence le « roman d'extrême droite ». Il nous faut donc aller plus loin et examiner ce qui *littérairement* permet une telle catégorisation.

Une seconde particularité, et partant un second problème, concerne la littérature, comme dans une moindre mesure le cinéma, de manière bien plus cruciale que les autres arts : c'est celui des relations entre l'auteur et sa production, entre « l'homme et l'œuvre ». Les arts plastiques ou la musique étant, dans l'opinion courante tout au moins, considérés comme œuvres d'expression, le problème y apparaît comme moins immédiatement évident que pour la littérature – surtout romanesque – considérée comme un art d'imagination. Il faudra ici traiter séparément, de ce point de vue, la poésie, où l'auteur est généralement considéré comme s'impliquant davantage, et le roman, ou, si l'on préfère, la fiction narrative – le théâtre tenant une position intermédiaire. S'agissant des écrits de fiction, si les idées politiques, sociales, philosophiques, ou encore religieuses, de l'écrivain sont parfois aisément discernables à travers ses propres déclarations, voire clairement affichées, cela implique-t-il que son œuvre soit représentative de la même idéologie, quelle que soit la manière dont celle-ci s'y manifeste ?

La question n'est pas anodine, et révèle un paradoxe : alors que la vulgate la plus classique maintient depuis le dix-neuvième siècle à propos des auteurs et de leurs œuvres que, selon la formule de Sainte-Beuve, « *tel arbre, tel fruit* », lorsqu'il s'est agi de défendre certaines œuvres, on s'est longtemps ingénié à distinguer « l'homme » et « l'œuvre », surtout pour les ouvrages littéraires au sens traditionnel du terme (roman, poésie, théâtre). Il n'est pas surprenant que les nazis, poussant à l'extrême et pervertissant la première de ces conceptions, aient organisé dans les années trente des autodafés qui, loin de ne concerner que des ouvrages engagés, brûlaient des livres non seulement pour leur contenu explicite, mais pour avoir été écrits par des « juifs » ou des « communistes »[217]. À l'inverse, s'agit-il de défendre

---

[216] Pages 28 et 235.

[217] Sur cet aspect des choses, voir notamment un long article d'Alexandre Szombati, *L'autodafé de Berlin*, dans *Le Monde Dimanche* du 6 juin 1982.

l'œuvre d'un auteur contesté comme Céline, ses thuriféraires abandonnent la théorie classique : « Céline, quel immonde antisémite ! Mais le *Voyage au bout de la nuit*, quel style ! ». Mieux, on distingue soigneusement les écrits « littéraires », considérés *a priori* comme innocents et apolitiques, des ouvrages militants ou des pamphlets : « *Bagatelles pour un massacre*, quelle horreur ! Mais le *Voyage* ..., quel style ! ». La question mérite donc d'être approfondie pour sa double implication, littéraire et idéologique.

Il ne s'agit évidemment pas pour nous de développer ici les évolutions et les analyses de la critique littéraire, depuis Sainte-Beuve jusqu'aux divers aspects de la critique contemporaine en passant par Goldmann, Poulet ou Starobinski. Disons simplement que toutes les études du dernier demi-siècle ont mis en évidence à la fois les liens complexes unissant l'auteur et son texte et l'autonomie de ce dernier, qui échappe largement à l'écrivain et est sans cesse reconstruit par le « *lecteur coopérant* » cher à Umberto Eco. Si on laisse de côté les œuvres engagées, le positionnement idéologique d'un homme ou d'une femme est donc d'un secours incertain pour situer son œuvre littéraire dans une typologie.

Cela ne signifie pas cependant que la connaissance de l'auteur soit indifférente pour la lecture de son œuvre. Peut-on, par exemple, lire – ou voir jouer – *L'Apollon de Bellac* comme si, exactement au moment où il écrivait cette pièce, en 1942, Jean Giraudoux n'était pas aussi en train de participer à *De 1429 à 1942*, un ouvrage collectif à la gloire de Pétain ? Peut-on lire le roman *Ravage*, publié en 1943, comme si son auteur, René Barjavel, n'était pas à cette même époque l'un des collaborateurs du journal antisémite et collaborationniste *Je suis partout* ?

Il y aurait certes quelque paranoïa à vouloir déceler sous chaque mot écrit par un romancier la trace de l'idéologie, revendiquée ou non, à laquelle il se rattache. Mais n'y a-t-il pas à l'inverse quelque schizophrénie à considérer qu'un auteur peut se dédoubler au point d'être, le même jour, au même moment, profondément engagé dans le pamphlet qu'il rédige et totalement imperméable à toute idéologie dans le roman ou la pièce qu'il compose ?

Enfin, du point de vue du lecteur, n'est-il pas difficile de soutenir qu'on peut choisir indifféremment – si c'est, bien entendu, en toute connaissance de cause – de lire par exemple un polar d'ADG, engagé aux côtés du Front national, ou de Didier Daeninckx, engagé contre le Front national ? Non pas bien entendu qu'il soit en quelque manière « interdit » à une personne hostile à l'extrême droite de lire ADG ou quelque roman que ce soit, et vice versa, mais l'horizon d'attente du lecteur, pour parler comme les théoriciens de la réception, en sera forcément modifié, et la lecture différente, prenant en compte le contexte de l'œuvre ou au contraire choisissant de l'occulter délibérément pour ne se consacrer qu'au déroulement de l'histoire.

Ceci ne veut pas dire non plus qu'ADG écrit mal, que ses intrigues ne sont qu'autant de manifestes, ou que *Ravage* est un mauvais roman ; mais que Barjavel ou ADG ou Céline sont des écrivains de talent engagés (très) à droite. Et qu'il est bon de ne pas occulter délibérément, au nom d'une littérature prétendue « au-dessus de la mêlée », cet aspect de la lecture qu'on fera de leurs œuvres, et de savoir qui on lit, d'autant que peu de jaquettes de livres, peu d'avant-propos ou a fortiori de manuels de littérature présentent cet aspect des choses[218].

Cependant, la connaissance des auteurs et des contextes de rédaction des œuvres, si elle est importante d'un point de vue politique ou idéologique, ne permet pas, nous l'avons dit, de définir des critères pour une esthétique. Au-delà de l'auteur, du contexte et du contenu de l'œuvre, il nous faut donc, en réinvestissant ce que nous avons mis en évidence pour les arts visuels, chercher à déterminer les traits qui permettront de caractériser une écriture comme se rattachant à une esthétique d'extrême droite.

La critique célinienne, puisqu'il faut bien ici traiter de Céline, offre un riche échantillonnage des positions en présence. Tout en insistant sur la « complexité » de Céline, François Gibault, auteur de la monumentale biographie *Céline*[219], distingue les romans d'une part, les pamphlets antisémites d'autre part, et s'emploie à montrer que même dans ceux-ci la forme l'emporte sur le fond : « [...] *les pamphlets, c'est quand même une forme d'antisémitisme extrêmement originale, personne n'a écrit comme ça* »[220] : l'originalité du style, l'outrance même des pamphlets disculperaient en quelque sorte non pas l'homme, définitivement indéfendable, mais l'écrivain.

C'est encore pour partie la perspective que défend par exemple, d'une manière plus affinée, le grand spécialiste français de Céline, Henri Godard, qui a dirigé l'édition des romans de cet auteur dans la *Pléiade*. En 1994, dans son essai *Céline Scandale*, il reprend, s'appuyant sur la conception de la modernité de Baudelaire, la notion de nécessaire dissociation du Beau et du Bien : s'il convient de ne pas trier dans l'œuvre de Céline deux entités, l'une

---

[218] Une exception notable est représentée par le manuel scolaire *Littérature*, XXe siècle, coll. H. Mitterand, Nathan, Paris, 1989, qui offre tout un chapitre sur « *Collaboration et résistance littéraires* » (pp. 433-454).

[219] Mercure de France, Paris, 3 volumes, 1977, 1981, 1985. Voir encore récemment par exemple, sur Céline, le *Profil d'une oeuvre*, Hatier, Paris, 1991, consacré au *Voyage au bout de la nuit*.

[220] Dans un entretien au *Magazine Littéraire*, n° 317, janvier 1994, p. 23.

remarquable et l'autre abominable, il s'agit de les évaluer différemment selon qu'on les aborde avec le regard de l'art ou avec celui de la morale : « *Le seul scandale auquel nous confronte Céline est celui du plaisir que nous prenons aux œuvres d'un auteur qui a exprimé des idées que nous condamnons* »[221]. Godard condamne sans réserve l'antisémitisme de Céline, et va même jusqu'à déceler dans les derniers romans de celui-ci le « révisionnisme » avant la lettre de l'écrivain : « *Pire, il y a la manière qui n'est pas moins choquante d'évoquer la réalité des camps d'extermination dans des remarques incidentes éparses dans les derniers romans* »[222]. Mais il entend distinguer clairement deux approches : esthétique d'une part, éthique de l'autre. Ce à quoi Chantal de Grandpré par exemple répond que « *Godard impose une critique impressionniste qui voudrait faire passer le plaisir pour un concept analytique. Ce déplacement, pour habile qu'il soit, montre immédiatement ses limites épistémologiques* »[223].

Mais le vrai problème avec Céline, comme avec tous les auteurs s'apparentant aux droites extrêmes, est ailleurs : indépendamment des pamphlets, indépendamment de ces « incidentes » qui renvoient à une approche du contenu idéologique de l'œuvre, les romans, et en particulier *Voyage au bout de la nuit*, comportent-ils des éléments formels qui renvoient intrinsèquement à une esthétique d'extrême droite ? Qu'est-ce qui, pour dire les choses autrement, correspond, dans les œuvres littéraires et dans leur « style », au rejet de l'abstraction et à la référence à la mimésis imposés par la pensée d'extrême droite dans les œuvres picturales ?

La réponse est moins facile à donner que pour la peinture, car les positions théoriques sont moins tranchées et le clivage moins net entre les écritures diverses. L'écriture célinienne est l'exemple même d'une forme « révolutionnaire », qui bouleverse relativement les canons de la tradition littéraire, au service d'un écrivain d'extrême droite. On y retrouve néanmoins, précisément, quelques constantes sous l'apparente nouveauté.

Le style de Céline se caractérise, dès le *Voyage au bout de la nuit*, par une prédilection pour un vocabulaire concret ou évocateur : « *foireux* » y est préféré systématiquement à « peureux », la « *viande* » à la « chair » ou au « corps » ; l'auteur use et abuse de la métaphore parlant à l'imagination : « *la caisse en fer* » pour le tramway, « *une énorme taupe bien galeuse* » pour son collègue à la Compagnie Pordurière (*sic*), « *moisi de fatigue* » ; l'onomatopée renforce ce caractère direct : « *Il ébranlait dans le cagibi*

---

221 *Céline Scandale*, Paris, Gallimard, 1994, p. 135.

222 *Ibid.*, p. 102.

223 « Valeurs et éthique dans *Voyage au bout de la nuit* », in *Le français aujourd'hui*, n° 110, juin 1995, p. 68. J'emprunte à cet article plusieurs références et analyses concernant Céline.

comme un battant de cloche ! Baoum : Baoum ! » ; il multiplie les procédés intensifs, notamment à l'aide d'adverbes : « *richement gaillard* », « *il enrageait énormément* », « *les yeux bien écarquillés* », ainsi que les procédés syntaxiques de rappel ou la thématisation : « *quand ils étaient seuls le père et la mère* », « *la môme, son père, c'est pas un pauvre* » ; il est prodigue d'exclamations. Il y a là le choix d'un style qui s'adresse directement à l'imagination, au visuel ou au sonore, plutôt qu'à la compréhension intellectuelle. Les jeux de mots – la « *Compagnie Pordurière* », déjà citée – visent le même objectif : séduire le lecteur, le faire au moins sourire, en faire un complice qui adhère ainsi immédiatement, sinon aux idées, du moins aux mots. Les saillies de Le Pen, de « *Durafour-crématoire* » aux « *Maastricheurs* » ou aux « *fédérastes de Bruxelles* », les calembours déjà anciens du journal *Minute* sur les « *députains* », n'ont pas d'autre but. Il s'agit dans tous les cas de susciter l'adhésion directe en créant un imaginaire – au sens propre – qui cherche non pas à raconter, à décrire ou à convaincre, mais à séduire ou à fasciner en donnant à voir ou à entendre.

De même, le rythme des textes de Céline repose sur un véritable flux verbal, sans articulations en chapitres ou en parties, alternant de longs paragraphes et de courts passages en discours rapporté direct, à phrases courtes en construction parataxique, marqué seulement par des blancs, scandé de points de suspension et d'exclamation, accéléré encore par les omissions et les ellipses (« *faut dire : sont pas drôles* »). Systématisé dans *Mort à crédit*, ce rythme produit chez le lecteur un effet d'entraînement d'où la raison s'efface : « *Encore s'il avait pu se taire !...mais il devait les réconforter ! les flatter ! Les évincer tout doucement ... selon le cas et la manie ...* [...] *Haletant ... hagard ... crispé de frayeur, agiter encore la marotte ... poser encore à Courtial des colles infinies ... toujours et quand même à propos des "moulins solaires" ... de la jonction des "petites effluves" ... de la translation des comètes ...* ». La dislocation, par les retours en arrière ou les anticipations, de la linéarité du récit achève de plonger le lecteur dans une confrontation avec une expressivité brute, renforcée au plan thématique par la récurrence du délire du personnage, dans *Voyage au bout de la nuit* comme dans *Mort à crédit* (le délire de Ferdinand malade, le mal de mer).

Plus que dans l'abondance de l'argot ou dans le prétendu « langage oral populaire » (qui est en fait une langue savamment constituée), c'est dans cette expressivité et cette relation au lecteur que réside la caractéristique essentielle du discours célinien, encore renforcée par le choix d'un narrateur autodiégétique s'exprimant à la première personne. Le recul critique est exclu pour le lecteur en même temps que le « *mensonge* » du lyrisme pour l'auteur : « *j'embarque tout le monde dans mon métro, pardon !... et je fonce avec ...* [...] *tous les voyageurs enfournés, bouclés, double tour ! ... tous dans ma rame émotive ! ... pas de chichis !... je ne tolère pas de chichis ! pas question qu'ils échappent ... non ! non !* », écrit Céline lui-même dans ses *Entretiens avec le Professeur Y.* Ce sont cette forme et cette visée particulières aussi qui rattachent l'esthétique de Céline à l'esthétique d'extrême droite telle que nous l'avons esquissée pour la peinture : on retrouve là, comme dans les arts plastiques, une démarche qui fait appel aux sens plus qu'à la raison, à l'émotion brute plus qu'à la réflexion, à l'immédiateté de l'appréhension plus qu'à la compréhension.

En outre, ce n'est pas dans le style seul, mais aussi, comme en peinture, dans la représentation du monde – ce qui ne signifie pas dans l'objet représenté ou, s'agissant de romans, raconté –, dans le rapport au monde que résident les éléments décisifs d'analyse. Les romans d'avant-guerre – Céline, Drieu – ou ceux, après guerre, des « hussards » – Nimier, Blondin, Laurent, Déon – laissent apparaître en ce domaine bien des points communs.

Si on laisse de côté les œuvres militantes, ce sont, dans tous ces romans, le même égotisme, la même étrangeté au monde qui transparaissent. L'exergue du *Voyage au bout de la nuit* donne le ton : « *Notre vie est un voyage / Dans l'hiver et dans la Nuit/ Nous cherchons notre passage/ Dans le Ciel où rien ne luit* ». Ce pessimisme se retrouve constamment dans les propos de Bardamu, le personnage central, hypostase de Céline lui-même : « [...] *enfin on est tous assis sur une grande galère, on rame tous à tour de bras, tu peux pas me dire le contraire* ». Le corrélat en est une attitude faite à la fois de rancœur et d'indifférence, de détachement face aux choix de la vie qui semblent tous se valoir : immédiatement après une longue tirade où il dénonce la guerre et les « *maîtres* » qui la font faire, Bardamu continue son récit : « *Mais voilà-t-y pas que juste devant le café où nous étions attablés un régiment se met à passer, et avec le colonel par-devant sur son cheval, et même qu'il avait l'air bien gentil et richement gaillard, le colonel ! Moi, je ne fis qu'un bond d'enthousiasme. "Je vais voir si c'est ainsi !" que je crie à Arthur, et me voici parti à m'engager, et au pas de course encore.* ».

Près de vingt ans plus tard, ce sont les mêmes attitudes que décrit, à la première personne lui aussi, Roger Nimier dans *Le Hussard bleu*[224], et dans un style qui mêle également familiarités et procédés d'insistance : « *Cette sale histoire que j'ose à peine appeler ma vie, cette sale histoire a duré cinq ans. D'abord j'ai été bien déçu, en 40, de voir que nous étions battus. On ne m'avait pas élevé dans ces idées-là. Prisonnier, je le suis resté jusqu'au jour où des imbéciles ont monté des postes de téhessef clandestins. Quel ennui ! Je me suis évadé dans la semaine qui a suivi.* ». La ressemblance des

[224] Roger Nimier, *Le Hussard bleu*, Paris, Gallimard, 1950. Sur les « hussards », voir *infra* chapitre 12.

attitudes se retrouve dans la succession des choix contradictoires : « [...] *par manque d'imagination, je me suis inscrit dans la Résistance. Un an plus tard, mes camarades me faisaient entrer dans la Milice pour préparer un assassinat politique.* [...] *ils m'avaient dit que ce serait une épreuve pénible. Mais j'ai trouvé des garçons énergiques, pleins de muscles et d'idéal. Les Anglais allaient gagner la guerre. Le bleu marine me va bien au teint. Les voyages forment la jeunesse. Ma foi, je suis resté.* ». On retrouve dans les romans de Nimier, comme dans ceux des autres « hussards » – Blondin, Laurent, Déon –, la même langue faussement populaire traduisant une volonté de persuader plutôt que de convaincre, de séduire plutôt que de faire réfléchir, et la même attitude à la fois insolente et désinvolte, traduisant le même mépris des valeurs humanistes, le même pessimisme égotiste, reflet de leur déception d'appartenir à une génération d' « *ennui* » ou, pour Céline, d'être « *assis* – le mot est important – *sur une grande galère* ».

Romans de la déception, ou plutôt romans du dégoût. Drieu La Rochelle, dans *Gilles*, évoque ainsi l'agonie de Pauline, l'ex-fiancée de Gilles, au lendemain du 6 février 1934 : « *Elle était morte, elle était déjà morte. En témoignait le râle inhumain, qui était enfin un acquiescement aux forces de destruction, aux forces de pourriture* ». La pourriture des corps défaits est assimilée à la pourriture du corps social : deux phrases plus loin, le monologue intérieur de Gilles se poursuit par : « *Il n'avait pas eu d'épouse et il n'avait pas eu de patrie. Il avait laissé sa patrie s'en aller à vau-l'eau* ». Quelques lignes plus loin, il évoque « *une France sans gouvernement, acéphale, mais qui de toute sa masse intestinale, noyée de graisse, étouffait son cœur* ». De Céline à Drieu, c'est le même dégoût de la décadence, de la pourriture qui, au style près, transparaît, et en contrepoint l'exaltation de toute la thématique d'extrême droite : le chef (« *acéphale* »), la volonté (« *L'amour n'est rien sans la volonté* »), l'aventure, la pureté, le soleil : « ... *un acquiescement de l'âme abandonnant son étroite aventure terrestre pour de plus vastes expériences* [...]. *Les seuls lieux où il avait été lui-même, n'était-ce point les lieux où il avait pu n'être rien qu'une fulgurante et brève oraison, qu'un cri perdu, sur les champs de bataille ou dans le désert ? N'était-il point toujours guetté et repris par le génie de la solitude, ange ou démon, et entraîné vers un dialogue trop pur, bien au-delà des foules, bien au-delà des mers et des forêts, dans un coucher de soleil dévorant ?* ». Ici, point d'argot, point de rupture syntaxique, point non plus de logorrhée antisémite. Mais dans les deux cas une représentation du monde comme corps organique, biologique, et une tension entre la tête et le corps réduit à la « *graisse* » et aux intestins.

On ne peut s'empêcher d'établir ici un rapprochement avec certains aspects du discours du Front national, et au-delà de toutes les droites extrêmes : la même association métaphorique s'y retrouve entre la dégénérescence morale et la souillure physique. Il n'est que de voir l'importance prise chez Le Pen dans les années quatre-vingt dix par les « *sidaïques* » et autres « *sidatoriums* ». Plus généralement, Michel Hastings note[225] que « *une des clefs du langage frontiste consiste à réduire l'action politique à une sorte de biologie appliquée. Les formules curatives participent d'une vision obsessionnelle nourrie d'une peur maladive de la pollution et de la souillure, renforcée par un besoin morbide de purification* ». Issue des thèses organicistes du XIXe siècle, une métaphore récurrente dans les discours des extrêmes droites est celle qui consiste à désigner l'adversaire, la gauche en particulier (mais aussi les juifs ou d'autres chez les tenants de thèses racistes), par l'image de la pourriture, du bacille, de la « flore pestilentielle », du cancer, de la vermine ..., bref d'images dont le point commun est une déshumanisation de l'adversaire. Ariane Chebel d'Appollonia en donne de nombreux exemples : « *Drumont parle de la "*flore pestilentielle*" du Palais Bourbon, de la "*mare fétide*" qu'est la gauche. Dans* L'agonie du régime*, Daudet décrit la démocratie comme "*un sol vaseux où champignonnent le mal et le pire*", les assemblées étant des "*poulpes recouverts de mouches suspectes qui les sucent et s'en engraissent*".* »[226] Rebatet, dans son essai *Les Décombres*, présente en 1942 les rédacteurs de *Je suis partout* comme « *une des rares cellules saines et vigoureuses, et capables de lutter contre le bacille* »[227]. Dans tous les cas, ce qui est différent d'idées, d'origines ou de mode de vie, se traduit ici par « non humain ». Pire, il ne s'agit même pas seulement de comparer l'autre à un animal (les mammifères ou les oiseaux sont exclus, parfois même valorisés pour leurs supposées qualités anthropomorphes : taureau, lion, aigle ...) mais de le représenter comme une masse d'êtres grouillants et dangereux, non seulement non-humains mais pathogènes. L'adversaire devient un élément pathogène qu'il est dès lors possible et souhaitable d'éradiquer afin de « nettoyer » le pays. Outre l'assimilation du moral ou du comportemental à un « naturel » physique, c'est encore une fois la création d'un imaginaire, ici répulsif, qui est notable, et le rejet de toute rationalité au profit d'un appel aux forces obscures de l'émotion, ici de la crainte ou de la phobie.

La combinaison d'une écriture fondée sur son pouvoir de fascination, sur le refus de l'intellect au profit de l'appel à l'appréhension immédiate, et d'un rejet du monde considéré comme dégénéré et présenté métaphoriquement comme souillé, délimite *in fine* les contours d'une même esthétique que celle

[225] Michel Hastings, « Les métaphores médicales dans le discours du Front national en France », in *L'Extrême-Droite en Europe de l'Ouest*, Presses de l'université libre de Bruxelles, 1991.
[226] Ariane Chebel d'Appollonia, *L'extrême-droite en France*, Paris, Complexe, 1988, p. 69.
[227] Réédition sous le titre *Mémoires d'un fasciste*, Paris, Pauvert, 1976, p. 54.

que nous avons vue développée en peinture : c'est fondamentalement le même refus du présent qui est à l'œuvre, et la même utilisation de l'image, image-choc visant « l'âme » plutôt que « l'esprit », l'adhésion immédiate plutôt que la réflexion. Au-delà des thèmes récurrents – dégénérescence, exaltation de la vigueur –, c'est une écriture semblable, textuelle ou iconique, qui fonde ici le rattachement de ces œuvres à une esthétique d'extrême droite.

Céline a pu surprendre et, selon le cas, séduire ou choquer du fait de sa radicalité stylistique, et parfois de manière inattendue : la jeune Simone de Beauvoir par exemple se laissa prendre à son aspect provocateur, elle qui écrit[228] : « *Nous lisions tout ce qui paraissait ; le livre français qui compta le plus pour nous cette année, ce fut* Voyage au bout de la nuit, *de Céline. Son anarchisme nous semblait proche du nôtre. Il s'attaquait à la guerre, au colonialisme, à la médiocrité, aux lieux communs, à la société, dans un style, sur un ton qui nous enchantaient* ». Cet engouement montre la difficulté qu'il peut y avoir à découvrir une idéologie sous une écriture. Mais en outre la plupart des autres œuvres romanesques évoquées gardent une structure et une forme suffisamment classiques pour que le grand public les lise sans trop s'interroger. C'est donc de manière discrète, par une sorte d'imprégnation, que se fait la diffusion de cette esthétique, sentie davantage comme une « ambiance » relativement accordée aux désarrois de l'époque. C'est ce qui fait la difficulté, déjà relevée, d'y discerner la pensée et l'idéologie d'extrême droite qui s'y retrouvent pourtant, et créent dans le public un terrain favorable à l'irruption directe du politique ou de la parole tribunitienne.

---

[228] Simone de Beauvoir, *Mémoires d'une jeune fille rangée*, Paris, Gallimard, 1958.

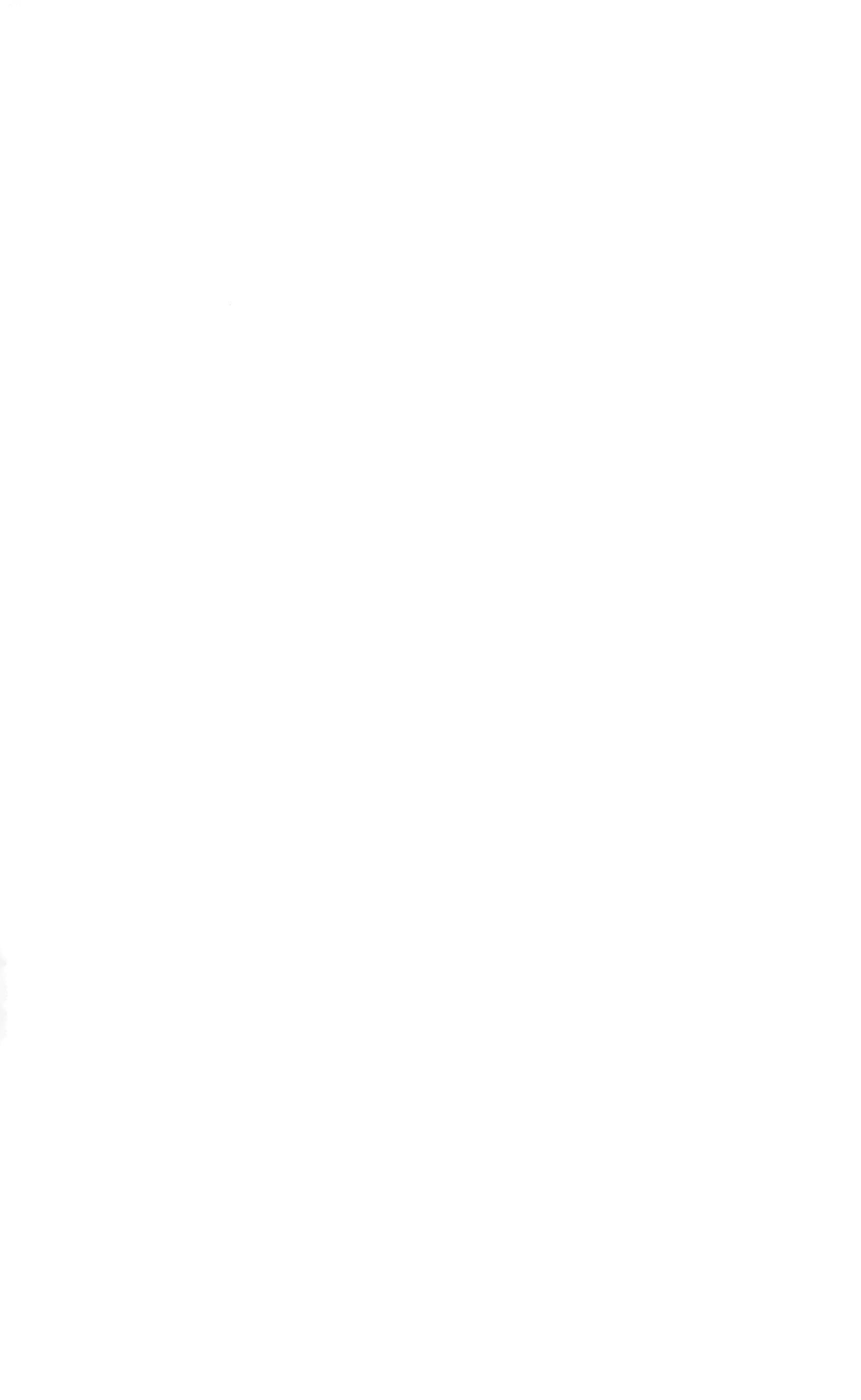

XI

Intellectuels et Front national

Cette difficulté même à « lire » la pensée d'extrême droite dans les œuvres littéraires ou artistiques rend plus difficile encore l'attribution d'une orientation idéologique à ceux des intellectuels dont l'engagement n'est pas autrement manifeste. On pourrait d'ailleurs penser que, au nom de l'autonomie de l'œuvre – et au vu de la distinction que nous avons ici même, en introduction, établie entre le film *Lili Marleen* et son auteur Werner Fassbinder –, il est inutile pour notre étude de nous intéresser aux auteurs. Il apparaît pourtant nécessaire d'approfondir la recherche en direction de ceux-ci, afin de mesurer l'ampleur de l'emprise de l'extrême droite sur le champ culturel et d'en évaluer les contours.

Défendre, comme le font et l'ont toujours fait les droites extrêmes, une conception culturelle particulière suppose en effet, nous l'avons vu, d'une part un certain nombre de références historiques permettant à la fois de fonder la revendication culturelle et de la rattacher, dans le cas de l'extrême droite, à un passé survalorisé, d'autre part l'existence de points d'ancrage culturels contemporains à travers lesquels la doctrine puisse s'actualiser, mais aussi et enfin des acteurs culturels, que ces derniers soient clairement et explicitement engagés ou simplement « récupérables » et ponctuellement récupérés par l'extrême droite pour lui servir de caution. Ainsi, prôner, comme le fait après bien d'autres le Front national[229] dans la France d'aujourd'hui, une « culture nationale » implique l'existence d'auteurs, écrivains ou artistes, dans les œuvres desquels ce parti peut trouver non pas ou pas seulement des échos à ses thèses – ce n'est pas ce qui nous intéresse ici – mais une proximité esthétique.

C'est ce dernier ensemble, celui des acteurs culturels, que nous nous proposons d'examiner maintenant. Il s'agit, bien entendu, non pas d'établir de ceux-ci une liste, qui ne pourrait qu'être sujette à caution et quelque peu vaine ici, et de surcroît de sinistre mémoire, mais d'essayer d'en dégager

[229] Voir notamment en 1987 les *Actes* du Colloque organisé par le Front national intitulé « *Une âme pour la France. Pour en finir avec le génocide culturel* » ; en novembre 1991, l'intervention, au colloque « *Immigration les solutions* », de Jean-Claude Bardet, membre du bureau politique, sur le thème de « *l'identité culturelle de la nation française* » ; plus récemment, en 2002, le programme même du Front national *Pour un avenir français, Le programme de gouvernement du Front national*, chapitre « Liberté de la culture ».

quelques caractéristiques communes, et d'analyser l'évolution en France, au cours des dernières décennies, des rapports entre extrême droite et milieux littéraires et artistiques.

Il nous faudra donc nous demander tout d'abord quels sont – et non qui sont – les intellectuels, ou plus précisément les écrivains et les artistes, qui se reconnaissent dans les droites extrêmes, mais également et surtout, dans un second temps, quels sont ceux dans lesquels se reconnaît l'extrême droite, ce qui ne revient pas au même et peut s'avérer beaucoup plus intéressant à l'analyse. En effet, d'une part, peu d'écrivains ou d'artistes se réclament explicitement – nous reviendrons sur ce phénomène – de l'extrême droite, et les positions de certains ont connu avec le temps des évolutions notables, rendant l'analyse délicate. D'autre part, l'examen des œuvres qu'apprécie ou met en avant l'extrême droite, y compris contre la volonté de leur auteur, permet d'éliminer ou d'atténuer l'impact et la prégnance du politique et de s'attacher plus directement à l'esthétique : lorsque l'extrême droite, en effet, fait l'éloge de l'œuvre de tel auteur militant, issu de ses rangs, il risque d'être difficile de distinguer, dans son engouement, ce qui relève de l'engagement d'un des siens et ce qui relève de l'appréciation des œuvres elles-mêmes ; lorsque, au contraire, c'est l'œuvre d'un auteur qui n'appartient pas politiquement aux droites extrêmes qui est revendiquée, on peut y chercher les traits idéologiques et esthétiques qui ont conduit à cette appropriation. Le florilège des œuvres ainsi adoptées par l'extrême droite offre une palette bien plus large et s'accorde mieux, en définitive, à notre problématique.

Peu importent dès lors l'appartenance ou la proximité politiques effectives de tel ou tel : nous laissons aux politologues et aux historiens le soin de les établir et de les étudier. Ce qui retiendra ici notre attention, c'est avant tout l'intérêt porté par l'extrême droite à tel auteur ou à telle oeuvre, dans la mesure où il est révélateur d'une appréhension idéologique ou, ce qui correspond plus exactement à notre recherche, esthétique.

Chez les intellectuels, il en est cependant dont la proximité idéologique avec les droites extrêmes est suffisamment revendiquée ou exposée à travers leurs propres actions et déclarations pour apparaître clairement. Le doute n'est guère permis pour ceux qui participent aux œuvres militantes, et il est légitime de chercher chez eux en premier des signes d'une écriture d'extrême droite, même si, nous le verrons, les choses ne sont pas si simples. Parmi les figures « historiques », deux noms dominent : ceux de Saint-Loup et de Jean Mabire.

Saint-Loup, décédé en 1990, est le pseudonyme de Marc Augier, ancien SS, rédacteur en chef de *Devenir*, le journal des SS français ; en 1976 encore, il écrivait dans la revue de Maurice Bardèche *Défense de l'Occident*[230] : « *La SS pourrait aujourd'hui, comme il y a trente ans, sauver l'Europe, mais elle n'existe plus au plan temporel. Comme je l'ai montré dans mon dernier livre* Les SS de la Toison d'Or, *elle avait en 1944, galvanisé tout ce qui restait de vrais guerriers et de penseurs audacieux sur le vieux continent* [...] *Cinquante millions de Waffen SS commandés par l'élite raciale du continent tenaient facilement en respect les deux milliards d'Asiates et d'Africains qui fatalement, vont nous donner l'assaut au cours du siècle prochain* ». Revenu en France et gracié après la seconde guerre mondiale, il participe notamment au groupe nationaliste Europe-Action. Aventurier et romancier, il est connu, outre divers ouvrages sur les SS français, par ses romans et récits d'aventures : *Solstice en Laponie*, en 1940, *La Nuit commence au Cap Horn*, qui a failli recevoir le prix Goncourt en 1953 ; etc.

Jean Mabire, né en 1927 et décédé en 2006, ancien d'Europe-Action et animateur du Mouvement normand, a fait partie des fondateurs du GRECE et collaboré à diverses publications, dont *Défense de l'Occident*, *Minute*, *la Nouvelle Revue d'Histoire* ; il a été responsable de la rubrique « Lettres » de *National Hebdo*. Dans le domaine littéraire, il est l'auteur d'une trentaine de livres, pour la plupart des récits mythiques (*Les Dieux maudits, récits de mythologie nordique*, en 1978) ou des romans d'action et des ouvrages historico-hagiographiques concernant la seconde guerre mondiale et plus spécialement les troupes nazies : *Les jeunes fauves du Führer*, en 1976, *Les panzers de la Garde noire*, en 1980 ; ou les français engagés dans celles-ci, dans son « *admirable trilogie sur la LVF, la SS Charlemagne et les survivants du Front de l'Est* », comme dit le journal *Présent*[231] : *La brigade Frankreich, la tragique aventure de SS français* en 1973, *La Division Charlemagne* en 1974, *Mourir à Berlin* en 1975.

Chez ces deux auteurs se mêlent goût de l'aventure virile, épopée militaire, références « nordiques », autant de thèmes chers aux droites extrêmes. Cependant leur style, plutôt classique, et souvent journalistique chez Mabire, ne se distingue guère de celui du roman d'action traditionnel : c'est donc essentiellement par leur contenu, leur sujet – notamment le récit des exploits guerriers des troupes nazies –, ou par les thèmes abordés que leurs œuvres romanesques peuvent être apparentées aux droites extrêmes.

À ces écrivains militants se rattachent un certain nombre d'autres qui ne font pas mystère de leur engagement : par exemple l'historien Jean-François Chiappe, longtemps animateur avec Alain Decaux de *La tribune de*

---

[230] *Défense de l'Occident* n° 136, mars 1976.
[231] *Présent* du 13 avril 1996, p. 7.

l'Histoire sur France-Inter, entré dès 1974 au Comité central du Front national. Il collabore à partir de la même année au mensuel militant *Faire Front*, aux côtés du romancier catholique traditionaliste Michel de Saint-Pierre (l'auteur des *Aristocrates*, de *Dieu vous garde des femmes!*, de *Monsieur de Charrette*, etc.), du journaliste Yann Clerc, et d'Alain Fournier, plus connu sous les pseudonymes d'Alain Camille ou d'ADG comme auteur de romans policiers dans la *Série Noire*.

On pourrait ajouter un écrivain sur lequel nous reviendrons[232], Yves de Verdilhac, auteur, sous le pseudonyme de Serge Dalens, d'ouvrages pour la jeunesse et notamment de la série des *Prince Éric*, qui accompagne Le Pen dans sa tournée électorale de 1988 (notamment le 3 novembre 1987 au Mont-Saint-Michel[233]) et fait alors partie de son comité de soutien, avec notamment Michel de Saint-Pierre et le danseur Michel Renault[234].

Mais là encore, ces auteurs se signalent plus par leur engagement ou leurs déclarations politiques que par une écriture ou une esthétique particulières, et ils restent peu nombreux au regard de l'immense production littéraire actuelle. Il en va de même dans le domaine des arts, où on ne peut guère citer, parmi les artistes de quelque intérêt, que le cinéaste Claude Autant-Lara, qui fut un temps, mais tardivement, député européen du Front national. On se souvient qu'il avait fait scandale en 1988 en déclarant dans le mensuel d'extrême droite *Le Choc du mois* : « *Maintenant on favorise le cosmopolitisme. Eh bien, moi, le cosmopolitisme, je lui pisse à la raie* », et surtout en septembre 1989, peu avant sa mort, en déversant des amabilités du même ordre à l'encontre de la communauté juive et de Simone Veil notamment, dans le mensuel *Globe*[235].

C'est un parcours remarquable que celui d'Autant-Lara, fils d'une militante pacifiste exilée pendant le première guerre mondiale, lui-même pacifiste, bourgeois anticonformiste, qui débute comme décorateur à l'imagination visuelle moderne, puis s'affirme, comme réalisateur reconnu parfois aux prises avec la censure, avec *Le mariage de Chiffon* en 1942, *Douce* en 1943. Après la seconde guerre mondiale, son attachement aux mêmes procédés cinématographiques, désormais dépassés et sans cesse ressassés, l'absence de succès commercial (sauf en 1956 pour *La traversée de Paris*) le font évoluer vers une rancœur qui le conduira dans les années quatre-vingt aux côtés du Front national, suivant une trajectoire que nous retrouverons avec d'autres « happy few » non-conformistes. Mais du fait

---

232 Ci-dessous chapitre 15.

233 *Le Monde* du 5 novembre 1987.

234 *Le Monde* du 6 février 1992, p. 12.

235: *Le Monde* du 8 et du 9 septembre 1989.

même de cette évolution, il est vain de chercher dans ses films la trace d'une esthétique d'extrême droite.

Cependant, le plus souvent, le lien avec le Front national, ou un autre parti d'orientation comparable, n'est pas explicite. L'apparition est parfois plus détournée ou plus discrète. Ainsi, le « Cercle Henry de Montherlant », créé à Paris en 1985, se veut un « *cercle culturel* » ayant pour objectif de « *promouvoir la défense raisonnée de l'identité française et européenne par la formule des dîners-débats* ». Mais, outre qu'il a été lancé par des militants du Front national du septième arrondissement[236], il avait pour secrétaire général Jean-Marie Blackmann, ancien membre du Club de l'Horloge, également membre du directoire d'Entreprise Moderne et Liberté, association relais du Front national créée au sein même du parti en 1984 par feu André Dufraisse[237] ; et sa lettre de présentation, envoyée le 20 septembre 1985 aux « *Chers amis du Front national à Paris* », est particulièrement explicite : « *Notre mouvement, avec les encouragements de MM. Jean-Pierre Stirbois et André Dufraisse, est heureux de mettre à votre disposition une nouvelle forme de militantisme. Nous avions constaté l'énorme capital de sympathie autour de notre Président et des idées qu'il défend. Il n'empêche que, bien souvent, des amis ou sympathisants hésitent encore à adhérer ou même à venir à une réunion ouvertement "Front national".* [...] *Nous voulons que le Cercle Henry de Montherlant soit un cercle culturel de membres du Front national, mais plus encore, celui de leurs amis.* [...] ». Et, plus intéressant en ce qui nous concerne, « *Notre comité d'honneur est composé de Jacques de Ricaumont, chroniqueur au Figaro, de Jean Raspail, auteur du "Camp des Saints", et de Serge Dalens, le père du "Prince Éric".* »

Jean Raspail, décidément très présent, est aussi l'auteur de *Moi, Antoine de Tounens, roi de Patagonie*, qui lui a valu (à lui aussi !) le Grand Prix du roman de l'Académie française en 1981. Antoine de Tounens, aventurier périgourdin du milieu du XIXe siècle, a d'ailleurs aussi fasciné l'ancien SS Marc Augier *alias* Saint-Loup, qui lui avait consacré un livre : *Le roi blanc des Patagons*, réédité en 1996 aux éditions Godefroy de Bouillon. Raspail, romancier-explorateur, a dirigé de nombreuses expéditions, notamment aux Antilles. C'est d'ailleurs dans un de ses récits qu'il se définit comme « *ex-fasciste de salon, fourvoyé à dix-sept ans, acquitté à dix-neuf, ci-devant*

---

[236] Cf. *Article 31*, n° 16, février 1986, pp. 3 à 7. Des cercle du même nom, mais proches du GRECE cette fois, ont existé à Paris en 1974 et à Bordeaux au milieu des années 80. Sur les cercles et associations d'obédience gréciste, cf. notamment Pierre Milza, *Fascisme français*, Paris, Flammarion, 1987, p. 372.

[237] Sur EML et sa transformation en « syndicat socioprofessionnel », voir Géraud Durand, *Enquête au cœur du Front national*, Paris, Grancher, 1996, pp. 203-204.

bourré de principes, et à cheval sur un pendule oscillant de l'extrême droite à l'extrême-gauche ». Son roman *Le Camp des Saints* (autrement dit, en traduisant l'hispanisme, « le cimetière »), paru en 1973 et considéré comme prophétique par l'extrême droite, raconte l'envahissement de la France, puis de l'Occident entier, par les foules du tiers-monde, conduisant à la « désagrégation » de la civilisation. Raspail a collaboré au GRECE au début des années 70, puis participé en 1974 à la fondation du Parti des Forces Nouvelles (issu d'une scission du Front national), dont il sera membre du Comité central. Il s'est ensuite rapproché du Front national, dans la mouvance catholique traditionaliste de Chrétienté-Solidarité et du journal *Présent*[238].

Cependant il s'agit là d'intellectuels ouvertement engagés aux côtés des droites extrêmes. Pour nombre d'autres, le positionnement politique est loin d'être aussi clair, et, faute d'être reconnu, l'apparentement avec l'extrême droite risque de tenir du procès d'intention. C'est plus d'une nébuleuse d'intellectuels qu'il s'agit, dont les idées ou les propos, apparaissant ici ou là dans tel journal, dans telle manifestation, permettent de questionner leur proximité idéologique avec la mouvance des droites extrêmes.

Une première précision s'impose. Il convient bien sûr de prendre en compte les dénégations de ceux qui affirment que publier dans une revue ou être interviewé dans un journal ne signifie pas que l'on partage les idées ou la doctrine de la direction de ceux-ci. Il a fallu en effet les manœuvres d'un Jean-Édern Hallier, qui avouait « *beaucoup de sympathie personnelle pour Le Pen* »[239], ou les habiletés d'un Alain de Benoist, fondateur du GRECE, pour que cohabitent ponctuellement dans la presse, sous l'argument de débat ou de confrontation d'idées, les signatures de thuriféraires des droites extrêmes et d'écrivains de renom qui n'appartiennent pas à cette mouvance et qui se défendent même de la moindre connivence idéologique avec l'extrême droite : ainsi par exemple celle de Philippe Sollers dans *L'Idiot international*, dirigé par Hallier, à côté de celles du journaliste et collaborateur de *Minute* Jean Montaldo ou du pamphlétaire Marc-Édouard Nabe, celles de Régis Debray, de Claude Lévi-Strauss ou de Michel Serres dans la revue *Krisis* à côté de celles, par exemple, de Jean Garaudy, aujourd'hui accusé de négationnisme, ou d'Alain de Benoist, le directeur de la revue[240].

---

[238] Voir notamment l'article consacré à Raspail dans *Article 31*, n° 34, décembre 1987.

[239] *National-Hebdo* du 20 juin 1991.

[240] Sur ces cohabitations inattendues, voir notamment les articles d'Edwy Plenel et Olivier Biffaud dans *Le Monde* du 26 juin 1993 au 1er juillet 1993 ; *Libération* du 29 juin 1993 ; plus récemment, Didier Daeninckx, *L'obscène alliance des contraires*, dans l'ouvrage collectif *Négationnistes, les chiffonniers de l'histoire*, Villeurbanne-Paris, éd. Golias et Syllepse, 1997.

Si elles ne remettent pas en cause l'orientation idéologique des auteurs qui acceptent cette participation à diverses revues, il est toutefois évident que de telles apparitions entérinent et cautionnent l'existence de ces publications et contribuent au minimum à les rendre moins confidentielles, à leur accorder une légitimité intellectuelle. À l'inverse, des collaborations plus suivies ne peuvent avoir l'excuse de la simple participation occasionnelle à un débat d'idées. Le fait que la signature de l'humoriste Paul Guth, par exemple, soit apparue plusieurs fois dans les colonnes du quotidien intégriste *Présent* peut difficilement être sans signification.

Par ailleurs, on peut légitimement s'interroger lorsque des auteurs, sans engagement connu, semblent par leurs attitudes ou leurs déclarations se rapprocher des droites extrêmes ou reprendre à leur compte certains de leurs thèmes privilégiés. Mais il est délicat de conclure. Que dire, par exemple, d'un Gérard de Villiers, l'auteur de la série de romans d'espionnage des *SAS*, qui a pu déclarer un jour[241] considérer Le Pen comme « *un grand homme politique, un tribun, mais avant tout un ami* » et le Front national comme un parti où « *il y a d'excellentes choses* » ? Il faut en outre, pour certains, prendre en compte la provocation ou le désir de paraître échapper au conformisme en s'affichant aux côtés de personnages « sulfureux ».

On voit à travers ces quelques exemples tout ce que peut avoir d'inutile ici, voire d'incongru, la recherche d'un apparentement idéologique des auteurs pour définir une esthétique des œuvres, d'autant que, à la différence de ce que nous apercevrons dans le chapitre suivant pour d'autres périodes, historiques celles-là, il n'existe pas actuellement en France de courant littéraire ou artistique constitué qui puisse être globalement apparenté à l'extrême droite.

Plutôt que de rechercher des écrivains et artistes qui se situent dans la proximité des droites extrêmes, il est donc plus pertinent, pour notre époque au moins, d'examiner les auteurs et les œuvres que celles-ci revendiquent elles-mêmes, indépendamment des positions affichées par ces auteurs ou décelables chez eux. Mais nous verrons que là non plus la situation ne se laisse pas facilement analyser. Ainsi, au colloque organisé en 1987 par le Front national sur le thème « *Une âme pour la France. Pour en finir avec le génocide culturel* », Mégret citait comme intellectuels « *au service de notre culture et de notre civilisation* [...] *Mathieu, Trémois, Schoendoerffer, Autant-Lara, Freund, Monnerot, Raspail, Anouilh, Dumézil* ». Il convient bien sûr ici d'être prudent, et ce à un triple titre.

[241] Entretien à *Minute-La France* du 30 octobre-5 novembre 1991

D'une part ce n'est pas parce qu'un intellectuel est admiré, voire prôné, par le Front national, qu'il est lui-même en accord avec ses thèses : les multiples querelles que suscite l'engouement pour Georges Dumézil, régulièrement récupéré un peu partout, et notamment à l'extrême droite, pour ses travaux sur les « indo-européens », en sont une illustration notable, sur laquelle nous reviendrons ci-dessous. Si Claude Autant-Lara ou Jean Raspail sont connus pour leurs liens avec les droites extrêmes, si le sociologue Jules Monnerot, ancien résistant, a été un temps membre du Conseil scientifique du Front national, il n'en va pas de même des autres intellectuels cités. Anouilh, avant d'être blanchi, a pu être un temps suspecté pour son attitude pendant l'Occupation. Mais pour Freund et Schoendorffer, ce sont plutôt, semble-t-il, leurs thèmes de prédilection, la guerre et l'armée en particulier, qui expliquent que le Front national n'hésite pas à les récupérer. En effet, le romancier et cinéaste Pierre Schoendorffer, Grand Prix du roman de l'Académie française en 1976 pour *Le Crabe-tambour*, s'il s'est quasiment spécialisé dans les récits de guerre, notamment de la guerre d'Indochine, ne semble pas avoir eu d'accointance particulière avec le Front national. Le politologue Julien Freund, spécialiste de la guerre, créateur d'un Institut de Polémologie au sein de l'université de Strasbourg, paraît plus proche de son maître Raymond Aron que de l'extrémisme de droite.

D'autre part, on ne peut qu'être frappé par le caractère hétéroclite de cette énumération : des peintres (Georges Mathieu, Pierre-Yves Trémois, surtout connu pour ses dessins), des romanciers (Pierre Schoendoerffer, Jean Raspail), un dramaturge (Jean Anouilh), des cinéastes (Claude Autant-Lara, Schoendoerffer), des universitaires (Julien Freund, Georges Dumézil), un sociologue et essayiste (Jules Monnerot). Mais aucun de ces auteurs n'est remarquable dans ses productions artistiques ou littéraires par une esthétique qui situerait clairement son œuvre dans le champ de l'extrême droite. Le peintre Georges Mathieu, membre de l'Académie des Beaux-Arts, était certes connu pour ses opinions monarchistes mais son esthétique avant-gardiste, qui en a fait le promoteur de l'abstraction lyrique en France, l'éloignerait plutôt des conceptions artistiques de l'extrême droite[242] ; Trémois, membre également de l'Académie des Beaux-Arts, est l'un des maîtres de l'art du dessin et du « trait gravé » au vingtième siècle : faut-il voir là le prétexte à sa récupération par un parti qui prône en art la figuration mimétique ?

Le cas Dumézil mérite qu'on s'y arrête. Mêlant philologie, étude des mentalités, histoire des religions, Georges Dumézil a consacré sa vie à mettre en évidence une civilisation « indo-européenne » obéissant à une

---

242 Sur G. Mathieu, voir notamment son ouvrage autobiographique *Désormais seul en face de Dieu* paru en 1998 aux éditions L'Age d'Homme.

idéologie tripartie, dont toutes les activités sociales et religieuses s'ordonnent autour des trois fonctions spirituelle, martiale et nourricière. Selon Dumézil, l'analyse des mythes, des rites et de l'organisation sociale des peuples indo-européens permettrait de dégager des schèmes communs, au premier rang desquels la célèbre tripartition, fondant une communauté de civilisation. Traduire ces structures mentales en une unicité de peuple, voire de race, et en inférer la supériorité dudit peuple, indo-européen ou « aryen », fut un pas que certains, à l'extrême droite, franchirent allègrement, sans l'aval de Dumézil mais confortés par les ambiguïtés de certaines formules de ce dernier : ainsi lorsqu'il affirme que « *Pour une société, ressentir et satisfaire des besoins impérieux est une chose, les amener au clair de la conscience, réfléchir sur eux, en faire une structure intellectuelle et un moule de pensée est tout autre chose : dans l'Ancien Monde, seuls les Indo-Européens ont fait cette démarche philosophique* »[243]. La supériorité intellectuelle des « Indo-Européens » ainsi suggérée, l'absence de toute prise de position politique claire de Dumézil, ses anciennes relations épistolaires avec Maurras, ont été autant d'éléments qui permettaient toutes les récupérations et toutes les dérives, alors même que Dumézil, avant tout homme de bibliothèques, paraît bien devoir être innocenté des accusations de philonazisme portées par certains[244].

Il apparaît ainsi que la revendication par une des droites extrêmes ne signifie pas forcément que l'auteur concerné est apparenté à l'extrême droite ni a fortiori que son esthétique l'en rapproche.

De la même manière, il peut être tentant d'associer aux droites extrêmes des intellectuels qui, hors de tout engagement militant, cautionnent par leur présence les activités publiques de celles-ci. C'est ainsi que, lorsque le Front National organise, de 1975 à 1978, des « journées culturelles » d'« *opposition à la culture et à l'intelligentsia gauchisantes* », y participeront ou viendront y dédicacer leurs ouvrages[245] des écrivains connus par ailleurs comme militants des droites extrêmes : Jean Mabire, Saint Loup, Jean Raspail, ainsi que des auteurs d'écrits essentiellement politiques, comme Dominique Venner, Maurice Bardèche, Jacques Benoist-Méchin, mais aussi, de façon moins attendue, par exemple la comédienne Arletty, le

---

243 *Idéologie tripartie des Indos-Européens*, Paris, 1958, p. 23.

244 Voir notamment une vigoureuse défense de Dumézil sur ce point *in* Didier Eribon, *Faut-il brûler Dumézil ?*, Paris, Flammarion, 1992. Sur les rapports de Dumézil avec l'idéologie d'extrême droite, cf. aussi notamment *Le Monde* du 12 avril 1985 (avec des précisions sur ses relations avec Maurras) ; *Magazine littéraire* n° 229 d'avril 1986 ; *Article 31* n° 23 d'octobre 1986, et n° 24 de novembre 1986 (avec une défense de Dumézil par Pierre Vidal-Naquet).

245 Cf. Géraud Durand, *Enquête au cœur du Front national*, Grancher, Paris, 1996, p. 33.

professeur Raoul Girardet, la romancière Geneviève Dormann[246] ou l'écrivain Erwan Bergot.

On touche là un autre point délicat, qui fait toute la difficulté de l'analyse des relations entre les intellectuels et l'extrême droite. Cette dernière en effet n'hésite pas à attirer dans ses manifestations « grand public » des personnalités qui n'ont pas de rapport direct avec elle, ce qui contribue à brouiller les pistes. Ainsi, et même s'il serait difficile de voir en eux des hommes de gauche, c'est apparemment plus pour les thèmes de prédilection de leurs livres que pour leur positionnement politique que sont invités Raoul Girardet, spécialiste du nationalisme[247], ou Erwan Bergot, auteur de nombreux ouvrages sur les hauts faits de l'armée française[248].

Aussi peu clairement, mais dans un autre domaine d'activité culturelle, nombre d'artistes de variété ont participé à la fête annuelle des « Bleus-blancs-rouges » organisée par le Front national. Le journal *Le Monde*[249] du 6 février 1992 cite notamment le pianiste Yuri Boukoff, les jazzmen Claude Luter et Maxime Saury, les Incroyables, Gilles Dreu, Charlotte Julian, Manitas de Plata, Yves Lecoq, Daniel Guichard, Charles Dumont et le Golden Gate Quartet, avec les autojustifications de certains d'entre eux. Le Golden Gate Quartet par exemple a affirmé, toujours d'après *Le Monde*, avoir beaucoup regretté d'avoir chanté à la fête des « Bleus-blancs-rouges » en 1986, et expliqué qu'il s'agissait d'un « *coup monté* », qu'il ignorait tout du Front national. On peut cependant s'interroger sur l'étrange cécité qui semble atteindre de multiples artistes de variétés qui ont accepté d'honorer « un contrat comme un autre » en participant à cette fête organisée par un parti politique dont les orientations sont pourtant publiques et connues.

On retrouve dans tous les cas la même ambiguïté : ces intellectuels et autres célébrités sont d'autant plus facilement récupérés par les droites extrêmes qu'ils n'hésitent guère, que ce soit par opportunisme, par malice, par proximité idéologique, par manque de discernement ou par ignorance, à s'afficher à leurs côtés, à participer à leurs fêtes ou à leurs conférences, en

---

[246] Romancière, auteur entre autres de *Je t'apporterai des orages*, du *Roman de Sophie Trébuchet*, du *Bal du dodo* qui a obtenu le Grand prix de l'Académie française en 1989, et d'une biographie de Colette *Amoureuse Colette.*

[247] Ancien professeur à l'ENA, à la Sorbonne, à l'Institut d'Etudes Politiques de Paris, Raoul Girardet est l'auteur notamment de *Le Nationalisme français, 1871-1914*, réédité au Seuil en 1984, *Nationalismes et Nation* aux éditions Complexe, ou encore *Mythes et mythologies politiques* au Seuil en 1986.

[248] Erwan Bergot, mort en 1993, ancien parachutiste, journaliste et écrivain, a notamment écrit *170 jours à Dien Bien Phu* (éd. Pocket), *Indochine 1952-1953*, *Paras Bigeard*, *La 2e DB*, *Le 11e Choc* (éd. Presses de la Cité), etc.

[249] Voir l'article de Michel Guerrin, *La guerre culturelle*, dans *Le Monde* du 6 février 1992.

compagnie d'autres dont l'appartenance aux droites extrêmes non seulement ne fait aucun doute, mais est même publiquement affirmée et revendiquée.

On voit ainsi, comme dans le domaine politique, se dessiner une structure culturelle fonctionnant à travers un réseau de cercles concentriques : au centre les intellectuels militants, puis ceux dont les thèmes ou les conceptions sont apparentés à ceux de l'extrême droite, puis le cercle de ceux qui n'ont de proximité que partielle à travers quelques références ou thèmes communs, enfin le grand nombre de ceux dont la proximité n'est qu'occasionnelle ou fortuite ou carrément inexistante, mais qui sont utilisés comme caution par les droites extrêmes.

Mais qu'il s'agisse de positionnements avoués ou de récupérations fallacieuses, le résultat est le même : il se crée dans la sphère des droites extrêmes une nébuleuse culturelle qui valorise l'idéologie extrémiste, lui apporte une caution intellectuelle ou mondaine et, de glissements en glissements, la banalise auprès d'un public de plus en plus large et divers, amené à considérer qu'un parti ou un milieu fréquenté par tel écrivain qu'il apprécie, par tel chanteur qu'il admire, ne peut pas être si extrémiste qu'on le dit.

Ainsi, alors que les écrivains et artistes clairement marqués à l'extrême droite sont relativement peu nombreux actuellement, celle-ci bénéficie d'une emprise culturelle non négligeable par sa capacité à se constituer, en mêlant à ses partisans des intellectuels variés, un champ d'intervention large, à partir duquel elle va pouvoir répandre dans le « grand public » ses conceptions idéologiques et, pour ce qui nous intéresse plus précisément ici, ses conceptions esthétiques.

XII

Intellectuels et extrême droite

Peu nombreux sont en France en cette fin de siècle, nous l'avons vu, les artistes ou écrivains d'envergure qui se réclament ouvertement de l'extrême droite ou qui n'hésitent pas à s'afficher à ses côtés. Celle-ci ne dispose pas actuellement d'artistes ou d'écrivains de la carrure d'un Maurras, d'un Drieu, d'un Céline ou d'un Brasillach.

Cet état de fait paraîtrait presque « naturel » : l'anti-intellectualisme d'une grande partie de l'extrême droite aidant, on a fait un cliché de l'intellectuel qui serait presque forcément « de gauche », ou à tout le moins humaniste et tolérant. La réalité est sensiblement différente. Il n'en a, en particulier, pas toujours été ainsi : d'autres périodes, et sans même qu'il soit besoin de remonter aux ferveurs nationalistes du début du siècle, à Barrès ou à Drumont, ont connu au contraire une abondance d'intellectuels, et non des moindres, qui soit se réclamaient de l'extrême droite soit, lorsqu'ils n'étaient pas engagés politiquement, ne craignaient pas d'apparaître à ses côtés ou dans ses publications même s'ils ne partageaient pas obligatoirement toutes ses vues. Ces différences d'attitudes méritent analyse.

La période de la seconde guerre mondiale est instructive de ce point de vue. En effet, le poids politique et l'absence de masque démocratique de l'extrême droite d'alors, avec le fascisme et le nazisme dominants en Europe, le déchaînement sans fard de l'antisémitisme, la répression contre tous les opposants, et, en France, surtout avec le « second Vichy » à partir de 1941-42, la collaboration déclarée avec l'Allemagne hitlérienne, auraient pu légitimement, et plus encore dans une situation de guerre, amener un certain nombre d'intellectuels non militants à plus de circonspection, ou au moins de solidarité avec ceux, savants, écrivains, artistes, quin'avaient dû leur salut qu'à l'exil. Pourtant, outre ceux qui se reconnaissent ouvertement dans les droites extrêmes, et parfois y militent (Brasillach, Drieu, Rebatet, ...), des intellectuels de grande notoriété, tout en ne se réclamant pas de l'extrême droite, n'hésitent pas à s'afficher aux côtés de fascistes déclarés ou à publier dans leurs revues, même lorsqu'il est devenu patent que la politique « simplement » réactionnaire et traditionaliste du pétainisme initial a cédé le pas à la collaboration avec le nazisme. Pour sujette à caution qu'elle puisse être parfois (je pense ici notamment à Giono), la liste des écrivains mis à l'index par le Comité national des écrivains en septembre et octobre 1945 n'en est pas moins révélatrice de l'ampleur des compromissions : cinq membres de l'Académie française : Pierre Benoit, Abel Bonnard (exclu), Henry Bordeaux, Abel Hermant (exclu), Charles Maurras (exclu) ; trois académiciens Goncourt (exclus de cette Académie) : René Benjamin, Sacha Guitry, Jean de La Varende (démissionnaire) ; et un nombre conséquent d'auteurs célèbres : Marcel Aymé, René Barjavel, Jacques Benoist-Méchin, Henri Béraud, Georges Blond, Robert Brasillach, Alexis Carrel, Louis-Ferdinand Céline, Jacques Chardonne, Alphonse de Chateaubriant, Pierre Drieu La Rochelle, Alfred Fabre-Luce, Jean de Fabrègues, Paul Fort, André Fraigneau, Jean Giono, Bernard Grasset, Marcel Jouhandeau, Henri Massis, Paul Morand, Lucien Rebatet, André Thérive. C'est ainsi une partie importante de ce que la France compte alors d'intellectuels qui se trouve compromise par l'extrême droite.

Il était certes alors difficile pour un artiste ou un écrivain, vivant de son art ou de sa plume, de travailler, de publier sans être dans les normes imposées qui par le régime pétainiste, qui par l'occupant nazi, normes qui se rapprochent d'ailleurs de plus en plus après 1942 et l'occupation de la zone sud. La limite entre la soumission forcée et la collaboration volontaire, entre le compromis et la compromission, n'est pas toujours aisée à définir. C'est ainsi par exemple que le comédien Jacques Copeau, administrateur de la Comédie française, tout en écrivant dans son *Journal* que « *la vague d'antisémitisme qui déferle sur Paris est écœurante* », a commencé par ne pas distribuer, selon ses propres termes, « *des juifs trop voyants* » dans les premiers spectacles, puis, dès le 31 août 1940, avant donc que le pouvoir n'impose ces mesures par l'ordonnance de septembre sur le statut des juifs, exclu, sous la pression, les acteurs juifs de la Comédie française.[250] Les motivations des uns et des autres ne sont pas toujours univoques, et leurs comportements parfois ambigus. On peut cependant distinguer grosso modo trois attitudes dans cette période.

Certains se situent explicitement dans le camp de la collaboration[251]. C'est le cas, pour ne citer que les plus connus, de Pierre Drieu La Rochelle, qui prend la direction de la *Nouvelle Revue Française*, la célèbre *NRF*, après que Jean Paulhan en a démissionné pour ne pas se compromettre ; de Robert Brasillach, de Louis-Ferdinand Céline, de Jacques Chardonne, de René Barjavel. Le cas de certains autres, notamment Henry de Montherlant ou Jean Cocteau, est plus difficile : le premier, pour sa volonté affirmée après

250 Voir Marie-Agnès Joubert, « L'exclusion des juifs », *La Comédie-Française sous l'occupation*, Paris, Tallandier, 1998, notamment pp. 146-148. Voir aussi *Libération* du 2 janvier 1995, avec un regard moins indulgent pour Copeau.

251 Sur les collaborateurs, voir en particulier Pascal Ory, *Les collaborateurs, 1940-1945*, Paris, Seuil, 1976, notamment le chapitre 10, « Voir la figure. Les intellectuels de l'Europe nouvelle ».

1940 de travailler à la « renaissance » du pays, le second pour son admiration déclarée pour Arno Breker, le sculpteur officiel du nazisme, ont parfois été classés parmi les collaborateurs ; nous y reviendrons. On ne mentionnera que pour mémoire les auteurs connus avant tout comme hommes politiques, comme Abel Bonnard, futur ministre de l'Instruction du second gouvernement Laval en 1942, Alphonse de Chateaubriant (mais voir ci-dessous) ou Lucien Rebatet, dont l'essai *Les décombres*, publié en 1942, atteint 65000 exemplaires, un des plus forts tirages de la période.

D'autres, sans se reconnaître collaborateurs, mais souvent influencés dans leur jeunesse par le maurrassisme, ou simplement réactionnaires, participent au culte du maréchal Pétain : ainsi par exemple Paul Claudel, dont on connaît l'*Ode au Maréchal Pétain*, en décembre 1940 (« *France, écoute ce vieil homme sur toi qui se penche / Et qui te parle comme un père* »), mais qui écrira en 1941 au Grand Rabbin de France pour lui faire part de son dégoût devant les persécutions antisémites. Paul Morand de même, qui trouvait à la défaite et au malheur une « *vertu curative* », poursuit, à côté de son travail de romancier, une carrière de diplomate pour le compte du gouvernement de Vichy. Les romanciers Henry Bordeaux, René Benjamin, Georges Suarez écrivent des hagiographies de Pétain ; de même, sept écrivains de renom : Sacha Guitry, Colette, Jean Giraudoux, Jean Cocteau (que nous avons déjà évoqué), Pierre Benoît, Paul Fort, Paul Valéry, participent en 1942 à un ouvrage collectif en l'honneur de Pétain : *De 1429 à 1942*, placé explicitement, dès son titre, sous le double signe de Jeanne d'Arc, devenue l'idole du régime pour avoir « bouté les Anglais hors de France », et de la Révolution nationale.

D'autres enfin, sans être publiquement engagés politiquement, acceptent de publier des œuvres littéraires dans les journaux collaborationnistes : ainsi par exemple Jean Anouilh, Marcel Aymé, Marcel Jouhandeau, Jean de La Varende, Pierre Mac Orlan, Georges Simenon, ou – encore – Jean Cocteau. De même, en Belgique, le dessinateur Hergé (l'auteur notamment des *Tintin*) dessine dans le journal collaborationniste *Le Soir*. Il obtiendra néanmoins un « brevet de civisme » à la Libération. En France, le cas le plus connu de ces publications est celui de l'hebdomadaire *Je suis partout* [252]. Créé en 1930 par Pierre Gaxotte, ancien secrétaire de Maurras, il se veut au début un grand journal conservateur, appartenant au groupe de presse Fayard (qui le lâchera en 1936, amenant sa reprise par de nouveaux actionnaires). Lorsque Robert Brasillach en devient rédacteur en chef, le 21 juin 1937, la radicalisation idéologique, amorcée dès 1932 par des articles élogieux pour l'Italie de Mussolini, s'accentue, marquée notamment par un antisémitisme ordurier, au

[252] Sur *Je suis partout*, cf. l'important ouvrage de Pierre-Marie Dioudonnat *Je suis partout, 1930-1944. Les maurrassiens devant la tentation fasciste*, Paris, 1973.

point que Gaxotte s'éloigne en février 1940. Suspendu en 1940, le journal reparaît en février 1941, devenant, sous la direction de Brasillach, puis surtout, à partir de 1943, sous celle de Pierre-Antoine Cousteau, plus antisémite que jamais et franchement collaborationniste, voire parfois franchement partisan du national-socialisme. Or c'est précisément à ce moment que, outre Pierre Drieu La Rochelle, qui fait, lui, partie de l'équipe de rédaction avec notamment Rebatet, Cousteau et Georges Blond, des écrivains lui confient des textes à publier, comme René Barjavel, Marcel Aymé ou Jean Anouilh. C'est dans *Je suis partout* que paraît, par exemple, en 1941 le roman de Marcel Aymé *Travelingue*, satire de la période du Front Populaire, ou en 1944 encore celui de Barjavel *Le Voyageur imprudent.*

Outre *Je suis partout*, d'autres journaux de la même veine captent des publications diverses, en particulier *La Gerbe*, l'hebdomadaire collaborationniste dirigé par Alphonse de Chateaubriant. Ce dernier, « *ancien prix Goncourt converti dès l'avant-guerre à l'idolâtrie hitlérienne* », comme le dit Pierre Milza, dirige le groupe au nom sans équivoque Collaboration : « *Coexistent dans l'hebdomadaire qu'il dirige,* La Gerbe, *avec les éditoriaux hallucinés de ce chantre de la Bretagne profonde, les plumes de la collaboration académicienne et celles de quelques grands noms de l'intelligentsia vichyste ou simplement attentiste. Tout cela reste cantonné au petit monde parisien des cercles littéraires, des avant-premières théâtrales et des vernissages* »[253]. L'acteur et metteur en scène Charles Dullin y publiera par exemple deux articles, ce qui lui vaudra d'être inquiété à la Libération[254].

À côté de ces journaux généralistes existent aussi, plus intéressantes pour nous, des revues purement littéraires. *La Chronique de Paris*, mensuel fondé en novembre 1943, rassemble, écrit Pascal Ory dans son ouvrage sur les « collaborateurs »[255], « *la plupart des hommes de plume français dont les sympathies pro-allemandes n'avaient pas besoin de détours pour s'exprimer. Brasillach y tient la rubrique des spectacles, Rebatet celle des arts, Blond celle des lettres, André Cœuroy la musique, Fraigneau la "vie parisienne", Drieu, Aymé, Fernandez, André Thérive, Jacques Chardonne, Jean Anouilh, André Salmon, y publient leurs derniers textes avant la rupture de la Libération* ».

À l'inverse, la revue *Comœdia*, célèbre quotidien d'avant guerre consacré aux lettres et aux arts, disparue en 1936 et relancée comme hebdomadaire en

253 Pierre Milza, *Fascisme français. Passé et Présent*, Paris, Flammarion, 1987, p. 260, avec une référence à Pascal Ory, *Les Collaborateurs, 1940-1945*, Paris, Seuil, 1976.
254 Cf. *Libération* du 2 janvier 1995.
255 Pascal Ory, *Les collaborateurs, 1940-1945*, Paris, Seuil, 1976, pp. 207-208.

1941, évite soigneusement toute évocation ou toute allusion politique. Mais, comme le précise Pascal Ory, « *Le jeu collaborationniste de* Comœdia *est ailleurs, plus subtil et bien à l'image du rôle qu'on entend faire jouer aux créateurs et aux professionnels du verbe, de toute stature, de toute esthétique.* » C'est en cela que *Comœdia* est intéressante et mérite que l'on s'y attarde, dans cette manière détournée d'attirer dans une publication d'extrême droite des auteurs divers tant par leurs origines que par leurs positionnements idéologiques, manière que saura retrouver, un demi siècle plus tard et *mutatis mutandis*, la Nouvelle Droite, habile à jouer sur les mêmes ambiguïtés, sur la même « politique de la signature » dans ses publications « culturelles ». Mais c'est également ce qui à la fois légitime notre recherche et la rend plus difficile : si l'extrême droite s'y entend à brouiller ainsi les pistes, c'est aussi qu'elle partage avec le monde environnant, dans le domaine esthétique en particulier, un certain nombre de préoccupations communes.

Pascal Ory présente du phénomène une analyse éclairante[256] : « *Le premier travail de la publication est de reprendre en la systématisant cette politique de la signature qui conduit à publier de la célébrité visée un article anodin sur un auteur ou une question intemporels qui lui tiennent à cœur ou, faute de cette participation originale, les bonnes feuilles de son prochain livre ou de sa dernière pièce, les extraits d'une préface, voire un simple entretien sans grande portée.* » Le premier numéro de Comœdia, à sa reparution en 1941, qu'Ory étudie en détail, est de ce point de vue « *très significatif. En première page, texte vedette d'Henry de Montherlant, flanqué de réflexions plus modestes de praticiens incontestés, chroniqueurs par raccroc, Jean-Louis Barrault et Arthur Honegger. Au rez-de-chaussée, un encadré signale en caractères gras qu' "un grand Français, Saint-Exupéry, rentre à Paris" ; homme politique ou créateur, le procédé est toujours le même : "rentrée" et prise de parole.* » En page deux, on trouve des textes de Jean-Paul Sartre, Paul Valéry, Léon-Paul Fargue. Dans les numéros suivants apparaîtront « *les plus grands noms de la création française* », qui « *accepteront de figurer parmi les collaborateurs occasionnels, parfois même réguliers (Honegger) du journal : Jean Giraudoux et Jean Cocteau, Jacques Copeau et Charles Dullin, Colette et Jean Paulhan ... aux côtés des responsables très officiels de la vie culturelle parisienne : Jean-Louis Vaudoyer, Raoul Ploquin ...* ».

On voit ici clairement à l'œuvre le glissement que nous avons pu observer entre les différentes catégories de proximité idéologique avec l'extrême droite, de la collusion ouverte à la simple passivité indifférente qui fait qu'on participe à ses œuvres sans pour autant revendiquer cette

256 Pascal Ory, *Les collaborateurs, 1940-1945*, Paris, Seuil, 1976, pp. 206-207.

participation. Et il s'agit là d'un phénomène qui n'est, pas plus dans les années quarante que dans les années quatre-vingt, ni anecdotique ni anodin. Comme le précise en conclusion Pascal Ory, « Comœdia *ne joue pas un rôle secondaire dans l'édification d'une culture collaborationniste : français jusqu'au parisianisme, européen jusqu'au pangermanisme, l'hebdomadaire-des- spectacles-des-arts-et-des-lettres assure à qui veut l'entendre la continuité profonde qui unit déjà la Comédie-Française et le théâtre Schiller, Hauptmann et Claudel.* »

Dans le domaine des arts plastiques, la situation apparaît quelque peu différente : nombre d'artistes, et non des moindres, ont à l'inverse alors choisi l'exil : Duchamp, Ernst, Léger, Masson, Mondrian, ..., ou la clandestinité : Soutine, Kandinsky, ... ; aussi les collaborateurs déclarés apparaissent-ils surtout chez les critiques. Ainsi Camille Mauclair, auteur en 1929 d'un ouvrage intitulé de façon significative *La Farce de l'art vivant*, s'en prenait en 1944 encore, dans *La Crise de l'art moderne*, brochure publiée aux Éditions du Centre d'études antibolcheviques, aux « modernes » et affirmait sa volonté de « *déchirer et rôtir tout ce fatras en une Saint-Barthélemy de l'art Ubu* », ajoutant sans vergogne (en 1944 !) : « *Comme a fait le chancelier Hitler en Allemagne* ». Georges Hilaire fait dans l'antisémitisme ambiant : « *La peinture juive, comme tous les arts juifs, est parasite* ». D'autres, moins extrémistes, tel André Lhote, se retrouvent – seulement, pourrait-on dire – sur les positions du régime de Vichy, dénonçant la « décadence » et vantant les mérites, en art aussi, du Travail et de la Patrie.

Parmi les artistes, le peintre Bazaine se fait – prudence ou adhésion ? – le défenseur d'une « *peinture bleu, blanc, rouge* »[257], et Vlaminck, qui a abandonné sa période fauve initiale pour se faire lui aussi le représentant de la tradition en art, n'hésite pas à effectuer en 1942 un voyage à Berlin, comme ceux qui, selon l'expression de Philippe Dagen[258], « *avaient excellé dans l'entre-deux-guerres dans l'art de dissimulation, Derain, Vlaminck, Friesz – anciens révolutionnaires reconvertis dans la peinture meublante – et des fabricants de femmes nues et idéales en bronze, Despiau, Belmondo* ». Voyage à Berlin qu'effectueront aussi, dans le domaine cinématographique cette fois, les actrices Viviane Romance, Suzy Delair, Junie Astor, Danielle Darrieux, en contrat avec la Continental, la firme créée en 1941 sous contrôle allemand et dirigée par Alfred Greven[259].

[257] Voir sur cette période l'ouvrage très riche de Laurence Bertrand-Dorléac, *L'art de la défaite*, Paris, 1993, auquel j'ai emprunté citations et références.
[258] *La haine de l'art*, Paris, 1997, pp. 229-230.
[259] Voir notamment Jean-Pierre Bertin Maghit, *Le Cinéma sous l'Occupation*, Paris, Orban, 1989; et, avec un point de vue quelque peu différent, Jacques Siclier, *La France de Pétain et son cinéma*, Paris, Veyrier, 1981.

C'est en effet là, dans ce que Pascal Ory appelle le « *collaborationnisme désintéressé* », qu'il faut dans cette période de l'Occupation chercher les artistes liés à l'extrême droite : peu sont engagés, mais beaucoup ne répugnent pas à s'afficher aux côtés d'extrémistes avoués ou dans des « *échanges spirituels* », pour reprendre le mot de Laval, avec les artistes du *Reich*. Tandis que chefs d'orchestre et artistes lyriques allemands viennent jouer en France, « *nombreux sont*, précise Pascal Ory[260], *les artistes français qui demandent ou acceptent d'être associés un soir à des confrères allemands* », d'Aubin et Françaix à Cortot ou Lubin, cependant que les festivals consacrés aux musiciens allemands « *accaparent l'affiche* » et que l'exposition Arno Breker, en 1942, attire des collaborateurs avoués mais aussi des artistes comme Derain, Van Dongen, Despiau ou Maillol, mentionnés par Ory. Et l'Institut allemand, ouvert à Paris en septembre 1940 et dirigé par Karl Epting, où « *on se rendait en foule* » comme le note Lionel Richard[261], est fréquenté par artistes et intellectuels.

Si des artistes allemands viennent en France, l'inverse est vrai également. Comme le dit non sans humour Ory, « *Allant plus loin, certains artistes et intellectuels français ne se contentent pas de se rendre à une invitation allemande à l'Orangerie. Ils franchissent le Rhin* ». Notamment, comme les actrices de cinéma après eux, sept écrivains d'importance : Abel Bonnard, Robert Brasillach, Jacques Chardonne, Pierre Drieu La Rochelle, Ramon Fernandez, André Fraigneau, Marcel Jouhandeau, effectuent en octobre 1941 un voyage remarqué « *à travers les grands sites hantés de l'Allemagne* ».

Ainsi, et même en tenant compte de ce qu'un tel survol peut avoir de superficiel, en une période cruciale, où le nazisme à son apogée et l'antisémitisme omniprésent montrent toute la nuisance de l'extrême droite, un grand nombre d'intellectuels, artistes et écrivains, au moins parmi ceux qui ont pu rester en France, soit se revendique de celle-ci, soit la trouve fréquentable. Aujourd'hui où les principaux représentants des droites extrêmes s'efforcent de se montrer « acceptables » par tous et respectueux du fonctionnement démocratique, ou à tout le moins des institutions républicaines, artistes et écrivains font à l'inverse quelque peu défaut. Pourtant, le poids politique du Front national et son influence sociale, au moins jusqu'à la scission de 1999 et à nouveau en 2002, montrent que la droite extrême n'est plus réduite à la position marginale dans la société qu'elle a conservée quelques décennies après la seconde guerre mondiale.

Plusieurs raisons peuvent être alléguées pour expliquer ce paradoxe. En particulier, la révélation des exactions et de la politique d'extermination

---

260 Pascal Ory, *Les collaborateurs, 1940-1945*, Paris, Seuil, 1976, pp. 60-62.
261 Lionel Richard, *Le Nazisme et la Culture*, Bruxelles, Editions Complexe, 1999, p. 293.

nazies a d'une part obligé l'extrême droite à se démarquer ou à utiliser un langage et une expression détournés ; elle a d'autre part entraîné un sentiment de rejet ou de culpabilité conduisant au silence ceux qui pouvaient éprouver une sympathie au moins idéologique pour les droites extrêmes, d'autant que le précédent du nazisme a pu fournir un motif de condamnation large, et parfois abusif, de tout comportement assimilé à une démarche totalitaire, dont témoigne de manière quelque peu caricaturale le slogan « *CRS = SS* » de mai 1968 ... Les lois antiracistes (loi du 1er juillet 1972 « *relative à la lutte contre le racisme* », loi dite Gayssot du 13 juillet 1990 « *tendant à réprimer tout propos raciste, antisémite ou xénophobe* ») ont tendu à éliminer l'expression explicite d'idées discriminatoires, qui n'apparaissent désormais que de manière allusive : on imagine mal de nos jours une organisation ayant pignon sur rue porter le nom de « Ligue antisémitique », par exemple, comme celle fondée par Drumont en 1899. Il faudra à l'extrême droite trouver d'autres langages. D'autre part, l'affirmation à droite, depuis les années cinquante, d'un fort courant gaulliste, symbole de la Résistance, et plus tard opposé aux ultras partisans de l'Algérie française et à l'OAS, a contribué à marginaliser les extrémistes. Enfin à l'extrême droite un découplage s'effectue entre les écrivains et artistes d'une part, les militants d'autre part : on n'y trouve plus après 1945 d'écrivains d'envergure comme le furent un Céline ou un Brasillach.

Cependant, un tel constat ne peut suffire à répondre à notre préoccupation. Que, même avec des nuances, des écrivains et des artistes aient été proches de l'extrême droite doit nous amener à chercher ce qui a pu fonder ou permettre cette proximité. En effet, tous ne furent pas militants, tous ceux que nous avons évoqués ne sont pas concernés au même point par cette recherche. On y trouve pêle-mêle des politiques qui ne sont écrivains que par occasion, des opportunistes que le souci de leur carrière conduit à complaire aux pouvoirs du moment, sans doute de simples réactionnaires qui ne mesurent pas la portée de leurs engagements de plume. Il serait vain dans ces derniers cas de chercher dans leurs œuvres des spécificités d'une pensée d'extrême droite affirmée, ni même d'une esthétique.

Ce qui rassemble en effet et semble caractériser ces intellectuels ne réside guère dans la forme de leurs œuvres, qui demeure pour les écrivains relativement traditionnelle, et marque pour les peintres et sculpteurs un retour à une expression académique, Céline, que nous avons évoqué plus haut, constituant de ce point de vue un cas d'espèce. Il faut plutôt le chercher dans un « ton » particulier, une tonalité plus exactement, ainsi qu'une vision du monde commune. Si on exclut en effet quelques chevaux de retour du conservatisme ou de l'ultracisme, on est amené à constater qu'un grand nombre des écrivains et des artistes de l'époque qui ont frayé plus ou moins étroitement avec l'extrême droite ont appartenu précédemment à ce que

Jean-Louis Loubet del Bayle a étudié sous le nom de « *non-conformisme des années trente* »[262]. Non bien entendu que tous les non-conformistes aient été de futurs hommes d'extrême droite, ni que le non-conformisme ait constitué une sorte de prédestination à l'extrémisme : Pierre Milza a sur ce point montré[263], réfutant la thèse de l'historien israélien Zeev Sternhell qui y voyait un « *fascisme spiritualiste* », que les différents courants regroupés sous cette étiquette ont eu des fondements idéologiques variés et ont connu des évolutions diverses qui pour certains, le groupe formé autour de la revue *Esprit* notamment, les ont conduits aux antipodes du totalitarisme brun.

Cependant, comme le précise Pierre Milza lui même, « *Issues principalement de la mouvance maurrassienne, mais aussi de chapelles idéologiques dont le commun dénominateur est le rejet (total ou partiel) du système de valeurs hérité de la philosophie des Lumières et de la Révolution française* [...], *les jeunes individualités qui peuplent cet horizon du paysage "non-conformiste" sont* [...] *à la recherche d'un substitut à la démocratie bourgeoise et à ses fondements philosophiques et culturels* ». Les auteurs qui nous intéressent ici appartiennent plutôt au groupe de la Jeune Droite : ce sont les Rebatet, Brasillach, Blond, Bardèche, Maulnier et quelques autres. Né en 1928, le groupe de la Jeune Droite « *rassemble autour de revues plus ou moins éphémères* [...] *de jeunes intellectuels appartenant à la mouvance maurrassienne mais que l'immobilisme de l'AF* [l'Action française] *a rendus impatients de trouver d'autres lieux de réflexion et d'expression.* » Mais dans le même temps, « *la "Jeune Droite" représente* [...] *la moins originale des entreprises "non-conformistes" en ce sens que, recueillant une partie de l'héritage maurrassien, elle conserve de puissantes attaches avec le traditionalisme de l'Action française* »[264].

Mais comment, par quels rapprochements s'est effectué le passage du non-conformisme, même d'inspiration en partie maurrassienne, à l'extrême droite dure, chez ces intellectuels qui ne sont pas des militants politiques, ou plutôt qu'est ce qui a permis ce passage ? À partir d'un dégoût commun pour la démocratie bourgeoise et pour la supposée « décomposition » d'une société qu'ils estiment figée, c'est à la fascination pour la jeunesse, pour la force, pour l'ordre qu'il faut se référer : « *La fascination, elle, a joué, c'est incontestable. Diversement suivant les tendances et les personnalités. Durablement pour les uns, de manière conjoncturelle et éphémère pour d'autres, au gré des cheminements de la politique intérieure et des affaires*

[262] Jean-Louis Loubet del Bayle, *Les Non-conformistes des années 30. Une tentative de renouvellement de la pensée politique française*, Paris, Seuil, 1969.
[263] Pierre Milza, *Fascisme français. Passé et Présent*, Paris, Flammarion, 1987, notamment pp. 199 sqq.
[264] Pierre Milza, *Fascisme français. Passé et Présent*, Paris, Flammarion, 1987, pp. 199-200.

internationales », écrit Milza[265]. Ce sont « *des choix idéologiques et éthiques qui, tenant à leur culture politique, à leur engagement religieux, pour certains à leurs attaches demeurées très fortes avec la famille maurrassienne, ont empêché la plupart des "non-conformistes" de subir durablement l'attraction du fascisme* ». À l'inverse, rallier l'extrême droite, voire le fascisme ou le nazisme, a été un choix esthétique plus que politique, une façon de céder « *à l'illusion lyrique dont était porteuse cette "poésie de la nation" dans laquelle Brasillach croyait découvrir le symptôme et le remède au "mal du siècle" de sa génération* »[266].

Choix esthétique en effet, c'est ce qu'explique Brasillach lui-même en 1941 dans son ouvrage *Notre avant-guerre*[267] : « *Le fascisme n'était pas pour nous* [...] *une doctrine politique, il n'était pas davantage une doctrine économique, il n'était pas l'imitation de l'étranger* [...]. *Mais le fascisme, c'est un esprit. C'est un esprit anticonformiste d'abord, antibourgeois, et l'irrespect y avait sa part* ». De cet « *esprit* », Brasillach donne un aperçu lorsqu'il évoque peu avant dans le même ouvrage ce que fut pour lui, alors jeune homme, la journée d'émeute déclenchée par l'extrême droite le six février 1934 : « [...] *si le 6 fut un mauvais complot, ce fut une instinctive et magnifique révolte, ce fut une nuit de sacrifice, qui reste dans notre souvenir avec son odeur, son vent froid, ses pâles figures courantes, ses groupes humains au bord des trottoirs, son espérance invincible d'une Révolution nationale, la naissance exacte d'un nationalisme social dans notre pays* »[268]. Ce paragraphe s'ouvre par une phrase qui résume cette « *fascination esthétique* », pour reprendre l'expression de Milza : « *Seuls les révolutionnaires ont compris le sens des mythes et des cérémonies* ». Pour ces intellectuels, c'est l'instinct, la nuit, le vent qui les conduisent au fascisme.

Bien qu'il ne soit pas issu, lui, de la mouvance maurrassienne, c'est le même discours que tient Drieu, le même rêve qu'il poursuit, un peu plus centré sur les « *valeurs viriles* » peut-être. Il demande et se demande, évoquant son expérience de la première guerre mondiale : « *Quelle ressemblance entre mes rêves d'enfance, où j'étais un chef, un homme libre qui commande et qui ne risque son sang que dans une grande action, et cette réalité de mon état-civil qui m'appelait, veau marqué entre dix millions de veaux et de bœufs ?* » ; et encore : « *Voulant garder l'esprit révolutionnaire, nous savons que nous voulons garder l'esprit de guerre éternelle qui en est la source et la garantie. Il faut que l'homme s'entretienne comme un homme,*

---

265 Pierre Milza, *Fascisme français. Passé et Présent*, Paris, Flammarion, 1987, p. 205.
266 Pierre Milza, *Fascisme français. Passé et Présent*, Paris, Flammarion, 1987, p. 208.
267 Robert Brasillach, *Notre avant-guerre*, Paris, Plon, 1941, p. 362.
268 Robert Brasillach, *Notre avant-guerre*, Paris, Plon, 1941, p. 198.

c'est-à-dire comme un guerrier »[269]. « *L'esprit (de guerre)* », le mot est important, car, comme l'explique Pierre Milza[270], « *On pourrait s'attendre à ce que* [...] *Drieu fasse sienne la mythologie guerrière du fascisme* réel. *Or – et nous retrouvons ici l'un des traits majeurs du "fascisme" et du nationalisme français de l'époque – il hésite au moment de franchir le pas. Il ne retient de la rhétorique guerrière que la fonction de métaphore dont elle est porteuse* ». Et Drieu considèrera que « *La guerre militaire moderne est sur toute la ligne une abomination* [...] *cette guerre, en effet, détruit toutes les valeurs viriles* »[271].

Dégoût pour la société « bourgeoise » de leur époque, dégoût du quotidien banal, dégoût du présent en un mot, dont nous avons vu plus haut[272] comment il se retrouvait dans le style des écrivains, et fascination pour les forces viriles de la guerre mais surtout pour les forces permanentes du « vent » et de la nuit, forces en quelque sorte échappant à l'écoulement du temps et répondant à l'exaltation de la jeunesse qui est une autre constante de ces auteurs, tel se présente, à côté de l'extrémisme de droite politique, cet extrémisme idéologique, ou, pourrait-on dire, artistique. Car il y a bien là, à côté d'autres aspects plus triviaux, une esthétique dans cet engagement, et cette esthétique est celle que nous avons déjà retrouvée dans tout le champ de l'extrême droite, des origines à nos jours.

L'après-guerre offre précisément un autre champ d'exploration, dont les ressemblances avec le précédent, dans un contexte pourtant notablement différent, sont particulièrement intéressantes. Alors que les droites extrêmes connaissent au plan politique une relative traversée du désert, consécutive notamment à la révélation des atrocités nazies et au discrédit où la collaboration a fait tomber l'idéologie d'extrême droite, des écrivains célèbres collaborent à des publications qu'on peut qualifier avec Ariane Chebel d'Appollonia[273] de « néo-vichystes » : Antoine Blondin, le romancier auteur de *L'Europe buissonnière* (en 1949), des *Enfants du Bon Dieu* (en 1952), lance dès 1946 l'éphémère revue *La Dernière Lanterne*, puis *L'Indépendance française*[274], avec le catholique traditionaliste Jean Madiran, futur fondateur du journal *Présent*[275], puis donne sa signature à *Rivarol*, revue « néo-vichyste » fondée en 1951 par le pétainiste René Malliavin avec François Brigneau, futur rédacteur à *Minute* puis au *Choc du mois*, et

---

[269] Pierre Drieu La Rochelle, *Socialisme fasciste*, Paris, Gallimard, 1934, p. 141.
[270] Pierre Milza, *Fascisme français*, *l.c.*, p. 213.
[271] Pierre Drieu La Rochelle, *Socialisme fasciste*, Paris, Gallimard, 1934, p. 137.
[272] Cf. *supra* chapitre X.
[273] *L'extrême-droite en France*, Bruxelles, 1988, p. 279.
[274] *L'Indépendance française*, d'inspiration maurrassienne, fusionnera en 1950 avec *Aspects de la France*, la revue du « *nationalisme intégral* » fondée en 1947 par Pierre Pujo.
[275] Sur Madiran et ses activités pendant l'Occupation, cf. *Le Monde* du 29 mai 1990.

Maurice Gaït, ancien Commissaire général à la jeunesse de Vichy[276]. Dans le même temps, Roger Nimier, l'auteur du *Hussard bleu* en 1950, que nous avons évoqué ci-dessus au chapitre dix, et des *Enfants tristes* en 1951, écrit dans la revue monarchiste *La Nation française*, aux côtés notamment de Louis Pauwels et de Jean-Marie Le Pen, avant de faire campagne en 1957 pour la publication de *D'un château l'autre*, où Céline évoquait sa fuite vers l'Allemagne nazie en 1944. De même, avec Jacques Laurent et Michel Déon, ils s'associent en 1956 pour préfacer l'œuvre d'un écrivain mis à l'index à la Libération, André Fraigneau.

Ce qui est remarquable ici, c'est que Blondin et Nimier, souvent considérés comme « anarchistes de droite », pour reprendre l'expression paradoxale de Pascal Ory[277], renouent à leur façon avec le « non-conformisme » que nous avons vu à l'œuvre avant la seconde guerre mondiale. Admirateurs de Maurice Bardèche (le beau-frère de Brasillach), hostiles à l'engagement et à Sartre en particulier, ils dénoncent avec verve à travers leurs romans ce qu'ils considèrent comme l'hypocrisie républicaine. Nous avons sans doute là une clef importante pour comprendre la manière dont les idéologies d'extrême droite se manifestent dans les œuvres littéraires ou artistiques. À côté en effet des auteurs engagés ou militants, que nous avons jusqu'ici principalement étudiés, et dont l'œuvre reflète, plus ou moins nettement, le positionnement idéologique ou politique, on voit apparaître dans tout le cours du vingtième siècle cette autre catégorie, celle que l'on peut baptiser d'une manière générale, après Jean-Louis Loubet del Bayle ou Pierre Milza, les non-conformistes.

C'est cette tendance qu'on retrouve, avec des nuances et une expression modérée, dans le groupe désigné dans les années cinquante, du surnom qui leur a été donné en 1952 par un article de Bernard Franck dans la revue *Les Temps modernes* [278], comme « les hussards », caractérisés ailleurs par l'historien Raoul Girardet comme « héritiers de Maurras »[279], avec, outre Blondin et Nimier, Jacques Laurent, auteur en 1947 des *Caroline chérie* (sous le pseudonyme de Cecil Saint-Laurent) et lauréat en 1971 du prix Goncourt pour *Les Bêtises*, et Michel Déon, qui, après avoir commencé comme journaliste à *L'Action française*, recevra le Prix Interallié en 1970

---

[276] Se présentant comme « *hebdomadaire de l'opposition nationale et européenne* », *Rivarol* est actuellement dirigé par Jérôme Bourbon, et en froid avec le Front national.

[277] Pascal Ory, *L'anarchisme de droite*, Paris, Grasset, 1985. L'expression est reprise par Jean-Michel Maulpoix dans ses *Itinéraires littéraires, XXe siècle*, tome II, 1950–1990, Paris, Hatier 1991, p. 90.

[278] « *Grognards et Hussards* », in *Les Temps modernes*, décembre 1952. Sur les « hussards », cf. aussi supra chapitre 10.

[279] Raoul Girardet, « L'héritage de l'*Action française* », *Revue française de science politique*, Paris, Presses universitaires de France, VII., 4 décembre 1957, pp. 765–792.

avec *Les Poneys sauvages*, puis le Grand Prix du roman de l'Académie française en 1973 avec *Un taxi mauve*, avant d'être lui-même admis à l'Académie française en 1979. Ce groupe, qui a créé un éphémère journal littéraire, *La Parisienne*, mais n'a jamais publié de manifeste, a été diversement défini et élargi. Le critique René-Marill Albérès leur associe un temps la romancière Françoise Sagan[280] ; le polémiste et critique littéraire belge Robert Poulet, dans sa chronique « Les livres et la vie » du journal *Rivarol*, réunit sous l'appellation de « *romanciers morandiens* », par référence à Paul Morand, « *Nimier, Blondin, Marceau, Déon, Haedens, Nourissier* », avec lesquels il trouve, assez curieusement, au poète Claude Roy des « *ressemblances* »[281]. François Nourissier, longtemps secrétaire général de l'académie Goncourt, est l'auteur entre autres de *Bleu comme la nuit*, en 1958, où il met en scène, sur fond de discussion sur l'innocence, un imaginaire écrivain collaborateur, Saint-Lorges.

On pourrait aussi considérer comme proches de ce courant, pour leur mélange de désillusion et de raillerie, des auteurs comme Jacques Perret, l'auteur du *Caporal épinglé* (en 1947) ou de *Bande à part* (qui a reçu le prix Interallié en 1951), résistant mais connu pour ses positions monarchistes. Et cet « anarchisme de droite » n'est pas sans évoquer également les prises de position plus récentes d'un Léo Malet, connu pour avoir créé le personnage de Nestor Burma, et qui, bien que d'origine populaire (à la différence des précédents) et proche des anarchistes et des surréalistes à ses débuts, déclarait au journal *Libération*[282] en 1985 : « [...] *je ne suis pas un antiraciste du XVIe, moi je serais plutôt un raciste de la banlieue ouvrière.* [...] *qui a fait Le Pen ? Tous ceux qui, comme moi, ne veulent pas être étrangers dans leur propre pays. Ce n'est pas du racisme, ça, c'est une défense naturelle.* » Malet à propos duquel l'écrivain Thierry Maricourt écrit[283] : « [...] *il n'est pas difficile de percevoir combien un Léo Malet, qui s'affirme "anarchiste conservateur", se sert, lui, de l'expression, pour camoufler une pensée outrancière qui, en d'autres termes, aurait été qualifiée de fascisante* », et constate que « [...] *dans ses romans – tous : de* Brouillard au Pont de Tolbiac *à* Nestor Burma revient au bercail – *les Arabes sont toujours des "krouias désœuvrés" et que les Gitans ou les Noirs se voient fréquemment attribuer les mauvais rôles* ». Le journal *Le Monde*[284] a

---

280 *Bilan littéraire du XXe siècle*, 1956. Voir aussi, du même, *Histoire du roman moderne*, Paris, Albin Michel 1962, pp. 319 sq.

281 Robert Poulet, « Sur la pitié. À propos de Claude Roy, *Le soleil sur la terre* (Julliard) », *Rivarol* n° 310, « Les livres et la vie », 20 décembre 1956. Sur Nourissier, voir aussi *Le Canard enchaîné* du 17 septembre 1986, qui rappelle ses relations avec Aragon.

282 *Libération*, 11 juin 1985. Cf. aussi *Le Monde* du 9 mars 1996.

283 « Les curieux appuis libertaires du nihilisme brun », dans l'ouvrage collectif *Négationnistes, les chiffonniers de l'histoire*, Villeurbanne-Paris, éd. Golias et Syllepse, 1997.

284 *Le Monde* du 9 mars 1996.

aussi évoqué la présentation dévalorisante des gitans dans *Brouillard au pont de Tolbiac*, des juifs dans *Du rebecca rue des Rosiers*, ou des noirs dans *Mic-mac moche au Boul'Mich*.

Mais à côté des rapprochements idéologiques entre ces auteurs, rapprochements dont nous avons vu les limites et les ambigüités, il convient pour nous de chercher ce qui les réunit dans leur écriture, dans leur esthétique, qui peut paraître au premier abord simplement classique. Pourtant ce qui est à l'œuvre dans leurs romans, c'est un véritable détournement des codes classiques. Publié par l'Université de Brno, une analyse de Petr Kyloušek[285], qui poursuit là son étude de la « *poétique implicite* » des romanciers du vingtième siècle, en donne un aperçu éclairant : « [...] *la poétique subversive se manifeste sous différentes formes, évidentes dès le prime abord des textes, qu'il s'agisse de la prédilection des hussards pour les graphies drolatiques (*"téhessef"*,* "coquetèle"*,* "foutebôle"*,* "ouiski"*), de l'usage des jeux de mots et des néologismes chez Blondin ou du style à la fois sobre et précieux de Déon ou de Nimier* ». L'examen rigoureux et détaillé d'extraits de romans de ces trois auteurs permet à Kyloušek de conclure : « *Dans les exemples précités, l'emploi des figures de style (antithèse, oxymore, paradoxe, diaphore, etc.) a ceci de particulier qu'il introduit dans le texte une tension persistante, un tiraillement entre le besoin d'une cohérence sémantique et signifiante, que le lecteur est constamment contraint à reconstituer, et les procédés qui la compromettent.* » On retrouve là, et ce n'est pas anodin, des procédés que nous avons déjà repérés, la violence en plus, chez Céline par exemple, cette « contrainte » exercée sur le lecteur qui se trouve ainsi comme « *embarqué* », comme dit Céline, dans une lecture qui fait appel aux affects.

De même, poursuit Kyloušek, « *Les lois du discours (principes de coopération, de pertinence, de sincérité) qui sont le fondement des mécanismes de communication sont manipulées, détournées vers un usage ludique traduisant une attitude ironique à la fois vis-à-vis de l'énonciation et de sa fonction référentielle* ». Et plus loin : « *Les isotopies sémantiques et référentielles ne sont pas respectées, les règles du fonctionnement de la langue dans un discours sont subverties – c'est là un art où les hussards et Nimier en particulier excellent* ». Et de citer un extrait de l'*Histoire d'un amour* de Nimier[286] qui marque bien ce décalage, et cette manière particulière d'affecter de ne pas se prendre au sérieux : « [...] *entre le gardénal et Philip, elle préférait Philip. Mais entre le dernier tome de*

---

[285] Petr Kyloušek, *La poétique subversive des hussards (Nimier, Laurent, Blondin, Déon)*, Sborník Prací Filozofické Fakulty Brnĕnské Univerzity, université de Brno, 2001.
[286] Roger Nimier, *Histoire d'un amour*, Paris, Gallimard (Folio) 1988, p. 98.

Proust et lui, elle préférait presque le romancier car on ne l'entendait pas fermer les portes. »

L'étude d'une citation tirée de la *Lettre d'un fils à son père* de Roger Nimier, en fait un essai sous forme d'une lettre où un fils prescrit à son père les défauts de la jeunesse, permet à Kyloušek de détailler l'effet de ces procédés sur le lecteur et la manière dont celui-ci est entraîné : « *le lecteur est dérouté par l'incongruité de l'énumération dont les termes contradictoires le forcent à accepter une isotopie sémantique plus large, hyperlexématique, celle des qualités morales ; au moment où ce mouvement signifiant se réalise, l'isotopie "qualités morales » se trouve compromise par l'introduction d'une qualité physique ("*vieillesse*"), réinterprétée, immédiatement après, comme morale à son tour ("*mais sans excès*").*» Ainsi, « [...] *c'est encore le lecteur qui doit* [...] *reconstituer le sens.* », et de surcroît il est manipulé par le décalage entre la forme relativement classique et les surprises du contenu : « *La charpente transparente – traditionnelle, "classique" – de la phrase nimiérienne à la fois masque (par sa fluidité) et démasque (par le heurt des mots) la manipulation avec les lois du discours (de l'énonciation). La subversion touche, en plus de l'agencement du texte, l'encadrement énonciatif : le code littéraire (genre) et le code social.* »

Il y a donc bien chez ces écrivains une esthétique, qui n'est plus celle, lyrique et quelque peu romantique, de Brasillach ou de Drieu, car les temps ont changé, mais qui repose fondamentalement sur la même démarche : surprendre le lecteur par le non conformisme et l'insolence affichés, le séduire par la virtuosité et l'aspect concret des images du texte, amener chez lui, par la verve ou le jeu de mots, le sourire qui en fera un complice, en un mot « *l'embarquer* » dans une « *rame émotive* », pour reprendre l'expression célinienne. L'exaltation, elle, est présente non plus dans le style mais dans les thèmes et les admirations, pour ces héros stendhaliens notamment dont Maurice Bardèche a relancé le mythe avec son *Stendhal romancier* publié en 1946. Elle transparaît aussi dans la vie même de ces auteurs, par exemple leur fascination pour la vitesse et les automobiles rapides, qui coûtera la vie à Nimier. Et sous cette désinvolture et ce non conformisme provocateurs, c'est en fait toute une nostalgie de l'ordre qui s'exprime et qui fait traiter par la dérision l'époque présente : Roger Nimier lui-même explique dans son article « Vingt ans en 45 » que « *Nous sommes au milieu du siècle. Nous trouvons qu'il a mis trop longtemps à découvrir que le goût de l'ordre était une passion utile, puisque, seule, elle permettait toutes les autres.* »[287], cependant que Maurice Déon prend la défense de Cocteau en précisant : « *Cocteau insultait dans les règles. Quand on y regarde de près, ce n'est*

[287] Roger Nimier, « Vingt ans en 45 », *La Table ronde* n° 20-21, août-septembre 1949, repris dans *Le Grand d'Espagne*, Paris, éd. La Table ronde, 1962, p. 163.

jamais l'ordre qu'il a troublé, mais le faux ordre, c'est-à-dire le désordre. »[288]. Il s'ensuit une démarche qui est celle de toutes les droites extrêmes et qui consiste à se révolter contre l'ordre présent, accusé d'être un « faux ordre » masquant la décadence, au nom d'un ordre ancien, ce qui suffit à distinguer cette posture de celle des diverses « avant-gardes ».

De même, lorsque Céline publie en 1937 son pamphlet antisémite *Bagatelles pour un massacre*, il l'ouvre par ces mots chargés d'ironie, où il oppose son « raffinement » à l'apparence de raffinement que se donnent les écrivains reconnus : « *Le monde est plein de gens qui se disent des raffinés et puis qui ne sont pas, je l'affirme, raffinés pour un sou. Moi, votre serviteur, je crois bien que moi, je suis un raffiné ! Tel quel ! Authentiquement raffiné. Jusqu'à ces derniers temps j'avais peine à l'admettre... Je résistais... Et puis un jour je me rendis... Tant pis !...* ». Après une longue tirade où il s'en prend à une litanie d'auteurs, de « *M. Gide* » à « *Mme Fémina* » (*sic*), il revendique son style propre, son « *raffinement* » personnel avec la posture du maudit méprisant les bien-pensants : « *Je pourrais, je pourrais bien devenir aussi moi, un styliste véritable, un académique "pertinent". C'est une affaire de travail, une application de mois... peut-être d'années...* [...] *Mais je suis quand même trop vieux, trop avancé, trop salope sur la route maudite du raffinement spontané... après une dure carrière "de dur dans les durs" pour rebrousser maintenant chemin !* ».

Le non-conformisme – et, en littérature, son expression stylistique – apparaît ainsi comme une posture constante ou, si l'on préfère, un déguisement récurrent de l'idéologie d'extrême droite dans le champ culturel. C'est ce que l'on retrouve à la fin du vingtième siècle dans la dénonciation du « politiquement correct » qui servirait seulement à empêcher de « dire la vérité », à préserver un ordre factice : ainsi l'éditorial du numéro de janvier 2007 du journal *Rivarol* se termine par « *Bienvenue au club des mal-pensants et fiers de l'être !* » ; ainsi Le Pen, dans son discours électoral de Marseille du 3 mars 2007, consacré à l'immigration, annonce que « *au point où nous en sommes, il faut dire la vérité aux Français* » avant de préciser quelques phrases plus loin : « *Il y a un lien entre immigration de masse et insécurité, même si dans notre pays, le politiquement-correct que la gauche a imposé à une droite courbe et molle interdit de le dire* »[289]. La revendication explicite du « politiquement incorrect », qui fleurit notamment sur les sites Internet, devient le masque derrière lequel s'abritent toutes les thèses d'extrême droite et la remise en cause des valeurs démocratiques : c'est au nom du refus, érigé en valeur, d'un prétendu « politiquement correct », au nom d'une « liberté de tout dire », qu'on peut réclamer le

[288] Michel Déon, *Mes arches de Noé*, Paris, La Table Ronde (Folio) 1988, p. 254.
[289] Le Pen, *Discours* prononcé à Marseille le 3 mars 2007.

rétablissement de la peine de mort, défendre l'inégalité des races ou nier les chambres à gaz de la seconde guerre mondiale.

Il apparaît difficile pour cette période de l'après guerre d'évaluer des apparentements idéologiques du même ordre chez les plasticiens, parmi lesquels l'engagement politique a souvent été plus discret ou plus détourné, si l'on excepte, mais en Espagne, les sympathies franquistes d'un Dali par exemple. C'est que, comme l'explique Catherine Millet[290], les conditions de création ont changé : « *À la fin du XIXe siècle et dans les premières décennies du nôtre, l'art moderne est né par effraction.* [...] *Une société conservatrice et des artistes révolutionnaires se sont fait la guerre et cette guerre nous a été racontée sur le ton de l'épopée* ». À l'inverse, dans la seconde moitié du vingtième siècle, « [...] *la résistance aux formes nouvelles n'était plus aussi ferme. La famille sociale commençait à s'habituer au vilain petit canard qu'était l'art moderne, déjà vieux de plus d'un demi-siècle, et découvrait qu'il pouvait avoir, lui aussi, une tradition* [...]. *On ne se fit plus la guerre, on livra un match, dans le respect de certaines règles et la conscience de "où s'arrêter pour ne pas aller trop loin".* »

Le panorama est, on le voit, complexe et varié s'agissant d'intellectuels que le type même de leurs productions et de leurs activités empêche de classer suivant les critères simples applicables aux militants politiques, surtout dans une période, l'immédiat après-guerre, marquée par le discrédit des droites extrêmes. Pour autant, les liens avec cette extrême droite politique, pour occasionnels qu'ils puissent être, sont assez nombreux et persistants pour lever les doutes sur les références idéologiques de plusieurs des écrivains considérés, lors même que leurs œuvres littéraires ne seraient pas assez « parlantes ». C'est que l'idéologie d'extrême droite a pris pour s'exprimer d'autres voies que l'affirmation politique, qui, soit directement soit sous la forme de la fiction, s'étalait largement et ouvertement dans les années trente et quarante. Même s'ils ne se revendiquent pas des droites extrêmes, même si leurs œuvres n'en véhiculent pas *stricto sensu* l'idéologie, nombre des écrits des écrivains concernés entretiennent un certain nihilisme qui, par petites touches et de manière parfois détournée, par la dérision ou une désinvolture aristocratique, jette le doute ou le soupçon sur les valeurs démocratiques ou républicaines. Ils laissent, *volens nolens*, la voie ouverte à la récupération extrémiste ou à l'irruption ultérieure d'idéologies clairement d'extrême droite. Comme les non-conformistes des années trente annonçaient à leur façon l'extrémisme des années quarante, de même ceux des années cinquante et soixante ouvrent la voie aux écrits plus clairement marqués des années quatre-vingt. Et sur le plan esthétique, c'est à

---

[290] *L'art contemporain en France*, 3e éd., Paris, Flammarion, 1994, p. 7.

chaque fois par un ton particulier que s'exprime ce que l'on pourrait qualifier d'extrémisme d'attente : plus exalté, plus lyrique avant guerre, plus détaché et ironique après guerre, mais dans les deux cas une rhétorique du dégoût, une posture de marginal, ce que l'on nommerait actuellement le refus affiché du « politiquement correct ».

Ainsi, lorsque l'extrême droite politique se trouve marginalisée et réduite à l'expression de quelques nostalgiques, des écrivains développent une expression originale, à la fois conservatrice et novatrice, mêlant dérision et fantaisie, amertume et désinvolture : sorte d'écriture d'attente et de destruction douce des repères démocratiques, en attendant des temps plus propices. Les artistes, hormis quelques irréductibles conservateurs, cherchent plutôt leurs marques dans un « match ». Il faudra attendre le renouveau idéologique impulsé à la fin des années soixante par la « Nouvelle Droite » pour que les clivages réapparaissent au grand jour, mais, là encore, sous des formes nouvelles, plus culturelles ou, pour reprendre la terminologie du GRECE, « métapolitiques », et moins directement « politiques ». Tant il est vrai que les idéologies, loin d'être à tout jamais figées, modèlent leur expression sur l'évolution même de la société : l'idéologie d'extrême droite n'échappe pas à cette règle. Elle y échappe d'autant moins que, nous l'avons entrevu et nous y reviendrons, elle constitue non pas un corps de doctrine univoque et bien défini mais un assemblage d'options hétérogènes autour d'un noyau commun, et qu'on peut, *mutatis mutandis*, lui appliquer ce qu'affirmait Pierre Milza de l'idéologie fasciste : « *L'idéologie fasciste* [...] *est une sorte d'auberge espagnole où chacun, dès lors qu'il se range parmi les adversaires radicaux de la démocratie libérale et du marxisme, peut trouver de quoi nourrir ses propres fantasmes* »[291].

[291] Pierre Milza, *Fascisme français*, Paris, Flammarion, 1987, pp. 54-55.

XIII

L'idéologie diffuse

Un certain nombre d'artistes et d'écrivains, qu'ils se revendiquent des droites extrêmes ou qu'ils soient utilisés par elles, jouent ainsi un rôle dans l'apparition et le développement de l'idéologie d'extrême droite dans la société, en assurant le lien entre la création culturelle et les milieux intellectuels, politiques ou journalistiques, mais aussi en offrant au public, et donc en diffusant, une esthétique reposant sur des conceptions particulières. Cependant, s'ils étaient isolés et si leur présence se réduisait à cela, ces liens et cette diffusion, leur impact demeurerait limité, et leurs conceptions artistiques et littéraires resteraient celles d'un groupe marginal, bien délimitées et circonscrites. En effet, d'une part, nous l'avons vu, les théoriciens ou les thuriféraires de l'extrême droite sont, quelle que soit l'époque mais particulièrement aujourd'hui, relativement peu nombreux dans une production artistique et littéraire qui connaît une expansion croissante ; d'autre part, les œuvres d'art sont encore et malgré tout d'un accès public restreint et en tout cas insuffisant pour orienter nettement la pensée du plus grand nombre, et les querelles autour de l'art contemporain restent limitées à des quasi-spécialistes ; enfin, en littérature, le roman domine la production éditoriale du dernier siècle, et sa popularité, accrue par les diverses formules de livre de poche, pourrait laisser penser qu'il serait un vecteur particulièrement intéressant pour la pensée d'extrême droite ; mais les romans qui traduisent clairement un engagement restent souvent limités à un cercle réduit de lecteurs, et pour ceux qui, se voulant plus généralistes, rencontrent parfois un succès populaire, la forme généralement classique et la prédominance de l'histoire auprès d'une majorité de lecteurs ne permettent guère la reconnaissance publique d'une esthétique d'extrême droite et s'avèrent impuissantes, seules, à conditionner radicalement l'évolution des mentalités.

Dans un contexte où les productions qui viennent de ce courant sont relativement modestes, la prégnance d'une esthétique d'extrême droite ne tient donc pas tant à son pouvoir d'attraction propre qu'à sa coïncidence plus ou moins partielle avec la manière de voir et de sentir de la société environnante, ou du moins de larges couches de celle-ci. Pour ne prendre qu'un exemple, nous avons évoqué plus haut l'importance intellectuelle du mouvement des « non-conformistes des années trente » ; or Loubet del Bayle lui-même fait remarquer en conclusion de l'ouvrage qu'il leur a consacré que le tirage des nombreuses publications de ces « non-conformistes » n'a jamais dépassé les douze mille exemplaires, ce qui leur interdisait toute influence directe sur la population dans son ensemble. Ils ont pourtant contribué à développer et entretenir une ambiance, des attitudes, des manières de voir et de sentir. Mesurer le poids de l'extrême droite dans la culture ne peut ainsi se limiter à dénombrer les artistes et écrivains qui s'en réclament ou les œuvres qu'ils ont réalisées, ni à repérer dans ces dernières les éléments formels qui permettent de définir leur esthétique.

Si quelque quarante pour cent de la population française se disent à un moment donné peu ou prou en accord avec les thèses du Front national sur l'immigration, alors qu'ils étaient deux fois moins nombreux dix ans plus tôt, ce n'est pas que vingt pour cent des Français ont eu la « révélation » des thèses lepénistes, c'est qu'à cet instant ces thèses trouvent un écho, une résonance, une proximité dans l'état des mentalités ou à tout le moins que les mentalités du moment croient trouver une expression en cohérence avec elles-mêmes dans les thèses exprimées par ce parti. De la même façon, si l'esthétique d'extrême droite n'est pas massivement rejetée, c'est qu'elle correspond, au moins pour partie, à la façon de voir de nombreux Français, qui, pour ne prendre que l'exemple le plus visible, par manque de références culturelles, de formation, d'habitude, rejettent souvent les œuvres d'art contemporaines, même lorsqu'ils ne les connaissent guère.

Mais c'est aussi qu'elle est moins aisément reconnaissable que les autres parties du discours extrémiste. Si l'esthétique d'extrême droite n'est pas au centre de débats et de conflits aussi marqués que la politique, l'économie ou le nationalisme d'extrême droite, si elle n'est pas stigmatisée et combattue avec la même force, c'est qu'elle n'est pas identifiée, c'est qu'elle n'est pas reconnue. Non qu'elle s'avance masquée : nous avons vu que ses défenseurs s'expriment crûment. Non qu'elle soit de moindre intérêt pour la vie sociale que les autres domaines de l'idéologie : nous avons relevé plusieurs fois l'importance que lui attachent les droites extrêmes. Mais elle est rarement identifiée comme une esthétique d'extrême droite, étiquetée « extrême droite ». Et l'écho qu'elle trouve dans la société environnante est de ce fait bien moins clair, et partant moins hostile, que celui des thèses politiques ou sociales.

En effet, d'une part, le vieil adage sensualiste selon lesquels les goûts artistiques seraient affaire strictement personnelle, affaire de subjectivité individuelle – « *des goûts et des couleurs on ne dispute pas* » –, est encore dominant et gêne la reconnaissance d'une idéologie derrière des conceptions artistiques, même s'il y a plus de deux siècles que Kant l'a remis en question dans sa *Critique de la faculté de juger*, même si, plus simplement, il devrait être évident que ce n'est pas en raison de son seul goût personnel que, par exemple, le maire Front national de Toulon fait raser, nous l'avons évoqué dans le premier chapitre, une fontaine monumentale récemment édifiée par un artiste contemporain.

D'autre part, comme dans d'autres domaines, c'est par le recours à l'idée de « naturel » que se fait l'assimilation entre les théories esthétiques de l'extrême droite et les goûts du public. Naturelles, la figuration et la perspective, et peu importe que cette dernière soit historiquement et culturellement bien délimitée – tout le monde ne connaît pas Masaccio. Naturelle, l'exaltation car elle revient à affirmer un idéal. Naturel, le symbolisme des œuvres : il faut qu'une œuvre ait une signification immédiate, sinon « ça n'a pas de sens ». Au Le Pen politique affirmant dire tout haut ce que tout le monde pense tout bas correspondent les affirmations de « bon sens » sur ce qui fait une « vraie » œuvre d'art[292].

Enfin, les idéologies ne sont pas des ensembles finis, des corpus étanches et bien délimités. Des interférences, des intersections peuvent exister de l'une à l'autre et en brouiller la perception, la reconnaissance.

Ce sont précisément quelques-unes de ces intersections qu'il nous faut maintenant étudier pour comprendre comment une esthétique correspondant à un courant de pensée extrémiste peut se développer dans un pays dont la majorité de la population n'est pas particulièrement portée vers les extrêmes. Il est nécessaire d'aller plus loin dans l'analyse et d'étudier les intersections qui peuvent exister entre les représentations nées de l'idéologie d'extrême droite et pleinement assumées comme telles d'une part, et d'autre part les créations culturelles qui développent, même partiellement, et que leurs auteurs en soient ou non conscients, des formes, des thèmes ou des valeurs qui sont ceux-là mêmes qui, autrement utilisés, sont constitutifs de l'idéologie et de l'esthétique d'extrême droite.

Il nous faut examiner, sans prétendre ici à l'exhaustivité mais en parcourant quelques domaines significatifs, quels sont les phénomènes culturels dont les thématiques et les esthétiques entrent en résonance avec les conceptions de l'extrême droite et sont susceptibles d'être assimilées par celles-ci, permettant une interpénétration. Formellement, c'est bien entendu principalement par l'appel aux sensations, aux émotions, par l'exaltation et la fascination que se fait la transition. Pour ce qui est des thématiques, sont concernées au premier chef les œuvres qui exaltent ou simplement mettent en avant des valeurs conservatrices et aristocratiques, au sens plein du terme – et partant anti-égalitaristes –, ou, dans un domaine différent mais apparenté, les vertus de l'héroïsme, en particulier dans sa variante mythique

---

292 voir notamment ci-dessus chapitre V.

ou mythologique. À travers ces œuvres, tout un contexte, d'origine souvent variée, toute une atmosphère, toute une mythologie, au sens que Barthes donne à ce mot, se créent peu à peu et baignent la société dans une idéologie diffuse, éclatée, parcellaire et jamais revendiquée ni reconnue en tant que telle. Formes et thèmes se déploient ainsi à travers l'écriture ou les beaux-arts, mais aussi à travers des expressions culturelles moins académiques, de la musique populaire à la bande dessinée ou aux jeux de rôle, sur lesquelles nous reviendrons plus loin.

De ce point de vue, à deux époques clés du vingtième siècle pour l'évolution et le développement des droites extrêmes en France, deux thématiques distinctes et successives, correspondant à deux moments différents de l'histoire sociale, nous semblent particulièrement riches pour notre recherche : la terre, pour l'entre deux guerres, et le Moyen Âge pour le dernier tiers du vingtième siècle.

Entre les deux guerres mondiales, la pensée maurrassienne domine ce courant, avec son anti-étatisme, son communautarisme, son appel aux « *principes de la nature* »[293] et à la « *politique de la nature* » : « *Il faut tendre à éliminer de la vie sociale l'élément État. Il faut constituer, organiser la France, ou plutôt la laisser se constituer et s'organiser en une multitude de petits groupements, naturels et autonomes* »[294]. Les œuvres concernées sont alors avant tout celles des « rustiques », défenseurs de l'attachement à la terre et contempteurs de la civilisation moderne, pour l'essentiel des romanciers qui illustrent ces thèmes par leurs histoires.

À côté d'écrivains clairement engagés à l'extrême droite, comme le futur collaborateur Alphonse de Chateaubriant (*La Brière*, 1923), on trouve des auteurs aussi différents que Jean de La Varende, nostalgique de la Normandie d'Ancien Régime (*Nez-de-Cuir*, 1936 ; *Les Manants du Roi*, 1938), Maurice Genevoix, chantre de la nature, de la vie animale (*La dernière harde*, 1938) et du braconnier solognot avec *Raboliot*, qui lui vaudra le Prix Goncourt en 1925, le suisse Charles-Ferdinand Ramuz et ses grands thèmes mythiques, la nature, l'ordre, la liberté (*La Grande Peur dans la montagne*, 1926), Henri Pourrat, conteur de l'Auvergne traditionnelle (*Gaspard des Montagnes*, 1921-1931), ou même Jean Giono (*Regain*, 1930 ; *Que ma joie demeure*, 1935).

Parmi eux, deux noms méritent qu'on s'y attarde, pour mesurer l'emprise de l'extrême droite sur « l'écriture de la terre » et sa récupération de ce

---

293 Charles Maurras, *Mes idées politiques*, Paris, Fayard, 1968 (rééd.), p. 33.

294 Maurras, *Kiel et Tanger*, in F. Natter et C. Rousseau, *De la politique naturelle au nationalisme intégral*, recueil de textes, Paris, Vrin, 1972, p. 170.

thème. Henri Pourrat, né à Ambert en 1887, recueille la littérature orale de son Livradois-Forez natal, et dans ses œuvres – contes, romans, poèmes – se fait le chantre de l'esprit paysan, mais son régionalisme ne l'empêche pas d'avoir une reconnaissance nationale : les quatre tomes de son ouvrage *Les Vaillances, farces et aventures de Gaspard des montagnes* lui valent en 1921 le prix du *Figaro*, en 1931 le Grand Prix du roman de l'Académie française. En octobre 1940, c'est sur son invitation que Pétain va à Ambert « à la rencontre du peuple travailleur » ; Pourrat rédige à cette occasion dans les *Cahiers de politique nationale* deux articles qu'il dédie au maréchal et à sa politique de « retour à la terre » : « Le paysan français » et « Le chef français ». L'année suivante, le Prix Goncourt est attribué à son roman *Vent de mars*, ce qui ne manque pas d'être remarqué et entraînera des soupçons car c'est la première fois que ce prix est attribué à un auteur déjà reconnu[295]. Pourrat, qui n'est pas un politique, s'éloignera ensuite de la Révolution nationale et se consacrera aux contes qu'il rassemblera dans le *Trésor des contes* (1948-1951). Il participera seulement en 1956 à la fondation de la revue catholique traditionaliste *Itinéraires* avec Jean Madiran (ancien secrétaire particulier de Maurras et futur directeur de *Présent*), le peintre Henri Charlier, Louis Salleron, etc.[296]

L'autre cas, bien connu, est celui de Giono, lui aussi écrivain célèbre et célébré, honoré de la Légion d'honneur en 1932, mais dont son expérience de la guerre de 1914-1918 a fait un pacifiste militant. C'est son pacifisme qui le fera emprisonner en 1939, mais la coïncidence de ses thèmes de prédilection (éloge de la terre, de l'artisanat, de la vie simple) avec ceux de la propagande vichyste le conduira à nouveau en prison à la Libération, sans qu'il soit cependant condamné ; pourtant, Drieu La Rochelle, écrivain, lui, d'extrême droite, fustigeait l'œuvre de Giono dans laquelle il voyait « *une féerie paysanne, une pastorale lyrique, un opéra mythique* » que son lyrisme éloignait par trop du réel[297].

Car c'est essentiellement, et malgré Drieu, par l'exaltation lyrique que se fait la transition : magnification des « héros du quotidien », les petites gens de la campagne à la vie simple mais vertueuse. Ils sont comme un équivalent civil du « soldat inconnu », lui aussi souvent issu de la campagne, dont les statues se multiplient après la Grande Guerre sur tous les monuments aux morts, poilus anonymes mais familiers, hiératiques mais discrètement lyriques. Parallèlement, les chromos et les images d'Épinal des calendriers

---

295 Sur cet évènement, cf. Christian Faure, « *Vent de Mars* d'Henri Pourrat, Prix Goncourt 1941, ou la consécration d'une œuvre littéraire par le Régime de Vichy », *Bulletin du Centre d'Histoire économique et sociale de la région lyonnaise*, Lyon, n°1, 1982, p. 5-25.

296 Cf. Ariane Chebel d'Appollonia, *L'extrême-droite en France*, Bruxelles, Complexe, 1988, pp. 373 et 423, notes. La revue *Itinéraires* sera condamnée en 1966 par l'épiscopat français.

297 Préface de *Gilles*, Paris, 1939, p. 9.

des Postes ou de l'hebdomadaire *Le Pèlerin* répandent ces paysages « typiques » et ces portraits poétisés, et l'on voit renaître l'engouement pour Millet et son *Angélus*. En peinture leur correspondent les paysages d'un Derain, revenu après sa période fauve à une interrogation du passé et de la tradition.

Certains de ces auteurs se retrouveront dans les thèmes de la « révolution nationale » pétainiste, qui en retour se nourrira de ces écrits et trouvera dans ce courant d'idées un terreau facilitant son accession au pouvoir. Ce mouvement dialectique est significatif du mode de développement de l'idéologie d'extrême droite : parmi les thèmes et, pour ce qui nous intéresse ici, les formes esthétiques préexistant à un moment donné dans la société, elle récupère et comme cristallise ceux qui s'adaptent à ses fondements idéologiques, les exalte et en fait un motif d'attraction, de fascination. Au moment où ailleurs, en Italie fasciste, en Espagne franquiste, en Allemagne nazie, d'autres éléments idéologiques – exaltation de la force, de l'élan vital, antisémitisme – sont privilégiés et associés en art au grandiose et au viril, c'est à travers le conservatisme, la terre et l'ordre moral que le pétainisme fédère les droites extrêmes et les porte au pouvoir, et à travers les chromos et les paysages qu'il leur donne un art.

C'est ce qui explique que se retrouvent momentanément unis les conservateurs catholiques attachés à la « morale », les monarchistes recherchant les valeurs terriennes, les ligueurs antirépublicains, les fascistes privilégiant le culte du chef et la hiérarchie, les nazis adeptes du droit du sang (et de la « race »), mais aussi des groupes venus d'autres horizons, des ex-socialistes derrière Déat, des ex-communistes derrière Doriot, quelques anarchistes que leur pacifisme intégral conduira à préférer la « paix » pétainiste, voire la *pax fascista*, à la guerre contre l'Allemagne nazie. Chacun peut ainsi décliner ses propres orientations à partir d'un point de ralliement commun, de surcroît largement partagé par toute une partie de la population nourrie des « saines lectures » des écrivains rustiques et traditionalistes. Cette emprise culturelle est un des éléments qui ont fait la force du régime de Vichy ; *a contrario*, l'association de groupes aussi divers a aussi été une des sources de sa faiblesse, dont le conflit entre Pétain et Laval n'est qu'une des illustrations.

Ce courant se perpétue en partie, mais de manière relativement marginale, jusqu'à nos jours. Après la seconde guerre mondiale, des auteurs comme l'historien Pierre Gaxotte ou le journaliste Thierry Maulnier continuent la pensée maurrassienne, dont l'influence se retrouve aussi chez les jeunes « hussards » évoqués plus haut, Jacques Laurent, Michel Déon, Antoine Blondin ou Roger Nimier. Mais avec ces derniers le ton, on l'a vu, a changé.

Dans les années 1980, l'histoire balbutie, *mutatis mutandis* : la montée en puissance de l'écologie ouvre une brèche où tentent de s'infiltrer certains courants d'extrême droite. Il serait évidemment absurde de supposer que l'écologie soit d'extrême droite. Mais celle-ci a pu développer ses propres thèmes de défense des « racines » ou de la « pureté » jusqu'au sein des mouvements écologistes, détournant les thématiques de défense de la terre, de vie saine, de protection de la nature, ou profitant de rapprochements éditoriaux. Ainsi par exemple une maison d'édition comme Sang de la Terre, qui publie aujourd'hui exclusivement des ouvrages écologiques ou de connaissance de la nature, éditait aussi dans les années 1980 les collections *Retour aux Sources* et *Les écrivains et la terre*, consacrées aux écrivains « de la terre », dont Barrès, Pourrat ou Ramuz chéris par l'extrême droite conservatrice. Les idées de cette dernière se trouvaient ainsi, pour le lecteur non averti, rapprochées de celles des écologistes, ce qui ne pouvait qu'entretenir une certaine confusion idéologique.

Cependant, de tels rapprochements restent aujourd'hui marginaux. En effet, actuellement, parmi les variantes de la pensée des droites extrêmes, c'est, dans ce domaine, non plus la tendance « conservatrice » qui est concernée au premier chef, mais plutôt la tendance « révolutionnaire », plus volontiers élitiste et paganiste. Ce changement correspond d'une part à une évolution des mentalités, marquée par le développement du consumérisme et de l'individualisme comme par le recul des grandes religions, où prédominait malgré tout une part d'humanitarisme sinon d'humanisme, d'autre part à une modification des structures sociales, avec notamment l'effondrement quantitatif du secteur primaire et de ses formes de solidarité conservatrice au profit d'un tertiaire plus atomisé et concurrentiel, enfin à une démarche délibérée de la Nouvelle Droite de développer son emprise dans le secteur culturel depuis la création du GRECE en 1968.

Après avoir un temps considéré l'écologie comme trop « égalitaire », la Nouvelle Droite a compris dans les années 1980 le parti qu'elle pouvait tirer de thèmes comme l'éloge de la terre et de l'enracinement, le respect de la vie d'autrefois ou le droit à la différence, pour développer ses propres thèses sur les inégalités naturelles ou la tradition. L'écologie politique l'intéresse désormais, pour ses critiques de l'individualisme, de la société marchande et, un temps, son « ni droite ni gauche ». Sa revue *Éléments*, qui consacrait en 1977 un dossier aux « Équivoques de l'écologie », publie en 1989 un article élogieux d'Alain de Benoist qui dit savoir gré à l'écologie de « *préférer les patries charnelles aux États-nations et les solidarités organiques à l'individualisme concurrentiel* »[298]. En 1993, la revue plus « grand public » *Krisis* publiera une série de contributions sur l'écologie, dont celles des

[298] *Eléments pour la civilisation européenne*, n° 21-22, 1977 et n° 66, 1989.

Verts Alain Lipietz et Antoine Waechter, aux côtés de celles de Charles Champetier, un responsable du GRECE, ou d'Alain de Benoist lui-même[299].

Une fois la voie ouverte par la Nouvelle Droite, des mouvements plus radicaux tenteront dans les années 1990 de s'implanter dans l'écologie. Le mouvement de jeunes écologistes Écolo-J sera l'objet d'une tentative de prise de contrôle par le groupe nationaliste révolutionnaire Nouvelle Résistance, et devra procéder à l'exclusion des militants infiltrés[300]. En Belgique francophone, le mouvement nationaliste et identitaire Nation a créé au début des années 2000 des comités « Résistance verte ».

Mais, pour significative qu'elle soit, cette préoccupation « écologique » reste secondaire. L'évolution est autre, et autres aussi les thèmes de prédilection. C'est en effet un véritable bouleversement idéologique qui s'est introduit dans les droites extrêmes. La stratégie de la « Nouvelle Droite » et du GRECE a consisté à ne pas apparaître comme parti mais à développer des réseaux et à influencer des groupes ou personnalités du monde politique, à s'implanter dans les rédactions de journaux, comme *Valeurs actuelles* ou *Le Figaro Magazine*, ainsi qu'à multiplier les revues, colloques, réunions où sont invités à s'exprimer des personnalités aussi bien de droite que de gauche. D'autre part, certains des thèmes privilégiés peuvent séduire des personnes d'horizons divers, de la défense de la « celtitude » à l'antilibéralisme en passant par l'européisme ou les options anti-chrétiennes, d'autant que les amalgames ou les détournements lexicaux sont légion : Pierre Vial, un des co-fondateurs du GRECE, lance également en 1967 la revue *Socialisme européen* ; c'est comme « *cri libertaire* » que Vincent Decombis, autre fondateur du GRECE, présente en 1969 sa revue celtisante *Argad*. Ce n'est qu'en 1988 que plusieurs des animateurs du GRECE, Pierre Vial en tête (mais pas Alain de Benoist, qui se garde de toute appartenance politique), rejoindront officiellement le Front national, dont ils influenceront nettement l'orientation jusqu'à la scission de 1999. Mais dès les années soixante se développe ainsi tout un mouvement de réorientation idéologique des droites extrêmes, influençant jusqu'à la droite classique et cherchant à étendre son emprise sur des couches de population bien plus larges que ne le faisaient les partis politiques extrémistes.

Dans le domaine culturel « grand public », le mouvement a en fait été lancé dès le début des années 60 par la parution, couronnée de succès, du

---

[299] *Krisis*, n° 15, Paris, septembre 1993.

[300] Cf. notamment *Le Monde* du 25 octobre 1992 ; *Libération* du 24 octobre 1992 ; *L'Evénement du Jeudi* du 5 novembre 1992. Voir aussi Jean Jacob, *Le retour de "l'ordre nouveau"*, Genève, Droz, 2000, pp. 260 sqq.

Matin des magiciens, de Louis Pauwels et Jacques Bergier[301], mélange de mythologie, d'ésotérisme et de pseudo-science, prétendant établir des similitudes entre les traditions ésotériques et les dernières découvertes scientifiques, celles-ci justifiant celles-là. Pauwels, d'abord journaliste à *Combat*, le journal issu de la Résistance, a collaboré à la revue monarchiste *La Nation Française* dans les années 50, avant de créer en 1978 pour le groupe Hersant et de diriger *Le Figaro-Magazine*, auquel collaborent des chantres de la « Nouvelle Droite » comme Alain de Benoist ou Patrice de Plunkett. Pauwels sera d'ailleurs également dans les années 80 membre du comité de patronage de la revue du GRECE *Nouvelle École*. Le succès du *Matin des Magiciens* est relayé dès 1961 par la création de la revue *Planète*, qui aborde les mêmes thèmes et tire jusqu'à plus de 100 000 exemplaires, puis en 1963 de l'*Encyclopédie Planète*, bimestrielle. Farouchement hostiles à la « *culture marxiste* », ces publications abondent en extraterrestres, en mutations – futures – de l'espèce humaine, en pouvoirs nouveaux de l'esprit, mélange de tradition et de scientisme annonçant une « montée » vers quelque « sur-humain ».

Planète ne survivra guère aux bouleversements de mai 1968. À la fin des années 70, de nombreux articles dans *Le Figaro-Magazine*, dirigé alors par Pauwels pour le groupe Hersant, s'efforceront de prolonger ce courant. Cependant, la nécessité de prendre en compte la montée, à droite, des courants traditionaliste et intégriste chrétiens, la conversion au catholicisme de Pauwels lui-même ont amené un certain « recentrage » du *Figaro-Magazine* vers la droite classique et la diffusion par les militants du GRECE ou proches de lui d'autres publications, plus ciblées, notamment l'hebdomadaire *Magazine Hebdo* dans les années 80[302]. Créé par des journalistes et des membres du GRECE (Alain Lefebvre, son directeur ; Jean-Claude Valla, ancien rédacteur en chef du *Figaro-Magazine ;* Michel Marmin ; etc.) en septembre 1983, celui-ci disparaît cependant à la fin de 1985, faute d'annonceurs suffisants. Mais le mouvement est relancé, et sur des bases moins confuses, plus clairement « *métapolitiques* », pour reprendre la terminologie du GRECE.

Depuis cette époque paraît en effet aussi un nombre de plus en plus important d'œuvres se rapportant aux grands mythes de « *notre civilisation* » et aux personnages qui les accompagnent. Le lien avec les idéologies de la droite extrême est fait par Mégret lui-même, qui, lors du colloque organisé par le Front national en 1987 sur le thème « *Une âme pour la France. Pour*

---

[301] *Le matin des magiciens*, de Louis Pauwels et Jacques Bergier, Paris, Gallimard, 1961. Pauwels est mort en 1997.

[302] Sur *Magazine Hebdo*, cf. notamment *Article 31*, n° 2, novembre 1984, p. 13, et *Le Monde* du 18 décembre 1984.

en finir avec le génocide culturel », appelait les militants à retrouver « *tous les mythes et les héros de notre civilisation : le Cid, Arthur, la Lorelei, Jeanne d'Arc, Mélusine, et tant d'autres* »[303].

On sait l'usage que fait depuis 1979 le Front national de Jeanne d'Arc, « *symbole sublime de l'amour de la Patrie* », sous le patronage de laquelle il organise le 8 mai, puis à partir de 1988, chaque premier mai un défilé parisien jusqu'à la statue équestre réalisée par Frémiet place des Pyramides. Royalistes et catholiques intégristes l'ont depuis longtemps précédé sur ce terrain, depuis au moins l'époque de l'affaire Dreyfus, où, dit Michel Winock, « *le mythe devient exclusif, univoque, agressif, Jeanne est célébrée comme la sainte patronne de l'extrême-droite* »[304], et Le Pen leur en rend hommage : « *Il faut savoir gré aux monarchistes de l'Action Française d'avoir fidèlement conservé et transmis cette tradition nationale et populaire pendant tout le 20ème siècle* »[305]. C'est en effet l'Action française qui a, depuis 1909, date de la béatification de Jeanne d'Arc, et jusqu'à la seconde guerre mondiale, pris l'habitude d'organiser le défile devant la statue de la place des Pyramides[306]. Aujourd'hui, organisés en cortèges régionaux, à la manière des provinces d'Ancien Régime, les participants de la cérémonie frontiste, Le Pen en tête et les anciens combattants d'Indochine et d'Algérie fermant la marche, vont déposer des gerbes au pied de la statue, accompagnés d'une figurante costumée et à cheval, image remarquable sur laquelle nous reviendrons.

De même, les intégristes catholiques organisent en 1996 une vaste propagande autour de la commémoration du baptême de Clovis[307], et, le 15 avril 1996, le Front national organise une manifestation pour célébrer l'anniversaire de ce baptême, certains participants n'hésitant pas pour l'occasion à associer à son éloge celui de Pétain, Doriot ou Brasillach[308]. Mais il est vrai que Clovis est propre à attirer non seulement les conservateurs, mais aussi les autres tendances de l'extrême droite : le programme de 2002 du Front national y voit le symbole même de l'identité française[309] : « *La France est le fruit de trois héritages, l'héritage celte, l'héritage latin, l'héritage germanique (franc à proprement parler). L'union de ces peuples d'origine indo-européenne fut scellée par leur adhésion*

---

303 *Le Monde* du 6 février 1992, p. 12.

304 Michel Winock, « Jeanne d'Arc », dans l'ouvrage collectif dirigé par Pierre Nora *Les lieux de mémoire*, tome III *Les France*, Paris, Gallimard, 1992, vol. 3, p. 708.

305 Discours, 1er mai 2000.

306 Voir Gerd Krumeich, *Jeanne d'Arc à travers l'histoire*, Paris, Albin Michel, 1993.

307 *Le Monde* des 18-19 août 1996. Voir aussi *Le Monde* du 13 octobre 1988.

308 *Le Monde* du 17 avril 1996.

309 *Pour un avenir français, Le programme de gouvernement du Front national*, 2002, chapitre « Identité ».

commune au christianisme, lors du baptême de Reims (496) », satisfaisant dans cette « synthèse » aussi bien les conservateurs chrétiens que les tenants de la prétendue civilisation indo-européenne, voire nordique (celte ou « germanique »). Encore une fois, ce n'est pas le personnage historique du roi franc qui intéresse l'extrême droite, mais l'image, constituée en mythe, qu'il représente.

Mais, de manière plus discrète, moins directement politisée, bien d'autres mythes et héros jouent le même rôle. On assiste à la floraison depuis les années 80 de livres, de films, de bandes dessinées inspirés dans un premier temps de la mythologie gréco-latine: les romans d' « antiquité-fiction » ont connu une « *croissance spectaculaire* », passant de 10 romans édités en 1976 à 18 en 1981 et à 30 en 1984[310], puis, plus abondamment encore, des autres mythes et héros non judéo-chrétiens, essentiellement celtiques ou germaniques. Cette floraison n'est pas innocente, ou du moins n'est pas indifférente, si l'on sait déchiffrer ses liens, revendiqués ou non, conscients ou non, avec les droites extrêmes, notamment à travers le GRECE et sa mouvance.

Michel Marmin, un des membres fondateurs du GRECE, écrivait en 1984 à propos des films « barbares » qui commençaient à inonder les écrans : « *En un siècle d'égalitarisme forcené, ce goût retrouvé du public pour les contes et les fables dénote une sorte de nostalgie féodale, une fascination monarchique que les sociologues et les politiques auraient bien tort de négliger. Comme le prévoyait d'ailleurs Nietzsche, les idéologies issues des Lumières ne seront pas vaincues par d'autres idéologies, mais par la résurgence des mythes fondateurs de notre culture* ».

Et dans un registre très jungien il poursuit : « [...] *ces films illustrent tous le réveil d'archétypes enfouis dans la mémoire des hommes et que des siècles de dictature rationaliste n'avaient pas réussi en définitive à éliminer. À la voix mystérieuse qui, à l'aube de notre ère, courait sur les rives de la mer Égée, en disant "Le grand Pan est mort", d'autres n'ont cessé de répondre depuis : "Le Roi Arthur va bientôt revenir".* »[311]

Marmin évoquait dans cet article des films comme *Le choix des Seigneurs* ou *Excalibur*. *I paladini*, traduit en version française par *Le choix des Seigneurs*, est un film réalisé en 1983 par l'italien Giacomo Battiato, et qui raconte, dans un haut Moyen Âge de fantaisie et sur fond d'intrigue amoureuse, la lutte d'une aventurière espagnole, Bradamante, contre les Maures qui veulent envahir son pays. *Excalibur* de John Boorman, sorti en

---

[310] D'après *Le Monde* du 5 décembre 1986.
[311] Cité par *Article 31*, n° 2, novembre 1984, p. 13.

1981, reconstitue de manière flamboyante la légende arthurienne en mettant en évidence la force héroïque confrontée aux pratiques magiques et aux visées maléfiques. Boorman lui-même explique[312] : « *À la manière de Tolkien, nous essayons d'inventer un monde intermédiaire, mitoyen du nôtre mais différent. Nous cherchons à éviter les références visuelles et tentons de créer notre plage temporelle* ». On y retrouve la « manière » de Boorman et son goût pour l'allégorie, déjà manifeste dans *Leo the Last*, en 1970, histoire d'un roi sans couronne isolé dans un monde hostile, ou dans *Zardoz*, en 1973, fable de science-fiction qui mêle ironie et cruauté, mais aussi, comme les autres films, joue sur le registre de l'émotion et de la fascination soutenu par la rythmique du film.

Mais *Excalibur* est loin d'être un phénomène isolé : parallèlement à la montée en puissance de *l'heroïc fantasy*, sur laquelle nous reviendrons dans le chapitre suivant, nombre d'auteurs, et qui sont loin de tous appartenir à l'extrême droite, produisent alors en effet des oeuvres inspirées par la légende arthurienne, des adaptations du *Parzifal* de Wagner aux broderies sur la légende dues à des cinéastes divers. On pourra laisser de côté, pour sa spécificité, le *Camelot ou le chevalier de la reine* de l'américain Joshua Logan en 1967, film musical tiré de la pièce du même nom créée avec succès en 1960 à Broadway avec Richard Burton et Julie Andrews. Mais au-delà, les titres s'enchaînent : *Lancelot* de Robert Bresson en 1974 ; *Perceval le Gallois* d'Éric Rohmer en 1978 ; *Lancelot* (titre anglais : « *First Knight* ») réalisé par Jerry Zucker en 1995 avec Sean Connery et Richard Gere ; plus récemment *Le Roi Arthur* réalisé par Antoine Fuqua en 2004 ; et la liste s'allonge si on ajoute les téléfilms : *Merlin*, série télévisée de Steve Barron en 1998 ; ou encore la série d'animation *King Arthur* (*Moero Arthur*) de Tōei animation en 1979. Un signe indirect de cette prégnance de la mythologie arthurienne se retrouve dans l'existence de parodies, comme la série télévisée *Kaamelott* d'Alexandre Astier à partir de 2005, ou dans l'influence qu'elle exerce sur d'autres genres : dans la série télévisée de science-fiction *Stargate SG-1* la mythologie arthurienne tient à partir de la neuvième saison un rôle essentiel dans les aventures extragalactiques des personnages.

Les écrivains ne sont pas en reste. L'Américaine Marion Zimmer Bradley publie à partir de 1983 une série de romans consacrés à la geste arthurienne vue du côté des femmes (Guenièvre, Viviane, et surtout Morgane). Le premier est *The mists of Avalon* dont l'adaptation française en deux tomes : *Les dames du lac* en 1986 et *Les brumes d'Avalon* en 1987, connaît un large succès auprès du grand public. Un téléfilm en sera tiré, et les traductions de

---

312 Cité dans *Les fiches de Monsieur Cinéma*, fiche n° 60 : « Excalibur », Images et Loisirs, 1999.

deux autres des romans du cycle, *Le secret d'Avalon* en 1997 et *La prêtresse d'Avalon* en 2000 seront présentées comme les tomes 3 et 4 des *Dames du lac*. On peut considérer que ce phénomène a lancé en France l'engouement pour les romans « celtiques ». À la suite, Jean Markale publie entre 1992 et 1996 les huit volumes de son opus fleuve consacré aux chevaliers de la Table ronde, *Le cycle du Graal* ; de 1995 à 1997 les éditions de Fallois publient la traduction des trois volumes de *La saga du roi Arthur*, de Bernard Cornwell : *Le Roi de l'hiver*, *L'Ennemi de Dieu*, *Excalibur ;* de Cornwell toujours, les Presses de la Cité publient en 2004 les deux volumes de *La quête du Graal* ; des traductions sont également faites en grand nombre de livres parus en Grande-Bretagne. Parallèlement, une veine médiévale inspire à Barjavel dès 1974 *Les dames à la licorne*, puis en 1984 *L'enchanteur*, consacré à Merlin. Et le site spécialisé *Erwelyn.com* recense pas moins de 76 titres consacrés à des adaptations de la geste arthurienne ou aux chevaliers de la Table Ronde entre 1980 et 2006, auxquels il faut ajouter 34 titres de littérature de jeunesse.

Il n'est pas jusqu'aux bandes dessinées qui ne soient de la partie, avec 48 titres recensés par *Erwelyn.com* entre 1980 et aujourd'hui, par exemple *Camelot 3000* de Mike Barr et Brian Bolland en 1984 ; *Pour l'amour de Guenièvre* de Jean-Claude Servais en 1992 ; la série de bande dessinée *Arthur*, scénarisée par David Chauvel, dessinée par Jérôme Lereculey et colorisée par Jean-Luc Simon de 1999 à 2006, qui présente une vision celtique de la légende arthurienne ; et même le jeu de cartes *Heros Deï : Les chevaliers de la Table Ronde* d'Arnaud Chapalain en 2005.

On a là un bon exemple de la manière dont l'esthétique d'extrême droite prend appui sur les mythologies du moment et s'en nourrit. Tous ces chevaliers et ces Arthur n'ont souvent guère à voir avec quelque extrême droite dans le message explicite qu'ils portent. Mais la plupart mettent en avant, au service de l'idéal aristocratique incarné par le héros, un lyrisme baroque, censé correspondre à l'ambiance de cette Bretagne fantasmée avec ses landes et ses brumes, ses chevaliers et ses maléfices, et au sein duquel Michel Marmin peut faire intervenir « son » Arthur sans paraître isolé ni décalé.

Quand Marmin évoque Arthur, il parle dès lors un langage familier ; et de même quand Le Pen fait défiler une Jeanne d'Arc en armure le premier mai, il donne aussi aux Français une image devenue familière par le mythe qui a été constitué autour du personnage historique. Car plus que ce dernier, et plus évidemment que la femme anonyme qui défile, c'est l'armure qui donne sa force à l'image, c'est-à-dire l'élément largement imaginaire mais symbolique par lequel le mythe prend figure, par lequel le mythe est représenté. L'armure étincelante est au défilé lepéniste du premier mai ce que le lyrisme baroque est à l'imagerie arthurienne.

Il ne faut évidemment pas voir là quelque complot : ce n'est pas l'extrême droite, ou au moins pas l'extrême droite seule, qui a fait naître ce regain d'aristocratisme médiéval : elle n'en a pas les moyens. Mais elle s'en nourrit et, bien entendu, le nourrit par la diffusion de ses propres œuvres.

Les années soixante-dix sont aussi l'époque par exemple des films du cinéaste allemand Werner Herzog mettant en scène, à travers son acteur de référence Klaus Kinski, des héros baroques et hallucinés : *Aguirre* en 1972, *Fitzcarraldo* en 1980, jouant eux aussi sur un savant dosage de cruauté et de fascination, contre lesquelles mettaient en garde dès cette époque un certain nombre de critiques : c'est le cas notamment d'un article de Robert Grelier sur les dangers de la fascination exercée par les films d'Herzog paru dans un dossier important de *La Revue du Cinéma*.[313]. Là encore, l'enjeu n'est pas de débattre pour savoir si Herzog est ou non porteur de valeurs ou d'idées extrémistes qu'il n'a jamais revendiquées, mais de constater que son œuvre, à ce moment, dans ce contexte, véhicule des thèmes et surtout met en œuvre une esthétique qui sont ceux que promeuvent certaines droites extrêmes.

D'autres œuvres vont, à la même époque encore, chercher plus avant dans le « barbare », pour reprendre le terme même de Michel Marmin, en explorant une préhistoire de fantaisie : pour ne citer que les plus connues, le film de John Milius *Conan le barbare*, en 1981, suivi peu après d'un *Conan le destructeur*, lance au cinéma la mode de la *dark fantasy* préhistorique. Le personnage de Conan le Cimmérien a été créé par le romancier américain Robert Ervin Howard en 1932, et, quelque peu tombé dans l'oubli, fut redécouvert dans les années soixante où il fut repris, avant le cinéma, par divers éditeurs plus ou moins fidèles à l'original (notamment aux éditions Lancer, illustrées par Frank Frazetta) et par la bande dessinée. La première bande dessinée de *Conan the Barbarian*, réalisée par l'américain Barry Smith, parut en 1970 en « *comics* » chez Marvel, suivie quelques années plus tard dans la même revue par celles de John Buscema qui en assura le succès populaire. Le critique Ken Bruzenak dépeint ainsi l'ambiance de l'œuvre[314] : « *Tout l'apparat de l'exotisme d'un monde archaïque, mêlé à une glorification de la virilité spartiate, toute animale, telle fut pour les lecteurs de* Weird Tales *la première apparition de Conan Le Barbare dans* Le Phénix sur l'épée, *publié en décembre 1932.* » Mais à cette époque l'histoire n'a que peu de succès et le personnage ne devient pas mythe. Il en va différemment, parce que le lectorat et la forme ont changé, lors de sa reprise quatre

---

[313] *La Revue du Cinéma* n° 342 de septembre 1979.

[314] Dans la revue *L'Ecran fantastique*, n° 23, mars 1982.

décennies plus tard, cette fois en bande dessinée : « *Récits héroïques évoqués à grands traits, mêlant le sang, la foudre, la magie et l'horreur, la sauvagerie simpliste des aventures de Conan fit à une nouvelle génération de lecteurs l'effet d'une décharge électrique. Des couvertures dues au pinceau évocateur de Frank Frazetta rendaient à la perfection la sombre aura de violence.* ». Jacques Sadoul donne une appréciation concordante de la bande dessinée de Smith : « *Conan, c'est la force brutale à l'état pur, la magie des anciens âges, l'aventure poussée jusqu'à la déraison* »[315].

C'est cette ambiance que reprend John Milius au cinéma en 1981, avec Arnold Schwarzenneger dans le rôle titre, mêlant dans son film plusieurs récits de Howard. Le scénario fut écrit par Oliver Stone, auteur de *Platoon*, de *Wall Street*, et Milius s'entoura d'une équipe de dessinateurs de bandes dessinées, dont Ron Cobb, qui avait déjà travaillé comme illustrateur sur les films d'anticipation *Star Wars* et *Alien*. Milius, d'abord scénariste (il reviendra au scénario en collaborant en 1978 à celui d'*Apocalypse Now* de Francis Ford Coppola), avait réalisé précédemment deux longs métrages : *Dillinger* en 1973, et en 1975 *The wind and the lion*, que Roger Boussinot commente ainsi[316] : « *curieux essai "épique" mettant en parallèle un chef berbère et Théodore Roosevelt ; c'est un film où l'on a cru voir, à tort, une exaltation de la force brutale, voire une idéologie raciste, alors qu'il s'agit d'un récit d'aventures (vu pour une bonne part par les yeux d'un enfant) où les sentiments nobles sont largement dominants* ». Le texte de Boussinot étant antérieur à la sortie de *Conan la barbare*, on peut se demander si le « *à tort* » n'est pas de trop ... Car ce qui caractérise les *Conan*, écrits, dessinés ou filmés, c'est bien la fascination pour la force brutale, à travers une initiation barbare et un style lyrico-épique qui ne fait que la renforcer : capacités surhumaines, au sens propre, mouvement rapide, simplification des personnages comme, pour la mise en image, des traits, contrastes d'ombres et de lumières, emploi constant des plongées et contre-plongées ...

D'autres héros mi préhistoriques mi « barbares » suivront, avec plus ou moins de réussite[317] : pour s'en tenir aux seules années quatre-vingt, on voit se multiplier les films, souvent avec des suites parfois simplement numérotées (*Dar l'invincible* 1, 2, 3) et des titres dont l'originalité n'est guère le point fort, consacrés à ces personnages : *Gunan le guerrier*, *Ator le conquérant*, *Voltan le barbare*, *Taur le roi de la force*, *Kull le conquérant*, *Thor le guerrier*, *Kaine le mercenaire*, *Barbarian Queen*, *Princess Warrior*, et de nombreux autres. Là encore, la bande dessinée n'est pas en reste,

---

315 Jacques Sadoul, *93 ans de BD*, Paris, J'ai Lu, 1989.
316 *L'encyclopédie du cinéma*, Paris, Bordas, 1980, p. 887.
317 On trouvera nombre de références dans Marc Duveau (dir.), *La grande encyclopédie de la fantasy*, Omnibus, 2003, ou dans Jean-Luc Triolo, *Index de la fantasy*, Encrage, 2003.

reprenant les mêmes héros ou les mêmes schémas, de même que le film d'animation, par exemple en 1982 *Tygra, la glace et le feu*, qui préfigure les innombrables jeux vidéos que le développement technologique rendra possibles. À mi-chemin entre une protohistoire fantasmée (la « *nuit des temps* » chère à Barjavel) et les mythologies, entre le péplum des années soixante renouvelé dans un registre sensiblement plus « barbare » et le médiévisme devenu à la mode, ces productions magnifient toutes l'héroïsme brutal dans un environnement hostile mis en valeur par un graphisme volontiers torturé ou « gothique ». Point de réflexion là-dedans, mais une exacerbation des sensations devant cet affrontement manichéen de deux mondes où le bien triomphe du mal par la force. On voit aisément tout le profit que pourra tirer l'extrême droite de l'état d'esprit ou du conditionnement ainsi créés.

La série des *Rahan*, lancée en 1968 par Roger Lécureux reprend la thématique du « *fils des âges farouches* ». Mais elle présente un cas à part : créé pour la revue *Pif-Gadget*, alors d'obédience communiste, Rahan se veut un héros positif. Lécureux lui-même explique[318] : « *J'avais envie de faire un personnage vraiment solitaire, presque égoïste. Un héros seul, seul jusqu'au désespoir. Imagine cet homme ! Il n'avait pas d'arme, lui ! Pas de colt ou de rayon laser. Il n'avait que son corps et sa tête.* [...] *Je n'aime pas moraliser, mais j'ai envie de donner aux enfants des images de certains comportements dans la vie. Tant pis si ce sont des clichés ! C'est vrai que je souhaite que les hommes soient frères ! C'est vrai que je souhaite qu'on ne méprise pas le plus faible !* ». De fait Rahan, proche de la nature qu'il observe attentivement, défend des valeurs humaines, souvent contre les sorciers malfaisants des peuples qu'il rencontre au cours de ses aventures.

Il n'empêche que, sans aller plus loin dans l'analyse, on peut au moins s'interroger sur l'imaginaire auquel renvoie ce Rahan, homme solitaire, athlétique, blond à peau claire et aux yeux bleus, imberbe, dont quasiment tous les adversaires sont bruns, hirsutes, à peau mate. Lécureux se justifie en expliquant que Rahan avait été imaginé brun à l'origine, mais qu'il ressemblait trop à Tarzan et devint donc blond. Nous en donnons acte bien volontiers à son auteur. Il n'en reste pas moins que les lecteurs de la série ne peuvent faire cette analyse, et que l'image donnée est pour le moins ambiguë de par ses connotations. Nous touchons là un des points essentiels de notre étude, et qui rejoint l'analyse du film de Fassbinder présentée dans l'introduction : point n'est besoin qu'un auteur soit d'extrême droite – et Lécureux, mort en 1999, en était loin – pour que son œuvre risque de véhiculer, fût-ce contre son gré, une telle idéologie, ou à tout le moins d'en faciliter le développement.

---

[318] Entretien dans *Pif-Gadget*, n° 500 hors série, 1978.

De surcroît, l'appropriation de ces œuvres, ou des mythes qui leur correspondent, par l'extrême droite est monnaie courante, surtout lorsque, comme dans la légende d'Excalibur, ils mêlent tous les éléments privilégiés des droites extrêmes : force virile (l'épée que seul le futur roi pourra extraire de son socle), celtitude, héros solitaire et pur aux prises avec des forces malfaisantes plus ou moins occultes.

Le GRECE a ainsi donné un temps le nom d'Excalibur à sa librairie ; Excalibur est aussi le nom d'une organisation néo-nazie belge, également connue sous le nom sans ambiguïté de *Leibstandarte Adolf Hitler*, créée en 1991 par d'anciens nazis, des activistes dissidents du *Vlaams Blok* d'Ostende et des skinheads pour promouvoir la « *vente par correspondance de propagande NS* » (comprendre « National-Socialiste ») ; des chansons portent ce titre dans les albums des groupes de « rock identitaire » apparus à la fin des années 90 : Docteur Merlin, Vae Victis par exemple ; et l'organisateur des meetings de Le Pen, son gendre Jean-Pierre Gendron, expliquait en 1992 : « *Nous projetons des photos qui défendent nos valeurs : extraits du film* Excalibur *de John Boorman, photos de cathédrales, le Parthénon, statues grecques, calvaires bretons* »[319].

Cette appropriation, où, on le voit, la cohérence historique ou religieuse n'est pas l'essentiel, atteint d'ailleurs même des figures "mythiques" récentes, pour peu qu'elles servent l'imaginaire de l'extrême droite : on peut rappeler par exemple la fondation en 1947 des « Commandos de Saint-Ex » par le néo-fasciste Charles Gastaut, dit Charles Luca, qui, dissous en 1949, seront reconstitués sous le nom de « Citadelle », rappel évident du titre du dernier livre, posthume, de Saint-Exupéry. L'objectif déclaré de ce mouvement – que le romancier-aviateur n'aurait bien entendu pas soutenu – était de « *promouvoir l'école du Racisme* »[320] : peu importe la mythologie à laquelle on emprunte, pourvu qu'une thématique exaltante soit présente ...

Dans ce contexte, les ouvrages de J.R.R. Tolkien, auquel Boorman, nous l'avons vu, se référait, ont connu eux aussi les faveurs de l'extrême droite : Hobbit, du nom du personnage du conte de Tolkien *Bilbo le Hobbit*, publié en 1937, était même le nom de code d'un camp d'entraînement de néo-nazis allemands dans les années 80, ou, de 1977 à 1980, de camps d'entraînement de néo-fascistes italiens dans les Abruzzes, où l'on retrouvait notamment des individus proches du groupe terroriste *Ordine Nero* ...

---

[319] *Le Monde* du 6 février 1992.

[320] Cf. Ariane Chebel d'Appollonia, *L'extrême-droite en France*, Complexe, Paris, 1988, pp. 285-287. La citation est tirée de la revue du mouvement, *Fidélité*, de décembre 1952.

Il est vrai que J. R. R. Tolkien, dans son œuvre maîtresse, la tétralogie du *Seigneur des Anneaux*, publiée en 1954-55, apparaît comme le créateur d'une véritable mythologie dans laquelle bien des thèmes sont récupérables par l'extrême droite. D'abord connu en Grande Bretagne et aux États-Unis, c'est au début des années soixante-dix que Tolkien est traduit en France où il suscite un véritable engouement. Dans *Le Seigneur des Anneaux*, il imagine la lutte de différents peuples merveilleux : Hobbits, Elfes, Nains, Ents, Magiciens, représentant les forces du bien, contre les forces du mal des Orques, des Cavaliers Noirs, des Nazgüls, etc. Inventant tout un monde, peint de manière très précise, avec ses cultures, ses pays, ses langages (Tolkien est philologue de formation), il mêle des traits empruntés au merveilleux héroïque des sagas nordiques ou des romans de chevalerie à une imagination cohérente.

Cependant, chez Tolkien, à la différence de bien d'autres épopées, il ne s'agit pas avec *Le Seigneur des Anneaux* de la quête de l'anneau du Pouvoir : les forces du bien luttent pour détruire l'anneau afin d'empêcher qu'il ne tombe aux mains des forces du mal. On y retrouve ainsi le désir d'un retour à une nature édénique qui fera son succès dans l'après 1968. Mais ce qui domine, c'est le manichéisme, le moralisme simpliste, le refus du monde moderne qu'il définira ailleurs[321] comme « *âpre et laid* », le recours au merveilleux ou à la magie, en tout cas pas aux simples vertus humaines, pour aboutir à ses fins : autant de thèmes qu'une certaine extrême-droite peut récupérer sans difficulté, et qui seront à la base de l' « *heroïc fantasy* ».

L'explosion dans les années 1980 de ce qu'il est convenu d'appeler l' « *heroïc fantasy* »[322], des fanzines aux jeux de rôle, qui s'inscrit dans la même lignée que ce qui précède, est en effet particulièrement intéressante pour nous dans la mesure où ces œuvres présentent généralement des situations qui relèvent du même registre mythique et manichéen et des mêmes procédés d'écriture – au sens large – que celui dont use l'esthétique d'extrême droite : héros confrontés à un monde hostile, vertus guerrières, mythes médiévaux ou barbares, passion et exaltation.

À la suite de *Donjons et Dragons*, imaginé en 1974 à partir du *Seigneur des Anneaux* de Tolkien, des centaines de jeux, aux titres souvent significatifs : *Royaume*, *Empires et Dynasties*, *Graal*, *Hurlements* ..., attirent aujourd'hui plusieurs centaines de milliers de passionnés. Deux millions

---

[321] Dans un essai de 1938 intitulé *Du conte de fées*, où il exprime sa conception de la fonction morale du conte.

[322] Sur la « *fantasy* », voir notamment Jacques Baudou, *La Fantasy*, PUF, « *Que sais-je ?* » n° 3744 ; Jean-Luc Triolo, *Index de la fantasy. L'heroïc fantasy en France en 2002*, Paris, Encrage, 2003.

d'exemplaires du jeu *Donjons et Dragons* sont vendus dans les quinze premières années. Des magazines spécialisés ont vite suivi, tels *Dragon radieux*, *Graal*, *Casus Belli*, et même en 2000 un film américain de Courtney Solomon reprenant le titre *Dungeons and dragons*. Deux éléments se retrouvent alors dans une majorité de ces productions : un monde médiéval barbare, fantasmé plus qu'historiquement reconstitué, faisant volontiers place à l'horreur, et le merveilleux des magiciens, des lutins ou des dragons.

On peut certes voir dans cet engouement pour le merveilleux une continuation de l'attrait séculaire exercé par les contes, et les jeux de rôle exerceraient alors la même fonction cathartique de construction de la personnalité autour de thèmes récurrents que celle que Bruno Bettelheim attribuait aux contes[323]. La différence est cependant plus que perceptible : le conte est immuable (quelles qu'en puissent être les variantes), il repose sur une tradition collective, il remplit une fonction initiatique et définit les règles de la socialisation comme les interdits de la transgression ; l'auditeur reçoit cet ensemble de valeurs normatives à travers la *traditio*, la transmission, à l'origine le plus souvent orale, du conte. Avec le jeu de rôle, au contraire, l'acteur peut mener à sa guise le déroulement de l'histoire, conçue comme une aventure individuelle autorisant – au moins au niveau fantasmatique – toutes les transgressions : tel passionné de jeux de rôle raconte ainsi dans *Le Monde*[324] : « *Une fois, dans une partie, je me suis retrouvé dans un temple, entouré d'ennemis. J'étais un prêtre déguisé portant un bébé au baptême. Je n'avais aucune arme sur moi et j'ai été découvert. Alors, j'ai utilisé l'enfant. Je sais, c'est ignoble, mais cela montre que je suis capable de commettre un tel acte. Cela révèle l'autre face des individus* ». Révélation peut-être, encore que l'analyse psychologique soit un peu courte ; mais surtout régression au niveau des pulsions et instincts, au détriment de la socialisation et de la raison.

L'autre face, la dominante médiévale, a pu être expliquée par l'origine américaine des jeux de rôle, comme le fait le responsable de la société *Dragon radieux* : « *L'attrait pour le Moyen Âge s'explique par l'origine américaine de nombreux jeux : faute de posséder un vrai passé médiéval, les Américains s'en inventent un* »[325]. Mais là encore, plus qu'à quelque frustration américaine, cette conjonction de médiévisme et de merveilleux renvoie, comme le romantisme noir du dix-neuvième siècle, à la recherche d'un monde autre dont les caractéristiques sont la violence, la puissance, le triomphe individuel sur des forces maléfiques, la combinaison d'un héroïsme

---

[323] Bruno Bettelheim, *Psychanalyse des contes de fées*, Robert Laffont éd., Paris, 1976, rééd. 1999.

[324] *Le Monde* du 13 octobre 1988.

[325] Paul Chion, interrogé dans *Le Monde* du 13 octobre 1988.

passéiste et de réactions pulsionnelles liées notamment, dans l'affrontement d'ennemis omniprésents, à l'instinct de survie : monde holistique qui exclut l'analyse du fait de son manichéisme et où la victoire s'acquiert par le biais de la force ou de la ruse dans une lutte sans merci du bien contre les forces du mal. On retrouve là tous les ingrédients : complot, force, valeurs héroïques, passéisme, qui fondent la pensée d'extrême droite.

Cela ne signifie évidemment pas que les créateurs de jeux de rôles soient les thuriféraires de l'extrême droite, ni que tous ceux qui les pratiquent adhèrent à de telles idéologies. Mais l'ensemble banalise des concepts : prégnance de l'irrationnel, manichéisme, lutte pour la vie, danger potentiel représenté par « l'autre », qui sont ceux que la pensée d'extrême droite concentre et théorise en idéologie et, au-delà, en démarche politique.

Au plan de l'esthétique, une banalisation parallèle s'effectue. On retrouve constamment dans ces ouvrages les éléments d'une esthétique de la fascination : graphismes « médiévaux » ou gothiques, prédominance du dessin, stylisation des décors et des personnages, omniprésence dans le dessin des effets de menace ou d'exaltation par la multiplication des plongées et contre-plongées, rythme rapide. Et l'irruption des jeux vidéo fondés sur les mêmes thèmes a encore amplifié ces procédés et leur domination dans l'univers mental ainsi créé, en leur ajoutant mouvement et vitesse. Et nous avons vu plus haut que c'est précisément à des thèmes et des procédés similaires que bande dessinée et cinéma font largement appel dans la même période.

« *Héroïsme mythologique et fantastique de bon aloi* » et « *célébration des valeurs aristocratiques* », comme le disaient les articles de *Magazine Hebdo*, magazine proche de la Nouvelle Droite dans les années quatre-vingt[326], vont le plus souvent de pair dans ces œuvres. On retrouve aussi là le lien que faisaient déjà les œuvres de Mabire (par ailleurs membre fondateur du GRECE) ou de Saint-Loup, mentionnés ci-dessus, entre mythes et ordres combattants.

Dans tous les cas, ce qui transparaît, c'est la mise en avant d'un anti-égalitarisme farouche, d'un culte de l'aristocratisme, lié à la mystique du clan, du groupe autoproclamé « supérieur ». Au-delà des aspects sociétaux que nous venons de développer, les multiples résurgences actuelles des templiers, druides et autres ordres de chevalerie fournissent un autre exemple du développement de cette même logique, celle d'une caste supérieure et parfois occulte, qui, relevant souvent du rêve ou du fantasme, nécessite de s'appuyer sur une esthétique d'exaltation et de fascination.

---

[326] Références dans *Article 31*, n° 2, novembre 1984, note 20.

XIV

Ésotérisme et « New Age »

À côté des aspects plutôt ludiques que nous venons d'évoquer, l'attrait renouvelé pour le médiéval et l'irrationnel se manifeste aussi par la constitution de multiples groupements plus ou moins sectaires, plus ou moins ésotériques qui prolifèrent dans la perspective de ce qu'il est convenu d'appeler le « *New Age* ». On regroupe sous ce nom une multitude d'idées, de croyances et de comportements qui, en marge des cultures dominantes, ont en commun l'attente d'un bouleversement des mentalités durant l'ère du Verseau, qui devrait succéder, pour les astrologues, à l'ère actuelle, celle des Poissons, lorsque l'équinoxe de printemps passera du signe zodiacal des Poissons dans celui du Verseau. Autant l'ère des Poissons est considérée comme une ère de violence, de matérialisme, de catastrophes, autant l'ère du Verseau devrait constituer un millénaire (un peu plus de deux mille ans en fait) de primauté de l'esprit.

Dès la fin des années soixante, la comédie musicale à succès *Hair* annonçait que « *L'homme réapprendra à penser / Grâce au Verseau* » ; en 1980, la journaliste américaine Marilyn Ferguson publie un livre qui connaîtra un succès important, *Les enfants du Verseau*, dans lequel elle prophétise que « *après un âge d'obscurité, nous pénétrons dans un millenium d'amour et de lumière, l'ère du Verseau, le temps de la vraie libération de l'esprit* ». Pour les tenants du *New Age*, qui puisent allègrement dans toutes les traditions ésotériques et les horoscopes les plus tarabiscotés, tout en n'hésitant pas à se réclamer de Wilhelm Reich ou de Karl Gustav Jung, « esprit » est à prendre au sens d'Esprit absolu, Être absolu, Essence ou Énergie créatrice de toutes choses, Conscience cosmique ; cet Esprit auquel chacun de nous participerait, il suffirait de le retrouver « au fond de nous-mêmes », en renonçant au rationalisme qui ne voit que les phénomènes, pour atteindre à la « lumière » et mettre fin à toutes les calamités engendrées par le matérialisme : l'erreur fatale de l'ère des Poissons a consisté en effet à séparer l'esprit de la matière et à donner la prééminence à celle-ci : il faut donc « *inverser les paradigmes* ».

De ces conceptions où la croyance se mêle facilement à l'escroquerie intellectuelle pure et simple sont issus une foule de comportements hétéroclites, du « vivre bio » à la recherche de « l'énergie cosmique » en passant par le *channelling* (communication avec des « entités » non humaines), le *rebirthing* (remémoration de l'instant de sa naissance lors de séances de groupe) ou ... la simple relaxation.

Quel rapport, dira-t-on, avec l'extrême droite ? Sur le plan politique, aucun. À l'origine, le « Nouvel Âge » se veut même une contre culture pacifiste soucieuse du bien-être de l'humanité, aux antipodes donc de l'extrême droite.

Mais les concepts du *New Age* renvoient à une conception du monde et établissent un environnement mental qui ouvrent la voie au développement des idéologies d'une partie au moins des droites extrêmes : la conception d'un monde présent (l'ère des Poissons) dominé par le mal – ou qui a mal évolué – s'accorde avec la thématique décadentielle que nous avons vue à l'œuvre dans l'idéologie d'extrême droite, et l'idée de Marilyn Ferguson que « *par un nouvel état d'esprit* [...] *l'humanité peut se régénérer* »[327] fait écho à la critique de la société « dégénérée » omniprésente chez les droites extrêmes ; la condamnation d'un monde matérialiste et déspiritualisé ouvre le champ à la condamnation des « idéologies », du matérialisme marxiste à la logique du profit capitaliste, au profit d'une exaltation des « valeurs », de la morale, et surtout de la tradition ; la volonté de « resacraliser » la nature, que deux mille ans de culture et de rationalisme auraient gâchée, prête le flanc aux dérives anti-intellectualistes et revivifie cette opposition nature / culture dont Barthes notamment a analysé les aspects pernicieux ; la conception holistique du monde, où « tout est dans tout », associée à l'omniprésence de forces occultes, permet d'évacuer l'analyse rationnelle des phénomènes et la notion de causalité, au profit d'une croyance vague mêlée de fatalisme cyclique ou biologique ; quant à la notion d' « énergie cosmique », elle n'est pas si éloignée de celle de « force vitale » ou d' « instinct vital » que des glissements ne puissent s'effectuer de l'une à l'autre ; enfin il n'y a qu'un pas de la prégnance des gourous et autres « maîtres à penser » détenteurs de la Tradition, au culte du chef, du « guide » inspiré qui fait les beaux rêves de toute l'extrême droite.

Apolitique, spiritualiste, naturaliste, le *New Age* paraît dans ses fondements bien innocent et bien éloigné de la pensée d'extrême droite. Mais ces traits mêmes fondent un espace où cette dernière peut se déployer, chez des gens de surcroît victimes des crises sociale et culturelle, de la « crise du sens » que d'aucuns ont analysée, et prêts pour cette raison à adhérer à tout système de pensée qui semble rompre avec les idéologies dominantes, chez des gens inquiets de l'avenir et auxquels ces conceptions offrent une croyance globalisante, immédiate et rassurante : avec l'arrivée du Verseau, tout va changer.

---

[327] *Les enfants du Verseau*, Paris, Calmann-Lévy, 1981, p. 35.

D'autre part, l'aspect prétendument humaniste du *New Age*, avec ses « rythmes bios » et son syncrétisme, s'évapore vite si l'on considère cette donnée fondamentale : pour les sectateurs du « nouvel âge », l'évolution de la société humaine (qu'on la baptise « progrès » ou autrement) ne relève pas des hommes, mais des cycles astraux : ce n'est pas parce que des hommes œuvrent pour cela que l'on va arriver à une « *ère d'amour et de lumière* », mais parce qu'on va entrer dans l'ère du Verseau. Et pour bénéficier de ce changement, il suffit de se conformer à la Tradition, aujourd'hui perdue ou pervertie, mais que des initiés ont su préserver précieusement. Il s'agit là d'une pensée réactionnaire par excellence, doublée d'un irrationalisme qui rend inefficace toute contradiction.

Les œuvres qui se rattachent à ce courant en donnent un aperçu : même chez un écrivain « à succès » comme le brésilien Paulo Coelho, qui récuse d'ailleurs pour lui-même l'appellation « *New Age* », les romans sont emplis de vieux sages qui, à l'instar du « *vieux roi* » de *L'Alchimiste* ou du prophète Élie de *La Cinquième montagne*, initient les autres personnages à l'aide de préceptes mystérieux : « *Apprends à respecter et à suivre les signes* », afin de leur permettre de découvrir leur « *légende personnelle* » que le conformisme ambiant leur a fait oublier, et de devenir ces « *guerriers de la lumière* » à l'usage desquels Coelho n'a pas hésité à rédiger un *Manuel* ... Tout un univers est ainsi proposé au lecteur, fait de mystères de la vie à découvrir et de rites de passage. Dans tous les cas, il s'agit de dépasser les contingences du monde et le conformisme social pour retrouver les « choses oubliées » et accomplir sa véritable destinée.

On retrouve également cet état d'esprit, *mutatis mutandis*, dans des œuvres plus lointaines, par exemple celles d'Hermann Hesse, le poète et romancier suisse d'origine allemande de la première moitié du vingtième siècle et un des auteurs de prédilection des sectateurs du *New Age*. Il n'est pas possible de classer Hesse parmi les auteurs politiquement d'extrême droite ; son anticonformisme, son refus des doctrines, son pacifisme qui lui vaut l'amitié de Romain Rolland, plus tard sa défense des auteurs pourchassés par le nazisme l'en éloignent radicalement. Mais les thèmes qu'il développe en rapprochent son œuvre ou entretiennent une lecture ambiguë : s'il conteste le monde bourgeois et la société industrielle, c'est non pas pour des raisons sociales, mais parce que ceux-ci seraient le signe d'une culture dégénérée ; s'il cherche des solutions, celles-ci ne peuvent être qu'individuelles et tendues vers la recherche d'un monde idéal, où interviennent spiritualité et magie ; son pacifisme dénonce la guerre, dans *Demian*, en 1919, mais comme une catastrophe due à la décadence née de la mentalité obtuse des masses ; si, dans son roman le plus connu, *Le loup des steppes*, en 1927, son héros abandonne cet esthétisme individualiste, c'est pour chercher sa voie dans la fusion au sein de la Nature grâce à la magie et afin d'accéder, en dépassant la réalité, à une existence supérieure, réconciliant les contraires : la vie et l'esprit.

On a ainsi cru voir dans les romans d'Hermann Hesse une œuvre « en rupture », remettant en question les certitudes sociales : richesse matérielle, famille, religion, et préfigurant par son style certains aspects des romans modernes : bouleversement dans *Le loup des steppes* du schéma traditionnel du roman d'apprentissage, puisque le héros de la quête est ici un homme mûr désespéré remettant sa vie en cause ; emploi de procédés stylistiques novateurs : jeux d'analogies, nombreuses variations, ambivalence des images. Mais ces ambivalences, ce rejet du moi, ces glissements par juxtaposition d'images sont la traduction stylistique du glissement de la réalité, rejetée, vers un monde « autre », magique, transcendant.

L'influence de Nietzsche (sensible dès son essai de 1919 intitulé *Le Retour de Zarathoustra*) et de la psychologie jungienne, un goût prononcé pour l'orientalisme (*Siddartha*, 1922 ; *Le jeu des perles de verre*, 1943) et la magie, la mythification de la Nature renforcent dans cette œuvre le caractère d'un idéalisme aristocratique, reflet d'une époque de transition au sein de laquelle Hesse, considérant qu'on ne peut maintenir le passé, devenu décadent, en l'état, recherche obstinément, en conjuguant nature et tradition, les voies d'une existence supérieure.

Il n'est par ailleurs pas indifférent de constater que le versant « psychologisant » du *New Age*, comme Hesse avant lui, se réfère non pas à la psychanalyse de Freud, mais à la psychologie analytique de Karl Gustav Jung, que nous avons évoqué plusieurs fois ci-dessus ; celle-ci repose, on le sait, sur la notion d' « *inconscient collectif* », « *océan d'énergie* » antérieur au moi individuel. Il appartient à chacun, pour Jung, de devenir un individu pleinement autonome par le processus de l' « *individuation* », consistant à réaliser la venue à la conscience et l'intégration des contenus archétypiques de cet inconscient collectif, en cessant de les projeter dans des figures extérieures, en se laissant « *inonder* » par ces énergies. Ce changement de perspective de la personnalité met au premier plan le « *Soi* » (*Selbst*), situé au-delà du Moi. Désormais conscient de sa place dans l'univers et du sens de celui-ci, l'homme atteint au bonheur et à la vraie liberté en adhérant pleinement à cet ordre du monde qui le dépasse : toute la psychologie jungienne, assortie dans les derniers temps d'un intérêt manifeste pour l'ésotérisme et l'alchimie en particulier, est une quête d'un au-delà de l'humain, une quête du surhomme, dans la lignée de Nietzsche.

La définition de l'inconscient comme une énergie antérieure au moi, l'affirmation par Jung d'une dimension « *qui dépasse infiniment l'homme* », d'un ordre préexistant à servir docilement, dont les manifestations, dynamiques, s'accompagnent d'une forte charge émotionnelle confinant au sacré (Jung dit « *numineuse* »), le rejet de l'intellect seul qualifié de « *luciférien* », ne pouvaient qu'attirer l'attention d'une partie des droites extrêmes[328].

Tout un réseau d'idéologies diffuses, différentes dans leurs sources et dans leurs motivations mais comportant de nombreux points de convergence, fonctionne ainsi, et donne à tout un chacun des approches du monde qui sont précisément celles que l'extrême droite érige en doctrine : caractère naturel de l'inégalité, existence de valeurs traditionnelles perdues à retrouver, décadence du monde contemporain, dégénérescence de l'homme à laquelle seule une élite peut échapper, rejet de la démocratie au profit de la caste.

Ce même réseau fournit aussi, et c'est ce qui est fondamental ici, les éléments d'une approche esthétique du monde, fondée sur l'émotion, l'exaltation, la fascination. Ce sont là encore autant de points d'appui pour que se nourrisse et se renforce une esthétique d'extrême droite telle que petit à petit nous en dessinons les contours.

On voit ainsi comment une certaine pensée d'extrême droite a pu s'appuyer largement sur ces thèmes et motifs pour servir ses propres desseins, comment cet aristocratisme littéraire peut apporter, *volens nolens*, sa caution à une pensée politique qui repose sur des présupposés identiques. Ce n'est en effet finalement pas autre chose que professait par exemple, mais de manière résolument moins « grand public », un des maîtres à penser de toute une partie de l'extrême droite subversive, René Guénon, développant une pensée élitaire et traditionaliste sur fond d'une synthèse des grandes traditions – de la Kabbale au soufisme –. Guénon, mort en 1951, se présentait comme un initié dépositaire de la « *Tradition primordiale* » unique et d'origine « *métaphysique* », non-humaine, perdue ou pervertie par les différentes religions – christianisme, islam, hindouisme – comme par la maçonnerie. Selon la tradition interprétée par Guénon, le monde, dont l'histoire est faite de cycles successifs de plusieurs centaines de milliers d'années, vit actuellement la fin d'un cycle, l'ère de Kali-Yuga (du nom de la sanglante déesse hindoue Kali), période de décadence qui a oublié le sacré et donné le pouvoir à la caste inférieure : « *Personne, dans l'état présent du monde occidental, ne se trouve plus à la place qui lui convient normalement en raison de sa nature propre ; c'est ce qu'on exprime en disant que les*

---

[328] Nous ne nous intéresserons pas ici à la querelle qui a concerné les relations de Jung avec le nazisme. Cf. Richard Noll, *Jung, « Le Christ aryen », Les secrets d'une vie*, Paris, Plon, 1999 (traduction de *The Aryan Christ, The Secret Life of Carl Jung*, New York, Random House, 1997), qui voit en Jung un « *prophète völkisch* » ; *contra*, Elisabeth Roudinesco, « Carl Gustav Jung. De l'archétype au nazisme. Dérives d'une psychologie de la différence », *L'Infini*, n° 63, automne 1998.

castes n'existent plus. »[329]. Seuls les initiés retrouvant cet esprit de caste survivront à la décadence et aborderont l' « âge d'or » du cycle à venir. Une telle doctrine, fondamentalement anti-égalitaire et renvoyant à des origines non judéo-chrétiennes, ne pouvait que séduire une « Nouvelle Droite » élitaire et férue d' « Indo-européens ». Mais sa proximité avec le *New Age* est également évidente, même si les bases, occultistes ici, astrologiques là, diffèrent ; ainsi se crée un état d'esprit ambiant qui favorise les passerelles entre une partie des droites extrêmes et des courants a priori apolitiques.

Mais le rapprochement n'est pas que thématique ou idéologique. Des liens plus concrets peuvent exister. Le cas de Christian Bouchet, que nous avons déjà mentionné, en est un exemple intéressant. Bouchet a été un des responsables de plusieurs groupes « nationalistes révolutionnaires » (Troisième Voie, Nouvelle Résistance, Unité radicale, ...), a été membre du Conseil national du MNR de Mégret, a animé le site Internet *voxnr.com* (site se réclamant des courants « solidariste » et « nationaliste révolutionnaire », d'où *nr*), et a adhéré au Front national en 2008. Mais il a été lui-même intéressé par l'ésotérisme et la sorcellerie au point d'en devenir un spécialiste : en témoignent une thèse sur la vie et l'œuvre d'un des fondateurs de l'occultisme moderne, Aleister Crowley, de nombreux ouvrages sur l'ésotérisme et les « spiritualités de marge » publiés auprès d'éditeurs spécialisés, et de multiples articles sur les mêmes sujets dans des revues diverses[330], dont la revue *Théléma* qu'il a lui-même lancée en 1982. Il a aussi créé les Éditions du Chaos et les Éditions Ars magna pour diffuser, avec ceux d'autres auteurs (Evola, Thiriart, ...), ses propres ouvrages.

Christian Bouchet, pour répondre aux accusations portées contre lui de vouloir associer ses activités ésotériques, notamment au sein de la société initiatique *Ordo Templi Orientis*, et son militantisme politique, a affirmé[331] que s'il a été « *conduit à fréquenter quelques structures maçonniques, paramaçonniques et initiatiques* [...] *Cette fréquentation, que l'on nomme en langage universitaire de "l'ethnologie d'immersion" ou de "l'ethnologie participative" n'a été effectuée, sur les conseils et sous le contrôle de mon maître de thèse, que dans le cadre de ces travaux et a cessé dès ceux-ci terminés (il y a plus de sept années). Elle n'a jamais été motivée par autre chose que par l'étude.* » Nous n'entrerons pas ici dans la discussion sur ce

---

[329] René Guénon, *La crise du monde moderne*, Paris, Gallimard, 1973 (rééd.), pp. 83-84. Cité *in* René Monzat, *Enquêtes sur la droite extrême*, Paris, Le Monde-Editions, 1992, p. 127.

[330] Notamment, aux éditions Pardès, depuis 1998, dans la collection *B A-BA*, les volumes concernant le mouvement de sorcellerie moderne Wicca, l'occultisme, le néo-paganisme, le spiritisme ; dans la collection *Qui suis-je*, des ouvrages sur Crowley, Gurdjieff, Kardec ; le livre *Wicca* en 2004.

[331] Par exemple dans un droit de réponse paru dans *Le Courrier de l'Ouest* du 4 septembre 2002, d'où est tirée la citation.

point, nous contentant de renvoyer aux publications qui l'évoquent[332], car ce n'est pas la personne de Bouchet qui nous intéresse ici, mais la passerelle que sa double activité établit entre occultisme et idéologie d'extrême droite. Il est clair en effet que la coexistence de ces deux domaines de pensée chez un personnage de cette importance, et la proximité entretenue entre eux à travers publications « ésopolitiques », sites Internet ou maisons d'édition, ne peut que contribuer à développer une telle liaison. N'est-ce pas d'ailleurs Bouchet lui-même qui affirmait dans la revue *Murmures d'Irem* en 1995[333] : « [...] *je ne fais quasiment aucune différence entre mon engagement politique et mon engagement occultiste. J'ai la conviction que l'un et l'autre participent à un engagement plus vaste et réellement existentiel.* » ?

Ces relations seraient de peu d'intérêt si Bouchet était un cas isolé. Mais d'une part on retrouve dans ces milieux initiatiques ou occultistes d'autres responsables d'extrême droite, essentiellement du courant « nationaliste révolutionnaire ». Ainsi, par exemple, Philippe Pissier, l'un des principaux traducteurs et diffuseurs de l'œuvre de Crowley en France, a aussi été membre de Nouvelle Résistance ; Jean-Pierre Giudicelli, ancien d'Ordre nouveau puis de Troisième Voie, a participé au Groupe de Thèbes, qui rassemblait au début des années 1990 des responsables d'organisations initiatiques diverses.[334] Le site *voxnr.com* offre, via sa librairie en ligne, *librad.com*, un accès à des dizaines d'ouvrages classés dans ses rubriques « ésotérisme » et « sociétés secrètes ». La maison d'édition Dualpha, créée en 1997 par Philippe Randa, un des principaux éditeurs de l'extrême droite en France[335], diffuse une collection « Insolite » largement consacrée à l'ésotérisme. On pourrait allonger la liste, qui témoigne d'un intérêt certain d'une partie au moins de l'extrême droite pour l'occultisme ou pour ceux qui le pratiquent.

D'autre part, à côté de ces investissements « sérieux » dans l'occultisme, on assiste depuis quelques années à la constitution, démultipliée par les facilités qu'offre Internet, de multiples groupes à l'ésotérisme amateur et plus ou moins folklorique, allant de l'odinisme à la Wicca, de la magie runique aux multiples formes du « néo-paganisme », voire inspiré des

---

[332] Cf. notamment un historique de l'OTO. par Matthieu Léon dans la revue ésotérique *Equinoxe*, n° 2, mai 1995, avec cette précision « *En 1991, Rémi Boyer m'invite à donner une conférence* [...]. *Christian Bouchet y représente "l'O.T.O." et "l'A.·.A.·." (ou plutôt "Astrum Argentinum").* »

[333] *Murmures d'Irem*, n° 2, 1995.

[334] Voir notamment l'article « Le vrai visage des sectes » du journaliste Serge Faubert dans *L'Evènement du Jeudi* du 4 novembre 1993. Voir également l'article « Christian Bouchet Docteur Jeckyll ou Mister Hyde » dans le magazine *Réflexes* de janvier 1998.

[335] De son vrai nom Philippe-André Duquesne, Randa, connu comme auteur de science-fiction, a milité dans sa jeunesse au PFN, puis créé les éditions de l'Æncre, spécialisées dans la diffusion d'ouvrages d'extrême droite, et les éditions Dualpha et Déterna.

romans d'horreur de Lovecraft. La rencontre avec des sites ou des idées d'extrême droite est alors quasiment inévitable. Mais là comme ailleurs, ce n'est pas sur le plan politique que se fait l'association, mais à travers une esthétique commune, faite de formes et d'objets symboliques, de flambeaux dans la nuit, de cérémonials, de figures de personnages sortis du lot commun, bref de toute une vision du monde portant au rêve et à l'exaltation à travers la fascination des images.

On ne peut s'empêcher de penser ici, à propos de cet intérêt de l'extrême droite pour l'occultisme, même si la situation et l'enjeu ne sont évidemment pas identiques, aux préoccupations mythiques, voire ésotériques et occultistes, d'une partie des SS, qui avaient même fondé pour cela un « institut culturel », le fameux *Ahnenerbe* ou « héritage des ancêtres ». Celui-ci fut créé en 1935 à l'initiative d'Heinrich Himmler pour étudier l'histoire culturelle de la « race aryenne », à travers des recherches archéologiques, anthropologiques, et donner des bases « scientifiques » à la doctrine du parti nazi. Il était divisé en plusieurs « départements », dont l'un était, significativement, l'Institut pour l'Histoire de l'Écriture et des Symboles, et s'intéressait notamment aux runes, cet ancien alphabet nordique auquel certains attribuent des valeurs magiques. D'autres recherches furent organisées à l'extérieur, notamment en Finlande, et au Tibet, ce qui donna lieu ultérieurement à d'innombrables supputations souvent fantaisistes. Un autre département était spécialisé dans l'ésotérisme, sous la direction de Friedrich Hielscher, mystique érudit, fondateur d'une Église païenne, ami de l'écrivain Ernst Jünger et appartenant à la mouvance « nationale-révolutionnaire ».

On voit là, à travers ce point d'histoire que nous ne développerons pas ici, que la préoccupation et l'intérêt tant pour l'ésotérisme que pour les traditions occultistes, comme pour les ordres combattants, ne sont pas l'apanage de nos nationalistes-révolutionnaires contemporains. L'attrait pour l'occulte et l'initiatique, avec son imaginaire spécifique, nocturne et flamboyant, s'accorde en effet avec celui pour le fascinant que nous mettons en avant depuis le début comme une des caractéristiques de la vision du monde d'extrême droite.

Enfin, bien que totalement différents des mouvements précédents tant par leur public, moins intellectuel, que par leurs initiateurs, moins discrets, les cultes « satanistes », souvent originaires des États-Unis, qui se développent depuis une dizaine d'années, chez les jeunes notamment, ont également à voir avec cette même recherche à la fois d'une distinction aristocratique et d'une imagerie exaltante[336]. Le mouvement sataniste contemporain a été pour l'essentiel lancé par l'Américain Anton Szandor LaVey, auteur de la *Bible satanique*, qui a fondé l'Église de Satan en 1966, un 30 avril, jour doublement remarquable – et parfois célébré dans certains milieux d'extrême droite – puisque c'est le jour anniversaire de la mort d'Hitler et que le célèbre sabbat des sorcières de Walpurgis a lieu la nuit du 30 avril au 1er mai. Une première scission a amené la création en 1995 du Temple de Seth.

La Mission interministérielle de vigilance et de lutte contre les dérives sectaires (MIVILUDES) dans son rapport 2004 met en avant le phénomène qu'elle appelle satano-gothique. Après avoir constaté une « *progression sensible des dérives satanistes en France qui ont pu se manifester dans un certain nombre de profanations* », la Mission entend « *alerter le public sur la dangerosité potentielle d'une mouvance très présente sur le réseau Internet et qui, pour recruter de nouveaux adeptes, profite de la vague gothique, posture esthétique très 'tendance', particulièrement en faveur chez les adolescents* »[337].

L'ensemble ouvre un champ de pensée propice à des glissements où peuvent se laisser entraîner des esprits simples, comme on le voit épisodiquement avec des passages à l'acte : messes noires, voire profanations de sépultures, ... « *Leurs adeptes*, précise le rapport de la MIVILUDES, *sont pour la plupart des jeunes en déshérence et en rupture avec le milieu scolaire ou professionnel, souvent victimes d'un passé violent* [...]. *Ils opèrent dans leurs options idéologiques, une sorte de syncrétisme entre satanisme, nihilisme et idéologie néo-nazie pour justifier leurs actes.* » En effet, et c'est là que se noue le lien entre satanisme et extrême droite, « *Les groupuscules d'extrême droite exploitent le goût de certains jeunes pour les références nordiques, viriles, pour les attirer dans une mouvance politique d'extrême droite* ».

La musique est un moyen d'accès privilégié à cette mouvance. Au-delà du très populaire et provocant Marylin Manson, chanteur du groupe éponyme de « métal industriel » et ancien membre de l'Église de Satan, le vrai danger, selon la MIVILUDES, semblerait résider dans le « *black*

---

[336] Sur le satanisme actuel, voir notamment les ouvrages de Paul Ariès, auxquels on a pu reprocher leur goût pour le sensationnalisme ou leurs amalgames : *Le Retour du diable : satanisme, exorcisme, extrême droite*, Villeurbanne, Golias, 1997 ; *Satanisme et vampyrisme, le livre noir*, Golias, 2004. Sur les rapports avec l'extrême droite, voir aussi l'article d'Elsa Evrard « Le satanisme, marchepied de l'extrême droite », largement inspiré d'Ariès, dans *Libération* du 23 mars 2005.

[337] Mission interministérielle de vigilance et de lutte contre les dérives sectaires (MIVILUDES), *Rapport au Premier ministre*, « Le risque sectaire », année 2004, Paris, La Documentation française, p. 82.

metal » scandinave où la musique est utilisée pour professer de véritables idées néonazies, comme on l'entendrait dans les groupes Enduras, Allerseelen, Scivias, ou Blood Axis. On retrouverait là une problématique sur laquelle nous reviendrons dans un chapitre consacré aux relations du rock et de l'extrême droite.

Bien entendu, il serait absurde de voir de futurs néo-nazis dans tous les jeunes qui, par goût, par mode ou par provocation, adoptent le style « gothique », cette forme de « romantisme noir » adaptée à l'expression de quêtes adolescentes. La Miviludes se contente d'ailleurs sagement de noter que « *Dans l'est, on a pu relever des connexions à la mouvance néo-nazie.* ».

Mais certains vont plus loin. Le politologue Paul Ariès, auquel on a reproché de confondre les deux courants, affirme, sans craindre les formules chocs : « *Le danger ne tient pas dans le caractère outrancier des propos ou des tenues des jeunes gothiques mais dans le rapprochement entre les partisans de la "Jihad 666" ("guerre sainte satanique") et ceux de la "Jihad 88" ("guerre sainte néo-nazie" : le "h" de Heil Hitler est la 8e lettre de l'alphabet)* ». Et il présente à l'appui de ses dires une série de mouvements sectaires qui d'après lui associent ouvertement une thématique sataniste et une vision néo-nazie du monde : le Temple de Seth, l'Ordre des neuf angles, ou l'Église de Satan dont le programme, selon lui « *revendique la fin de l'égalité, le rétablissement de la peine de mort, le renforcement de l'appareil répressif, la fin des aides sociales, des discriminations positives en faveur des plus forts, la sélection génétique des meilleurs, etc.* »[338]

Cette prolifération ne va pas sans poser problèmes à la partie de l'extrême droite représentée par les chrétiens, traditionalistes ou intégristes principalement, qui voient d'un mauvais œil cette remontée du paganisme ou de croyances hétéroclites et parfois farfelues. La cassure du Front national en 1999 entre lepénistes et mégrétistes recoupe aussi pour partie cette opposition, les « païens » ayant plutôt suivi Mégret lors de la scission.

Ce qui leur permet – ou leur a permis – d'être malgré tout ensemble, c'est l'anti-égalitarisme, l'adhésion à un « ordre » hiérarchisé, dont le fondement théorique (divin pour les uns, naturel ou racial pour les autres) devient dès lors secondaire. C'est aussi une logique de clan, d'apartheid au sens strict du mot, auquel fait écho chez Le Pen, mais de manière plus conventionnelle, le « *Français d'abord* ».

---

[338] Paul Ariès, article publié le 4 mai 2005 sur le site Internet Oumma.com à l'adresse <http://oumma.com/> sous le titre : « Le mariage de la *"Jihad 666"* et de la *"Jihad 88"* : est-ce la faute des jeunes gothiques ? ».

Mais le plus important est ailleurs. Aux plans politique et idéologique, ces approches – métaphysiques, gnostiques, occultistes, satanistes, gothiques ou « *New Age* » – sont marginales dans les droites extrêmes et restent limitées à quelques personnalités. Et dans la société, parmi les personnes intéressées par ces pratiques ou adeptes de ces modes de vie et de pensée, l'irruption des idées d'extrême droite n'est pas première. C'est une fois encore par l'esthétique que se fait le premier rapprochement, la première imprégnation, cette esthétique de la fascination dans laquelle se retrouvent pêle-mêle l'expressionnisme de pacotille des satanistes et le symbolisme des « guerriers de la lumière », le métal clinquant des ornements gothiques et la violence musicale du « *metal* », l'imagerie qui fait frémir d'un « invisible » où le rationnel n'a plus sa place, et *in fine* la plongée dans l'obscur, le noir, le dérangeant, qui donne l'impression d'entrer enfin dans ce monde mystérieux de la nuit où réside *la* solution.

XV

Les ouvrages pour la jeunesse

Corollairement à la prise en compte de ces idéologies diffuses qu'elle nourrit et qui la nourrissent, l'extrême droite a dû aussi se soucier de la jeunesse, qui est à la fois un thème porteur dans son exaltation de la vigueur, et le lieu privilégié, du fait de son manque de maturité et partant de sa vulnérabilité, pour y répandre convictions et idéologie. « *La jeunesse*, disait Le Pen en 1984[339], *c'est le temps où l'on donne la vie, où l'on transmet le flambeau et le patrimoine national, et laissez-moi vous dire, chers Français, jeunes gens et jeunes filles, que c'est sans doute le meilleur investissement que vous pourrez faire pour votre bonheur* ».

Le même Le Pen précisait quelques années plus tard[340] : « *Dès la rentrée, nous allons faire un effort tout particulier pour recruter nos adhérents dans la portion de la population dans laquelle nous avons la plus grande audience, c'est-à-dire les jeunes de 18 à 35 ans. Il faut que les électeurs de cette classe d'âge soient attirés vers l'engagement politique, parce que le sort de la France va dépendre d'eux.* » Il n'y a toutefois rien de comparable dans la France actuelle à ce qu'ont pu être les mouvements de jeunesse des fascismes d'avant-guerre, même si la formation a pris une place relativement importante au Front national, notamment sous l'impulsion de Bruno Mégret, qui présidait avant la scission l'Institut de formation nationale, association (depuis 1995) agréée par le ministère de l'Intérieur.

Mais les jeunes ont dans le monde frontiste leur structure à part, le FNJ, Front national de la Jeunesse, qui organise ses propres stages et ses universités d'été, et s'est souvent réclamé d'une certaine autonomie par rapport au parti. « *On ne badine pas avec les rites et la discipline au Front national*, raconte Michel Soudais[341]. *Chaque jour passé à l'université d'été du Front national de la jeunesse suit le même rythme : lever à 7 heures au son du* Boléro *de Ravel ou de la* Chevauchée des Walkyries, *petit déjeuner à 7 h 30, lever des couleurs à 7 h 50, activités sportives, ateliers de formation pratique, conférences données par les cadres du parti, activités sportives et enfin soirée culturelle ou de "défoulement".* » Les ouvrages recommandés

---

[339] Discours du 13 mai 1984, salle Balard à Paris.

[340] Extraits du discours de Jean-Marie Le Pen, *Présent*, 4-5 septembre 1989.

[341] *Le Front national en face*, Paris, Flammarion, 1996, p. 255.

dans les « *bibliographies sommaires* » remises aux militants du FNJ comprennent, à côté d'Aristote ou de Cicéron, « *une liste nettement plus orientée* »[342], en particulier des œuvres de Maurice Bardèche, de Barrès, de Maurras, d'Alexis Carrel, de René Guénon, de l'italien Julius Evola, etc. Une brochure publiée en 1992 avec le même objectif : *Terre en vue. Feuilles de route des jeunes du Front national*, rassemble, outre des textes des chefs du Front national, des contributions de, par exemple, Alain Sanders, journaliste au quotidien *Présent*, qui évoque la vie d'un « *aventurier tricolore : le marquis de Morès* », ou Yves de Verdilhac, écrivain (sous le nom de Serge Dalens) et alors président d'honneur du FNJ.

On voit quelle est l'approche avec la jeunesse, et ce qui justifie que nous lui consacrions ce chapitre : on retrouve là les constantes esthétiques que nous avons identifiées tout au long de notre parcours : exaltation (du *Boléro* aux *Walkyries*), ritualisation (le lever du drapeau), ordre et discipline. Il s'agit aussi de donner aux jeunes des exemples propres à la fois à les édifier et à les faire vibrer : il faut un « *aventurier* », mais « *tricolore* ».

C'est ce qui explique que, au-delà des cercles militants destinés aux jeunes en âge d'être électeurs ou militants, les ouvrages pour la jeunesse, destinés eux aux plus jeunes, aux enfants, intéressent aussi, semble-t-il, l'extrême droite. Certes, sur ce terrain des livres pour la jeunesse, comme dans la littérature en général, la « transmission des valeurs » n'est pas toujours aussi visible dans les ouvrages des auteurs que promeut l'extrême droite. Des milliers d'enfants ont pu lire les *Contes de la rue Broca*, de Pierre Gripari, et frémir avec *La sorcière du placard aux balais* sans se douter que cet auteur de nombreux romans et pièces de théâtre (*Lieutenant Tenant* en 1962) connu surtout pour ses récits pour la jeunesse, était aussi celui qui « *se proclamait homosexuel et misogyne, antijuif parce qu'antisioniste* », faisait partie des fondateurs du GRECE en janvier 1968 et a participé (il est mort en 1990) à la rédaction de plusieurs revues de cette mouvance, notamment *Éléments* (organe du GRECE) et *Nouvelle École ;* qu'il était aussi membre du cercle « Études et Recherches » aux côtés de Pierre Vial et Yvan Blot notamment[343] ; qu'il était cité comme « *l'ami Gripari* » dans la brochure *Rencontres avec Saint-Loup* publiée en avril 1991 par les « Amis de Saint-Loup », comportant une vingtaine de témoignages hagiographiques, dont ceux des anciens SS français Henri Fenet et Robert Dun, de Jean Mabire, de Pierre Vial, etc.[344].

---

[342] Michel Soudais, *Le Front national en face*, Paris, Flammarion, 1996, pp. 258 et suivantes, auquel j'emprunte les exemples qui suivent.

[343] Cf. *Article 31*, n° 18, avril 1986, p. 16, et *Le Monde* du 27 décembre 1990, qui donne la citation de Gripari ici mentionnée.

[344] Sur Saint-Loup, voir ci-dessus p. 112.

Mais les droites extrêmes ont aussi su développer des productions pour la jeunesse autrement orientées. Nous avons vu que Serge Dalens, souvent cité[345], était l'auteur de la série des *Prince Éric*, « *adolescent au cœur pur, preux comme un chevalier, droit comme une épée et blond comme les blés* », selon le portrait laudateur qu'en faisait alors la revue *Magazine Hebdo*[346]. Il est aussi le fondateur de la collection à vocation scoutiste *Signe de Piste*, et, en 1988, inaugure la collection *Pleins Feux* avec *La blanche*, « *un grand roman-vérité sur la drogue* »[347]. Cette collection « *pour les adolescents à partir de 13 ans* », est publiée par les Éditions Sang de la Terre, qui éditent aussi la collection *Feux*, « *des livres magiciens qui brillent de mille feux* », pour les 8-13 ans, auxquels il s'agit d'offrir « *des héros modèles auxquels s'identifier. Des valeurs morales solides et saines pour se situer et s'épanouir dans un monde pollué* ».

Cette maison d'édition d'ouvrages essentiellement écologiques n'est pas une officine d'extrême droite. Mais, on l'a vu, sa politique éditoriale pouvait alors prêter à confusion[348], et sur ce terrain sensible de la littérature de jeunesse les liens idéologiques entre extrême droite et droite sont apparemment faciles à nouer. Elle publie à partir de janvier 1987 une revue bimestrielle d'information sur la littérature de jeunesse appelée *Liras tu*. Le fondateur et alors directeur de la maison d'édition, Dominique Bigourdan, écrit dans le numéro zéro qu'il s'agit de « *protéger les jeunes des agressions et pollutions véhiculées notamment par certains livres (violence, drogue, sexe, politique, ...). Transmettre aux générations futures des valeurs morales saines, le goût du vrai, du beau, du juste, voilà la conception "écologique" de la lecture que veut contribuer à diffuser le Sang de la Terre* ».

Or la revue *Liras tu* a été créée en 1987 au Sang de la Terre par Marie-Claude Monchaux, qui collabore aussi à la collection *Feux*. Et Marie-Claude Monchaux a fait publier en juin 1985 par l'UNI, Union nationale inter-universitaire, organisation étudiante de droite proche, à l'origine, du RPR, un ouvrage dont elle est l'auteur intitulé *Écrits pour Nuire, Littérature enfantine et Subversion*, dans lequel elle entend dénoncer « *le fumier* » que « *véhiculent les livres d'enfants* ». Le contenu de ces cent vingt pages est sans équivoque : « *Dans la majorité des maisons d'édition françaises contemporaines pour l'enfance et la jeunesse, un certain nombre de livres attrayants* [...] *sont des ouvrages corrompus. Ils étalent une véritable pourriture morale.* ». L'auteur s'en prend, en vrac, « *aux auteurs, aux*

[345] Voir notamment le chapitre 12 ci-dessus.

[346] *Magazine Hebdo*, n° 18 du 13 janvier 1984.

[347] Cet ouvrage a obtenu en 1988 le « Grand prix des jeunes lecteurs » décerné par la PEEP, fédération de Parents d'élèves de l'enseignement public.

[348] Voir ci-dessus le chapitre XIII, p. 147.

illustrateurs, aux instituteurs, aux professeurs, aux bibliothécaires spécialisés, aux critiques qui véhiculent ces livres. Aux libraires qui les recommandent (eux, sans les avoir lus, au contraire des catégories que je viens de citer). [...] *Tout se passe comme si ces auteurs, ces éditeurs, ces responsables poursuivaient le but d'attiser la lutte, voire la haine des classes ; de démanteler les structures actuelles de la civilisation occidentale contemporaine, de déstabiliser la famille, de discréditer l'ordre social, les mœurs et d'affaiblir les lois, l'armée, la sécurité, la nation* ». Rien que ça ... Cette publication a servi de point de départ à une campagne de « purification » de la littérature de jeunesse relayée en 1986-87 par des organisations comme la Fédération internationale pour la défense des valeurs humaines fondamentales, le Service d'information et d'entraide catéchétique, par des articles dans *France Soir*, dans *Le Figaro* et *Le Figaro Magazine*, mais aussi dès 1986 dans *Minute*, ou par des élus comme Pierre Bernard, alors maire de Montfermeil et futur fondateur de France debout, ou Solange Marchal, conseillère dans le XVIe arrondissement de Paris[349].

Les villes conquises par le Front national ont rapidement mis en place des politiques allant dans ce sens dans les secteurs « jeunesse » de leurs bibliothèques municipales. Marignane s'est distinguée[350] en réduisant, à l'inverse de ce qui se passe ailleurs, l'accès libre des enfants (interdiction aux enfants de moins de dix ans non accompagnés) et en intervenant systématiquement dans le choix des ouvrages achetés, ainsi qu'en licenciant la directrice de la bibliothèque, rétive à ces orientations. Il faudra attendre une mission de l'Inspection générale des bibliothèques du ministère de la Culture pour que soient admis des contes extra-européens et des ouvrages d'éducation sexuelle.

Plus discrètement, on retrouve des membres de la « Nouvelle Droite », en particulier du GRECE, dans les comités de rédaction d'un certain nombre de publications pour la jeunesse. Ainsi, dans les années 80, le groupe Média PPF accueille-t-il des personnalités comme Alain de Benoist, fondateur du GRECE, Jean-Claude Valla, ancien responsable de la revue Europe-Action, Marie-Claire Pauwels, Pierre Gripari[351]. Cette maison d'édition publie alors notamment les revues *Biba* et *20 ans*, mais aussi *Enfants Magazine*, et *Jacinthe* à destination des adolescentes. Cette dernière revue, bien évidemment « apolitique », n'hésitait pourtant pas à publier en juin 1981 un encart publicitaire indiquant notamment : « *Les 14 et 21 juin, refusez vos voix à la coalition socialo-communiste* »...

---

349 Voir sur ce sujet *Article 31* n° 28 de mai 1987.

350 Voir un article de Catherine Bédarida dans *Le Monde* du 18 octobre 1997.

351 Voir notamment le *Rapport* présenté par Madeleine Rebérioux au 62e congrès de la Ligue des Droits de l'Homme, février 1982.

Là encore, sous des formes et à des niveaux variés, du camp scout aux contes pour enfants, l'idéologie d'extrême droite se trouve banalisée auprès des plus jeunes de manière détournée, insidieuse ou simplement occasionnelle. Il s'agit de provoquer, et c'est l'aspect culturel, une assuéfaction en douceur au héros « *blond comme les blés* », ou bien, c'est l'aspect trivial, une assimilation entre le magazine familier et l'idée politique réduite à un slogan. L'habileté réside dans ce glissement insensible entre les thèmes ludiques, le monde des variétés et de ses « fans », et l'évidence du « *refusez vos voix* … ». Mais au-delà, et plus fondamentalement, il y a la création chez l'enfant d'un imaginaire fascinant.

XVI

Musique dégénérée

Nous avons jusqu'ici seulement évoqué occasionnellement la musique, dont la production et la réception relèvent pourtant d'une sensibilité, d'une « façon de sentir », d'une esthétique donc au même titre que celles des autres arts. C'est très logiquement que l'on peut s'attendre à ce qu'elle connaisse de la part de l'extrême droite un traitement parallèle à celui des arts plastiques. De fait, un bref survol des relations entre les droites extrêmes et la musique suffira à mettre en évidence des similitudes. Ainsi, nous le verrons, normes, peuple et exaltation des valeurs constituent là aussi les données de base, déclinées de manières variées suivant les époques et les courants. Là aussi, la priorité est donnée aux sensations et sentiments, au détriment de la raison. Là aussi, la plupart des formes musicales du vingtième siècle sont généralement décriées ou condamnées.

Tout cela transparaît dès la simple lecture du programme du Front national par exemple : « *L'apprentissage du chant choral, musique de l'âme, selon Saint François d'Assise, de la musique instrumentale et de la danse, sera encouragé à partir du plus jeune âge.* [...] *Les aides de l'État aux opéras seront équitablement réparties entre les grandes institutions parisiennes et les orchestres de province, des troupes de chanteurs étant reconstituées pour disposer d'un vivier de talents nationaux. Une place sur la scène lyrique sera faite à l'opérette qui a un véritable public, mais n'a pas actuellement l'heur de plaire à la culture officielle rabat-joie.* » Voilà pour ce qu'apprécie le Front national. Et pour ce qu'il rejette : « *Rap et techno, qui ne sont pas des expressions musicales, seront évidemment privés de tout soutien public* »[352].

Cependant, une différence fondamentale apparaît à l'examen. Lorsque l'extrême droite condamne la peinture ou la sculpture contemporaines, elle va dans le sens de l'opinion d'une large partie de la population. Lorsqu'elle condamne les musiques actuelles, elle heurte de front la sensibilité de la majorité de cette même population. Alors que, s'agissant des arts plastiques, et dans une moindre mesure de la littérature, les options d'extrême droite s'accordent *grosso modo* avec une certaine sensibilité – ou plutôt une

[352] *Pour un avenir français, Le programme de gouvernement du Front national*, 2002, chapitre « Liberté de la culture ».

insensibilité à l'art contemporain – ou un « bon sens » populaires ou prétendus tels, il en va autrement de la musique : on peut dire en schématisant qu'une partie importante de ce « peuple » dont l'extrême droite se réclame volontiers et qu'en tout cas elle cherche à séduire, apprécie aujourd'hui plus volontiers le rock ou la « musique de variétés », voire la techno, que les œuvres de Wagner ou le chant choral. Le rap est à part, car, considéré par l'extrême droite comme une musique marquée « ethniquement », il peut être rejeté, comme d'ailleurs le reggae, le raï ou le hip-hop, pour des raisons directement idéologiques : le rejet des jeunes « blacks » ou « beurs » entraîne celui de leur expression musicale. Mais la situation est beaucoup plus difficile à gérer pour l'extrême droite avec la musique pop ou avec le rock, musiques adoptées par la plus grande partie de la population et quasiment considérées comme faisant partie de la culture populaire générale. Lorsque Gollnisch[353], alors au Bureau politique du Front national, déclare à propos du rock : « *Cette musique syncopée et assourdissante est une escroquerie intellectuelle* », cette attitude n'est pas sans poser problème lorsqu'il s'agit de s'adresser à des générations qui ont été nourries de cette musique dans ses diverses variantes. Nous consacrerons d'ailleurs tout le chapitre suivant au cas spécifique du rock, qui entretient avec l'extrême droite des relations particulièrement complexes.

La musique en effet présente cette particularité, due notamment à l'importance prise par les médias audiovisuels dans la diffusion de cet art, de permettre de distinguer non pas, comme pour les arts plastiques, les productions contemporaines et les autres, mais trois catégories de productions : d'une part les œuvres considérées comme « classiques », c'est-à-dire tout ce qui est antérieur au vingtième siècle, aussi dissemblable et varié que ce « tout » puisse être, de Lully à Wagner en passant par Beethoven ou Ravel, et d'autre part, dans la production contemporaine, une production « savante », des musiques sérielles aux musiques atonales, de Schönberg à Boulez, et une musique populaire, généralement associée à la chanson, variée et évolutive au gré des modes, du jazz au rock et aux divers courants qui en sont actuellement issus. Or cette dernière catégorie d'œuvres est certes populaire mais peu en accord avec les normes des conceptions d'extrême droite, qui penchent plutôt, comme en peinture, pour une valorisation du « classique ». Ainsi, le goût « populaire » et les préférences des droites extrêmes se retrouvent sur un seul point : la condamnation ou l'ignorance de la musique savante du vingtième siècle. Dans les autres domaines, on assiste à une quasi-inversion de ce que nous avions constaté pour les arts plastiques : la peinture ou la sculpture contemporaines sont stigmatisées par l'extrême droite comme appartenant à une bourgeoisie

---

353 *Actes* du colloque organisé par le Front national en 1987 sur le thème « *Une âme pour la France. Pour en finir avec le génocide culturel* ».

intellectuelle honnie tandis que le classique est privilégié parce que « populaire » ; en musique, c'est au contraire l'art classique, avec ses règles et ses normes, et Wagner inclus, qui apparaît comme « intellectuel », les catégories populaires se reconnaissant plus volontiers dans la production contemporaine. De ce fait, les orientations musicales des extrêmes droites, aux prises avec cette contradiction, sont moins marquées, même si quelques anathèmes s'y retrouvent communément, et plus diverses que celles qui concernent les autres arts : il leur faut en effet prendre en compte cette dichotomie, faute de quoi elles risquent de se trouver totalement en porte à faux avec les goûts de leurs propres sympathisants.

On se trouve donc avec la musique dans une situation plus complexe qu'avec les arts plastiques : alors que les conceptions plastiques des extrêmes droites pouvaient, en peinture notamment, trouver un écho dans la méconnaissance et le rejet par le « bon sens » populaire, la condamnation de la musique « moderne » heurte de front les pratiques d'une large part de la population, des jeunes notamment. Là où les conceptions plastiques des extrêmes droites pouvaient apparaître « populaires », leurs conceptions musicales apparaissent souvent élitistes ou rétrogrades.

De ce fait, dans la deuxième moitié du vingtième siècle, la position des droites extrêmes françaises, et du Front national en particulier, concernant la musique apparaît également moins tranchée et moins dogmatique que celle de leurs homologues de l'entre deux guerres. Certes Wagner y est toujours apprécié, mais aussi Verdi, transformé pour l'occasion, nous l'avons vu, en chantre du nationalisme, ou Beethoven, récupéré pour son *Hymne à la joie*. Certes, les conceptions du Front national en matière musicale privilégient, comme pour la danse[354], l'harmonie classique – pour sa normativité – et la musique folklorique – pour son « enracinement » –, mais, même si certains dirigeants se risquent, nous l'avons vu, à aller plus loin en rejetant par exemple le rock, le programme officiel se borne à condamner surtout, parmi les musiques « modernes », celles qui pourraient traduire un certain « *cosmopolitisme* » en rupture avec « *notre civilisation* » : le reggae, le rap, le hip-hop, etc.

Ce n'est que dans les cas où les extrêmes droites ont pu acquérir un pouvoir non seulement politique mais aussi idéologique et culturel suffisant que leurs conceptions musicales ont pu être affirmées clairement et mises en œuvre. Le cas de l'Allemagne nazie est de ce point de vue aussi édifiant qu'instructif, même si, là comme ailleurs, il ne saurait être question d'assimiler des situations dissemblables tant politiquement qu'historiquement.

---

[354] Voir supra chapitre III.

Il est ainsi remarquable que, un an après l'exposition, en 1937, des « Arts dégénérés » à Munich, une exposition de « Musique dégénérée » (« *Entartete Musik* ») fut organisée à Düsseldorf par le régime nazi. L'affiche qui l'annonçait montrait un saxophoniste noir … On y a vu[355], à juste titre, une allusion à « *l'opéra d'Ernst Křenek* Jonny spielt auf (Johnny entre dans la danse) *créé à Berlin en 1927,* <qui> *avec un immense succès, sur un sujet de cinéma (les amours d'un compositeur romantique et d'une star du bel canto, contrariées par la malhonnêteté d'un jazzman américain) avait constitué le symbole du modernisme : accessoires sortis de la vie quotidienne (téléphone, train, auto)* ». Tout en effet dans cet opéra, « *mélange de lieder à l'ancienne, de musiques de variétés, de jazz ; autonomie de la fosse par rapport aux parties chantées ; ruptures de genre brutales, simultanéité des scènes ; modulations heurtées* », ainsi que la présence d'un héros à la peau noire dans une comédie bourgeoise, s'opposait aux canons de la musique mélodique d'inspiration wagnérienne, avec sa mélodie, son lyrisme, son unité tonale telle que la représentait alors un Strauss pour les idéologues des droites extrêmes.

Le nazisme et ses thuriféraires ont appliqué à la musique le même régime qu'aux autres arts. Sous la direction de Goebbels, les artistes allemands sont dès 1933 soit inscrits sur la liste officielle soit interdits ; leurs œuvres sont classifiées par catégories, au demeurant parfois arbitrairement, répertoriées, étiquetées. Parallèlement, les musiciens et compositeurs classiques, comme les peintres ou les écrivains, se révèlent aussi à travers la diversité de leurs attitudes. Le compositeur Schönberg, licencié de l'Académie des arts de Berlin, le chef d'orchestre Otto Klemperer émigrent dès 1933. Des dizaines d'autres suivront. À l'inverse, Richard Strauss accepte de 1933 à 1935 d'être directeur de la musique du *Reich* avant de démissionner, cependant que les chefs d'orchestre Herbert von Karajan, Karl Böhm, Wilhelm Kempff, pour ne citer que les plus connus, ou la cantatrice Elisabeth Schwarzkopf participent jusqu'au bout aux activités musicales du *Reich*. Tout ce qui ne répond pas aux canons inspirés du lyrisme wagnérien est banni ; la musique atonale est interdite ; le jazz, de surcroît apanage de musiciens noirs, est évidemment proscrit dans tous ses aspects, tant sa musique que l'attitude qui lui correspond pour une partie de la jeunesse des années trente.

Dans la France pétainiste, la musique bénéficie d'une situation relativement favorable. Certes dès 1940 le Conservatoire exclut ses professeurs juifs et Darius Milhaud doit s'exiler, mais aucune interdiction ne frappe la musique, et pendant l'Occupation, on continue à jouer d'Indy, Debussy, Fauré, Honegger, et même Ravel. Il est vrai que les conceptions

---

355 Cf. notamment l'article « Musique dégénérée » de l'*Encyclopedia Universalis* (édition 1973), auquel j'emprunte les éléments d'analyse qui suivent.

musicales de ces compositeurs restent acceptables pour le régime : richesse du langage harmonique, mélodie, musique sensorielle ou émotionnelle, et que Wagner et Beethoven sont déjà avant guerre parmi les compositeurs les plus joués à Paris, ce qui ne déplaît pas aux nazis. La seule nouveauté véritable réside dans la promotion par le pouvoir et ses thuriféraires[356] du chant choral comme moyen de souder le peuple dans l'émotion et, dès l'école, de faire participer les élèves à la célébration du régime.

De même, mais de manière plus inattendue, le jazz ne sera jamais officiellement interdit par le pouvoir pétainiste, malgré l'opinion du régime rappelée par cette assertion attribuée sans doute abusivement au maréchal : « *Le jazz est nègre, mais le swing est juif* ». Certains en ont conclu que le jazz aurait connu, paradoxalement, un grand succès sous l'Occupation[357]. Il semblerait[358] cependant que ce soit davantage une forme aseptisée et « francisée » de jazz, ou plutôt de musique de variété « jazzy », que le régime de Vichy et la *Propagandastaffel* allemande ont tolérée pour diverses raisons, desquelles n'étaient sans doute pas absentes la nécessité de laisser à la population ce minimum de distraction : concerts et cabarets, et la « prudence » des responsables du Hot Club de France, qui choisirent, pour éviter la censure d'un jazz « *nègre* », de donner l'image d'un « jazz français » plus conforme à l'idéologie de la Révolution nationale : francisation des titres, interprétations *straight* et non plus *hot*, etc.

D'autres ont réagi différemment. Le musicien de « middle jazz » noir américain Cab Calloway, qui effectuait depuis 1934 des tournées en Europe, avec ses riffs fulgurants bouleversant la mélodie, avec son exubérance scénique et vestimentaire (veste longue, pantalons courts, lunettes noires), inspire en France occupée une mode : d'une de ses onomatopées favorites, *zah-zuh-zah*, naît le phénomène « zazou ». Les zazous, en 1941-1942, résistent ainsi à leur manière à la culture officielle, multipliant extravagances et provocations, comme le rappelle cette chanson de 1942 de Martelier et Hess intitulée *Les Zazous* [359]: « *Les ch'veux frisottés / Le col haut de dix-huit pieds / Ah! ils sont zazous! / Le doigt comme ça en l'air / Le veston qui train' par terr' / Ah! ils sont zazous! / Ils ont des pan-ta-lons d'une coupe inouïe / Qui arrive un peu en dessous du g'nou / Et qu'il pleuve ou qu'il vente / Ils ont un parapluie, de grosses lunettes noires et puis surtout / Ils ont l'air dé-gou-tés / Tous ces petits a-gi-tés / Ah! ils sont zazous!* ».

---

356 Ainsi en 1941, le musicologue André Cœuroy dans *La Musique et le Peuple en France*, Stock, 1941, rééd. 1960.

357 C'est la thèse que soutient par exemple Gérard Régnier, *Jazz et société sous l'Occupation*, Préface de Pascal Ory, Paris, L'Harmattan, 2009.

358 Voir l'article de Félix W. Sportis, sur le site de la revue *Jazz Hot*, le 19 février 2011, à l'adresse <http://www.jazzhot.net/PBEvents.asp?ActionID=67240448&PBMItemID=17579>.

359 Citée par J.-C. Loiseau, *Les Zazous*, Paris, Sagittaire, 1977.

Il faut interroger plus avant les choix musicaux des droites extrêmes au regard de notre problématique. Que ce soit en Allemagne ou ailleurs, l'œuvre de Richard Wagner en fournit le parangon. Le philosophe et musicologue Theodor Adorno a montré dans un essai écrit en 1937-38[360] le lien qu'on peut établir entre la forme musicale de cette œuvre et les positionnements idéologiques – y compris l'antisémitisme – du compositeur, expliquant sa modélisation par les droites extrêmes. Wagner lui-même fut pourtant en son temps parfois décrié pour son modernisme et les changements radicaux qu'il introduisait dans l'art musical, créant une forme originale de dramaturgie fondée sur l'univers de la symphonie. Un examen superficiel pourrait trouver une différence sensible entre des goûts plastiques dominés par le conservatisme et les goûts musicaux de l'extrême droite, qui privilégieraient le contenu idéologique de l'œuvre et non pas sa forme.

Cependant, nous avons vu à travers l'exemple du futurisme que le conservatisme, pour important qu'il puisse être, n'est pas exclusif dans l'esthétique d'extrême droite, pour peu que les formes nouvelles s'accordent à l'exaltation des valeurs traditionnelles ; et à l'inverse, à y regarder de plus près, Wagner ne bouleverse pas les règles de l'écriture symphonique. Les normes sont respectées. Il s'agit d'abord pour lui de créer un *Gesamtkunstwerk*, une « œuvre d'art totale » mêlant les apports de diverses disciplines artistiques : musique, dramaturgie, mise en scène. La musique et les livrets – écrits par le compositeur lui-même – sont étroitement complémentaires : la musique n'est plus, comme dans les opéras romantiques, une simple illustration, un accompagnement du texte ; dès *Tannhäuser*, en 1845, la musique orchestrale souligne l'action scénique. L'emploi des leitmotivs, de plus en plus développés (on en compte une centaine dans la *Tétralogie*), joue le même rôle, visant à suggérer une idée, un sentiment, ou à symboliser un personnage. Le langage global ainsi créé, à la fois textuel et musical, s'adresse aux sens, parle à l'inconscient, à l'âme sensible et non plus à l'esprit analytique, à la raison. Plus encore, le recours aux mythes, dans les opéras principalement : *Tristan et Isolde*, la *Tétralogie*, *Parsifal*, confère à l'œuvre un caractère de cérémonie spirituelle, voire de liturgie. Wagner lui-même a sous-titré son *Parsifal* : *Bühnenweihfestspiel*, « festival scénique sacré ». Tous les éléments sont ainsi réunis qui constituent l'esthétique d'extrême droite : respect des normes, harmonie, unité stylistique, recherche de la fascination sensible, lyrisme et mythologie.

À l'inverse, les formes musicales qui bouleversent ces canons sont rejetées par les droites extrêmes. À l'opposé des musiques folkloriques qui restent appréciées pour leur « enracinement » et leur caractère traditionnel, le

---

360 Theodor W. Adorno, *Versuch über Wagner*, trad. française *Essai sur Wagner*, Paris, Gallimard, 1979 (rééd.).

jazz est ainsi, dans la première moitié du siècle, décrié, nous l'avons évoqué ci-dessus, pour son origine afro-américaine bien sûr, mais aussi, ce qui nous intéresse davantage ici, pour son esthétique.

Les caractéristiques formelles du jazz le situent en effet en opposition à la norme mélodique traditionnelle : le *swing*, ou « balancement », qui en est le trait le plus spécifique au moins pour le « *middle jazz* » de ces années-là, renvoie à un contraste entre la régularité de la pulsation de la section rythmique – batterie, contrebasse à cordes, guitare, piano – et l'instabilité née du balancement mené par la section mélodique – cuivres et saxophones. L'usage fréquent de la syncope, émission anticipée d'une note se trouvant ainsi attaquée entre deux temps, renforce cet effet d'instabilité.

Autre caractéristique fondamentale, la liberté d'interprétation est aussi un véritable déni de la tradition, qui contribue à expliquer son rejet par l'extrême droite : l'œuvre jouée n'est jamais tout à fait semblable, même si les musiciens reprennent un morceau fixé depuis des années et la plupart du temps sur une partition. La souplesse et l'expressivité dominent, jusque dans le choix des instruments, propres à chaque jazzman, et les techniques, la recherche d'effets : glissando, vibrato appuyé, grincement (*growl*), étranglements sonores, sourdines marquent une rupture par rapport aux normes de la musique classique.

Cet autre trait marquant permet d'avancer une autre explication au rejet du jazz par l'extrême droite : il nous ramène à une problématique du temps que nous avons déjà examinée à propos de cette dernière. C'est une analyse d'Adorno[361] qui offre une clé. Celui-ci perçoit le jazz comme une musique dont « *Aucun morceau* [...] *ne connaît d'histoire au sens musical, tous ses éléments peuvent être recomposés d'une autre façon, aucune mesure ne résultant de la logique de développement* ». Cette absence d'« *histoire* », de développement formel, est un des éléments qui ont poussé Adorno, pour qui l'œuvre d'art se doit de constituer une unité autonome « développée », à exclure le jazz du domaine de l'art. Pour contestable et contestée qu'elle soit dans son caractère absolu et ses conclusions, et par la confusion qu'elle suppose entre interprétation et improvisation[362], cette perception, fréquente, peut aussi contribuer à expliquer le rejet par l'extrême droite du jazz, qui apparaît ainsi à ses yeux comme une musique ancrée dans le présent, « actualisée » par son interprétation, alors que toute la pensée d'extrême droite est, nous l'avons vu, une pensée sans présent.

---

361 Theodor W. Adorno, « Mode intemporelle », in *Prismes* (1955), trad. Geneviève et Rainer Rochlitz, Paris, Payot, 1986, p. 106.

362 Voir la critique de cette citation par le philosophe et musicologue Christian Béthune, *in Adorno et le jazz, Analyse d'un déni esthétique*, Paris, Klincksieck, 2003.

Ce sera plus vrai encore, à partir des années soixante, quand de jeunes musiciens noirs poussent plus loin l'esprit d'improvisation en rejetant la pulsation régulière du tempo et en privilégiant le *feeling*, la spontanéité intérieure, en remplaçant le développement du thème par des successions de *riffs*, segments courts de deux ou quatre mesures ou, comme John Coltrane, en improvisant sur quelques accords seulement. Mais nous sommes déjà là dans une époque où l'effondrement du nazisme et l'irruption de la culture américaine sur la scène européenne et mondiale bouleversent les données et posent le problème en termes nouveaux : contrairement en effet à ce qui se passe pour les arts plastiques, où le rejet des formes artistiques contemporaines par l'extrême droite s'accorde relativement avec l'état d'esprit d'une partie non négligeable de la population, la culture musicale dominante – et populaire – devient celle des musiques issues du jazz et un peu plus tard du rock, au détriment des formes classiques.

On revient ainsi au décalage qui peut exister entre les goûts musicaux du public le plus large et les options musicales de l'extrême droite. C'est dans cette optique qu'il nous faut faire ici une place à l'étude des rapports entre les droites extrêmes et le rock. Celui-ci apparaît en effet, sous ses formes pures ou dégradées – disco, pop musique notamment – comme le courant musical dominant du dernier demi-siècle en ce qui concerne la musique « grand public », et aucun mouvement politique ne peut l'ignorer.

XVII

Rock et extrême droite

Le rapport de l'extrême droite au rock apparaît au premier abord particulièrement paradoxal. D'une part, le rock est souvent rejeté par les dirigeants des droites extrêmes : nous avons vu ci-dessus que Gollnisch, un des responsables majeurs du Front national, y voyait en 1987 une « *escroquerie intellectuelle* » ; à la même époque, Louis Pauwels s'en prenait dans *Le Figaro Magazine*[363] au « *sida mental* » qui frappait d'après lui certains jeunes, en particulier ceux qui manifestaient alors contre le projet Devaquet de réforme de l' université, stigmatisés comme « *les enfants du rock débile, les écoliers de la vulgarité pédagogique, les béats de Coluche et de Renaud, et somme toute, les produits de la culture Lang* ».

D'autre part, et c'est là que réside le paradoxe, le rock, essentiellement dans ses variantes « *hard* » puis, plus tard, les diverses formes de « *metal* », appartient au contraire, comme la musique « *Oï !* » d'origine anglaise, à la culture d'un certain nombre de groupuscules qui gravitent dans l'orbite de l'extrême droite. Pour ne prendre que quelques exemples, sur lesquels nous reviendrons, dans les années 1980, c'est autour du rock que s'est constitué avec des groupes skinheads un vaste réseau européen de diffusion idéologique : le mouvement RAC, *Rock against communism* (« Rock contre le communisme ») ; plus récemment est également apparu un courant très marqué à l'extrême droite de « rock identitaire français », ou RIF.

Cependant, les deux tendances ne sont inconciliables qu'en apparence. Elles correspondent en fait largement aux deux courants idéologiques dominants qui coexistent dans les droites extrêmes, et que le Front national est parvenu précisément à fédérer, au moins jusqu'à sa crise de 1999 : le conservatisme réactionnaire et les diverses variantes du « nationalisme révolutionnaire ».

Des « transitions » entre les deux existent d'ailleurs, même parmi les proches du Front national : le « bon rock blanc » des origines peut parfois y trouver grâce. Dans un article du quotidien traditionaliste *Présent*[364], le journaliste Alain Sanders s'en prend vigoureusement à un dossier sur le rock

---

363 Dans son éditorial, titré « Le Monôme des zombis », du numéro du 6 décembre 1986.
364 *Présent* du 21 juin 1995, p. 4.

and roll présenté par le journal pour jeunes *Okapi* (« *un des fleurons*, précise-t-il, *de Bayard Presse* ») : « [...] *Il n'est pas dans notre intention d'entrer ici dans une polémique musicale sur le rock qui est tout ce qu'on voudra sauf –justement– cette chienlit hard, punk, techno, rap ou raggamuffin.* [...] *Okapi patauge dans le n'importe quoi. Les hippies ? C'est du rock. Les Vietniks de campus ? C'est du rock. Les tarés de San Francisco ? C'est du rock. Le reggae ? C'est du rock. Les terroristes de Public Ennemy* [sic] *? C'est du rock.* [...] *On ne s'étonnera pas, dans ces conditions, de trouver recommandés, dans la page "Rock Collection" de ce même dossier okapesque, des pourris, des drogués, des débris à qui les vrais rockers du Sud profond n'auraient même pas allongé un coup de latte ...* ». Et de citer à la suite comme représentants de ces « *débris* » ACDC, *The Cure*, *Nirvana*, *Red Hot Chili Pepper*, *Queen*, les *Sex Pistols* et les *Pogues*, les groupes français, Téléphone, Noir Désir ou la Mano Negra, n'étant, eux, qualifiés que de « *nullards mollassons* ».

Oui donc au rock « pur » des origines, porteur de valeurs « sudistes », non à ses variantes et succédanés « cosmopolites ».

C'est que le rock, né comme un instrument de révolte adolescente dans l'Amérique de l'après-guerre, est aussi, de ce fait et fondamentalement, un instrument d'affirmation d'une identité : par le choix d'une musique en rupture, par l'adoption connexe par le rocker d'une tenue distinctive – le jean, le blouson de cuir – le rock est le signe d'une différence. Il s'agit pour l'essentiel d'une identité blanche, malgré des sources partiellement empruntées aux rythmes afro-américains du rhythm'n'blues, et d'une identité masculine : toutes les premières idoles du rock, Elvis Presley, Bill Haley, Eddie Cochran, sont des hommes. Cette affirmation identitaire passe très vite par l'adhésion à un groupe, à un clan qui s'oppose aux autres : on se souvient des affrontements violents entre *Mods* et *Rockers* en 1963 et 1964 dans le sud de l'Angleterre.

On a là concentrés tous les éléments qui permettent une appropriation par la partie « révolutionnaire » de l'extrême droite : race, virilité, clan.

Le développement des variantes *hard* du rock – *heavy metal*, *speed*, *hardcore*, *death metal*, ... – accentue cette tendance, en y ajoutant l'idée de violence : morceaux courts, rythme rapide, textes aboyés. Il faut y voir une forme exacerbée – musicalement – d'exaltation de la force, de l'instinct vital, voire des instincts tout court : pour le chanteur du groupe américain *Wasp*, le rock est « *le meilleur moyen d'avilir la femme* »[365]. Il est vrai que le nom choisi par ce groupe est lui-même tout un programme : *Wasp* est aussi

[365] *New Look*, n° 105, avril 1992, p. 95.

l'acronyme de *White Anglo-Saxon Protestant*, qui désigne, pour l'extrême droite raciste américaine, le modèle d'américain idéal par opposition aux noirs ou aux hispaniques notamment. Le groupe *Wasp* se singularisait ainsi dans ses premiers concerts en intégrant au décor une femme dénudée et crucifiée ...

La partie de l'extrême droite européenne la plus culturellement « révolutionnaire », par opposition aux conservateurs, a donc fait de certaines formes de rock son propre instrument d'affirmation identitaire, la base de son réseau culturel. On pense immédiatement aux tristement célèbres skinheads. Mais ceux-ci, avec leur code, leur crâne rasé, leurs tatouages et leur accoutrement particulier – jean étroit à bretelles, Doc Marten's ou rangers – ne constituent que la variante la plus visible et la plus issue des couches populaires.

Les skinheads – « têtes de peau » – n'étaient pas à l'origine, spécifiquement liés à l'extrême droite : nés en Grande Bretagne dans les années 1960, dans le prolongement des *Mods*, la plupart des groupes skins étaient apolitiques, amateurs de la musique ska des immigrés jamaïquains, voire du reggae, certains comportaient d'ailleurs des noirs – mais ni indiens ni pakistanais –, et les « *redskins* » défendaient ouvertement et violemment une idéologie de gauche. Le crâne rasé était alors plutôt une façon de s'opposer aux hippies qualifiés de « petits-bourgeois ». Mais les groupes d'extrême droite (parfois désignés comme « *boneheads* » – « têtes d'os » – pour les distinguer des autres) sont actuellement les principaux à avoir une existence réelle en Europe, et les seuls qui nous intéressent ici[366].

Les premiers groupes de skinheads d'extrême droite apparaissent réellement en Angleterre à la fin des années 1970. C'est le moment où les partis d'extrême droite britanniques, le National Front puis après 1982 le British National Party, s'implantent parmi les jeunes punks ou skinheads blancs qui constituent les groupes *Oï!*, du nom de leur cri de ralliement, qui donne aussi son nom à leur musique, non plus désormais le ska mais les formes les plus radicales du punk-rock. Le *Oï!*, aussi appelé *street punk*, se réclamant de la classe ouvrière et des supporteurs de football, n'est pas à l'origine un mouvement d'extrême droite, mais le développement en son sein de groupes de skinheads néo-nazis entraînera dérives et assimilation. Ces derniers, violents et racistes, interviennent dans les stades (souvent comme « hooligans », même si les deux entités ont des origines différentes) et dans la rue, contre tous les « déviants » – homosexuels, punks, ... – et surtout contre les immigrés pakistanais : c'est le « *Paki bashing* », équivalent

[366] Sur le phénomène skinhead, voir notamment Nick Knight, *Skinhead*, Londres, Omnibus Press, 1982 ; et un long article dans *Le Monde* des 20-21 mai 1990.

anglophone des « ratonnades ». Ils servent aussi à l'occasion de « gros bras » au parti d'extrême droite National Front.

Le phénomène skinhead, dans sa variante d'extrême droite, se développe à partir de là dans toute l'Europe et occupe la scène extrémiste jusqu'au milieu des années 1990. La musique est un point commun à tous ces groupes, et leur élément fédérateur : morceaux lourds et brefs, rythme appuyé, groupe composé d'une guitare, d'une basse, d'une batterie et d'un chanteur. Les textes, aboyés plus que chantés, sont violents et sans équivoque : René Monzat[367] cite ainsi un extrait du texte *1940* du groupe bruxellois *Fight Action* : « *Je me souviens du bon vieux temps/ Hitler avait raison/ Tous les juifs et tous les immigrés/ Dans les fours, les camps de concentration* ». Il en va de même avec les noms des groupes, au demeurant souvent très éphémères et se modifiant sans cesse. Parmi les plus connus en France, où ils sont apparus au début des années 1980, on trouve Légion 88[368] et Bunker 84, proches du PNFE (Parti Nationaliste Français et Européen)[369], et dissous en 1989, avec des titres évocateurs comme *La race des seigneurs*, *Révolte blanche* ou *Victime des démocraties*. On pourrait citer encore parmi les groupes français[370] Racial Kombat, Nouvelle Croisade, Ultime Assaut et d'autres plus éphémères.

Ces groupes sont parfois édités par des maisons non liées à l'extrême droite, mais ils ont aussi leurs propres maisons d'édition, par exemple, en France, 88 Diffusion à Marseille[371] ou surtout, de 1987 à 1994, le label Rebelles Européens, à diffusion mondiale[372], créé à Brest par un militant du PNFE, Gael Bodilis, et dirigé dans les années quatre-vingt-dix par une adhérente de la section finistérienne du Front national de la Jeunesse, Brigitte Maljak[373]. Bodilis lui-même a d'ailleurs commencé par militer au FNJ avant de rejoindre Troisième Voie puis le PNFE. Ceci montre d'ailleurs

---

367 *Enquêtes sur la droite extrême*, Le Monde-Editions, Paris, 1992, p. 203.

368 Le chiffre 8 est très prisé des néo-nazis, chez qui il sert de code, car la huitième lettre de l'alphabet est le -h-, initiale de Hitler. 88 est l'acronyme codé de *Heil Hitler*, de même que 18 est celui de Adolf Hitler (cf. par exemple le groupe anglais Combat 18).

369 Cf. *Le Monde* du 26 septembre 1989, et René Monzat, *Enquêtes sur la droite extrême*, Le Monde-Editions, Paris, 1992, p. 202.

370 Parmi les nombreux groupes hors de France, citons les américains *Bound of Glory*, les espagnols *Division 250* (du nom des SS espagnols, cf. *Le Point* du 10 juin 1995), les anglais *No remorse* (« Aucun remords » pour l'Holocauste, cf. *Le Monde* du 3 août 1996) et *Klansmen* (par référence au Ku-Klux-Klan), le groupe oï néo-nazi suédois *Midgards Soner* (cf. *Réflexes* n° 47 d'octobre-novembre 1995), etc.

371 Sur le mouvement skin à Marseille (et plus généralement en France), cf. un article très détaillé dans *Réflexes* n° 47, octobre-novembre 1995.

372 On peut citer également comme autres maisons d'édition d'envergure mondiale à la même époque Rock O Rama, en Allemagne et le label canadien (domicilié aux Etats-Unis) Resistance Record.

373 *Le Monde* du 12 février 1992.

qu'il serait erroné de voir dans ces groupes skins néo-nazis ou inspirés par le nazisme des phénomènes marginaux à l'écart de l'extrême droite traditionnelle : il faudra attendre 1995 et les meurtres commis par des skinheads au Havre en 1990 puis à Paris le premier mai 1995 pour que le Front national, désormais soucieux de respectabilité en vue des élections, les tienne à l'écart. Jusque là, les skinheads participent, au moins comme supplétifs ou membres du service d'ordre, aux activités frontistes, en particulier au défilé annuel du premier mai.

À l'échelle européenne, la principale cheville ouvrière de l'idéologie skin est Ian Stuart Donaldson, le chanteur du groupe de Londres *Screwdriver*, qui lance en 1987[374] la principale revue des skinheads en Europe : *Blood and Honour* (« *Sang et Honneur* », traduction de la devise des Jeunesses hitlériennes *Blut und Ehre*). Les liens établis, par l'intermédiaire de la musique et des revues – les fanzines[375] – entre les divers groupes européens, et plus tard avec les groupes américains, ont permis d'évoquer parfois une véritable « internationale skin », au demeurant facilement manipulable par les partis d'extrême droite. Il serait par ailleurs faux de croire que ces groupes sont forcément marginaux : en 1994, le numéro deux du hit-parade en Suède était, avec plus de deux cent mille disques vendus, le groupe de musique skinhead *Ultima Thule*[376], proche du parti d'extrême droite Sverigedemokraterna, et qui, associant tenue skin et drapeau suédois, se définissait comme « nationaliste romantique viking », avec son titre *För Fädernas Land* – « *Pour la terre des ancêtres* » – et des paroles sans équivoque : « *Nous voulons des batailles violentes ... Le sang viking jaillira ... Il bout dans nos veines comme un fleuve ...* »[377].

Outre l'apologie de la violence voire du nazisme et un racisme omniprésent, les thèmes abordés sont en effet de plus en plus marqués, vraisemblablement sous l'influence de la Nouvelle Droite, par l'appel aux prétendus héros de la race blanche que sont vikings et celtes. Le lien du mouvement skin avec la « celtitude » semble ainsi, en France, relativement marqué : outre la localisation brestoise du label Rebelles Européens, c'est à

---

374 *Le Monde* du 3 août 1996. Stuart est mort accidentellement en 1993.

375 Par exemple en France *Rebelle blanc* (produit à Marseille de 1986 à 1991), *Quatorze mots* ou *Wotan* (cf. *Le Monde* du 3 août 1996), ou après 1993 *Terreur d'Elite* (imprimé aux Etats-Unis).

376 Thulé est le nom d'une île mythique du nord de l'Europe. Il sert de référence à l'extrême droite « aryanisante », qui y voit l'origine de la « race aryenne » ; une société secrète, la *Thule Gesellshaft*, a été créée en 1918 en Allemagne pour promouvoir racisme et nordicité ; certains dignitaires nazis y ont vraisemblablement appartenu. Dans les années 1980, un Cercle Thulé a organisé en Suisse des réunions néofascistes, un *Thule Seminar* a fonctionné en Allemagne, proche de la Nouvelle Droite, et un « Centre national de la pensée européenne » nommé Thulé a diffusé en Suisse les ouvrages du GRECE.

377 *Le Nouvel Observateur* du 30 décembre 1993 au 5 janvier 1994.

Brest que devait se tenir (il a été interdit in extremis) le 28 mai 1988 le premier concert européen « *Rock contre le communisme* » (ou *RAC*, de l'anglais *Rock against communism*), rassemblant des skins de toute l'Europe, organisé par Rebelles Européens, alors dirigé par Gaël Bodilis. Et il est remarquable que les Jeunesses nationalistes révolutionnaires, le groupe (aujourd'hui dissous) de Serge Ayoub, plus connu – y compris à la télévision – sous son surnom de Batskin, étaient au début des années 90 logées au siège de l'association bretonne Ker Vreizh à Paris, alors dirigée par un sympathisant du GRECE[378]. On retrouve là, en milieu skinhead, le même recours aux mythes nordiques, celtiques ou aryanisants que nous avons déjà vu à l'œuvre depuis trente ans dans une large part de l'extrême droite, sous l'influence notamment des théories grécistes. Le lien est cette fois fait via les paroles des chants, mais aussi par la musique : à l'héroïsation des personnages mythiques correspond la violence musicale.

Mais s'en tenir, pour définir l'emprise des idéologies d'extrême droite à travers le rock, à des groupes de skinheads, dont l'audience est restée malgré tout limitée et actuellement en perte de vitesse, serait très réducteur. Il faut regarder ailleurs et plus largement, dans la mouvance du « *hard rock* » et du « *metal* » en particulier. Si les groupes qui la composent sont moins idéologiques, et le plus souvent sans relation directe avec l'extrême droite, nombre de signes y apparaissent fortement connotés, même s'ils sont différents de ceux des groupes skins, et notablement moins « politiques ».

Certes l'apparence physique et vestimentaire est différente : cheveux très longs, jeans et bottines (*Motorhead*), goût pour le cuir, les déguisements « moyenâgeux » ou guerriers (*Iron Maiden*) et tous les fantasmes de l'*heroïc fantasy* (ainsi le groupe *Kiss* et ses masques fantastiques, jusqu'en 1983 puis à nouveau plus récemment).

Mais, là aussi, se développe toute une imagerie proche de celle de l'extrême droite et aisément récupérable par elle : les éléments premiers sont violence « métallique » et virilité. Les titres des magazines spécialisés sont évocateurs de la surenchère en ce sens : ainsi en France *Métal Attack* (né en octobre 1983) ou *Enfer*. Et l'apparence étant prépondérante dans ces groupes, les tenues sont viriles, mettant en évidence les muscles, ou guerrières, avec toute la panoplie issue de l'*heroic fantasy*.

Les références, qui ne sont plus exactement les mêmes qu'avec les skins, sont souvent directement visibles dans les noms des groupes. On navigue dans un domaine – moins directement « politique » – qui va des guerriers

---

[378] Cf. *Le Monde* des 20-21 mai 1990. Sur Ker Vreizh et ses liens tant avec le GRECE qu'avec les « nationalistes révolutionnaires », cf. *Article 31* n° 32, octobre 1987.

germano-nordiques du moyen-âge (*Saxon*, *Ostrogoth*, *Vandale*) à l'ésotérisme celtisant (le belge *Stonehenge*) ou aux évocations démoniaques (*Black Sabbath*, *Sepultura*).

Souvent simple élément autoréférentiel, permettant de situer musicalement – et non sans provocation – le groupe dans la mouvance du « *hard rock* » ou du « *heavy metal* »[379], ces dénominations n'en sont pas moins très connotées. Et les références aux vikings ou aux celtes, entre autres, sont aussi, nous l'avons vu, présentes chez certains groupes skins, constituant en quelque sorte une transition entre les deux cultures, qui ont eu tendance à s'influencer dans les années quatre-vingt-dix.

Il va de soi cependant que tous ces groupes de *hard rock*, à la différence des groupes skins cités, n'appartiennent pas forcément et délibérément à l'extrême droite. Certains, comme *Sepultura*, *Iron maiden* ou *Anthrax*, ont à leur actif des textes anti-racistes qui les en éloignent clairement. La plupart se veulent apolitiques, et récusent toute valeur politique ou même idéologique à leur goût souvent prononcé pour les insignes « barbares », voire pour la croix gammée, toute cette imagerie folklorique étant considérée comme un simple marqueur de transgression sociale.

Cet apolitisme affiché laisse cependant intacte la question de la réception des images ainsi mises en scène. Quand, par exemple, le groupe allemand *Accept*, par ailleurs auteur de plusieurs textes qui dénoncent les préjugés racistes, commence dans les années 1980 ses concerts par un morceau intitulé *Heidi Heido*, le guitariste, Wolf Hoffmann, explique[380] que « *ce plan n'a absolument pas pour nous de signification nazie. C'est juste une vieille chanson folklorique allemande* » : ceci n'est pas faux mais occulte que cette chanson était devenue le chant de marche de l'armée nazie, et que c'est ainsi qu'elle a été perçue au premier abord, entraînant des protestations en France et en Pologne notamment. On peut se demander de même où est la limite entre provocation et complaisance, quand le logo du groupe *Kiss* choisit pour les deux dernières lettres de son nom le graphisme bien connu des SS hitlériens ; *Kiss* s'en est défendu en disant que deux de ses membres étaient juifs, l'un d'eux étant même fils de déportée. On peut leur en donner acte volontiers, tout en s'interrogeant sur la capacité du collégien qui écoute son groupe préféré à comprendre que la banalisation de ce logo, avec lequel il orne sa chambre, est antithétique avec la banalisation des symboles des SS hitlériens.

---

[379] Nous n'entrerons pas ici dans le détail des diverses variantes du *hard rock* : *heavy metal*, *thrash*, *death metal*, *indus hard*, etc. Sur l'ensemble de la problématique, voir l'ouvrage que Nicolas Bénard a tiré de sa thèse de doctorat, *La culture Hard Rock*, Paris, Dilecta, 2008.

[380] Entretien dans *Metal Attack* n° 2 de novembre 1983, p. 14.

L'imagerie, l'apparence, joue dans le monde du rock un rôle de premier plan, et dans ce contexte le choix des images qu'on veut ériger en signe culturel n'est pas anodin. On ne peut que constater que ces courants du rock sont – consciemment ou non, voire contre leur gré – des vecteurs forts d'une imagerie très marquée à l'extrême droite. On y retrouve presque constamment, outre l'appel à la violence virile, les concepts mis au goût du jour en particulier par la Nouvelle Droite, avec ses références aux « *mythes fondateurs*, pour parler comme Bruno Mégret, *de notre civilisation* », de préférence germano-nordique, et aux « héros ».

En mars 1984, on trouvait dans *Notre Europe*, le journal des Faisceaux nationalistes européens, un article qui vantait les mérites du *heavy metal* en ces termes : « *Une chose paraît encore plus importante (et cela dérange les critiques qui descendent le metal) : les rituels hard, la pluie de décibels et l'atmosphère apocalyptique s'inspirent directement d'une vision du monde très germanique. Mieux, ils font penser à l'époque où l'Allemagne était national-socialiste !* ». On peut certes trouver excessive l'appréciation ; il n'empêche qu'il y a dans certaines formes de *hard rock* une esthétique que l'extrême droite peut aisément récupérer.

L'ambivalence du rock, à la fois contestation du conservatisme et exaltation de la révolte virile, explique les attitudes contradictoires des droites extrêmes. La partie conservatrice du Front national y voit, nous l'avons dit, une musique cosmopolite « *en rupture avec notre civilisation* » ; les jeunes extrémistes « révolutionnaires » qui gravitent dans son orbite, et se sont retrouvés souvent plutôt du côté du MNR de Mégret, influencés par la thématique de la Nouvelle Droite, y trouvent au contraire un lieu commun d'expression de la force virile, du « *sang viking* » mythifié.

Aujourd'hui, et depuis une quinzaine d'années, une démarche similaire, mais clairement revendiquée, se développe avec le courant du « rock identitaire français », ou RIF, très présent sur Internet où il dispose de nombreux sites, et qui diffuse des textes souvent sans équivoque. Ces groupes s'inspirent le plus souvent de l'idéologie nationaliste-révolutionnaire sous ses diverses formes, mais empruntent aussi à la mythographie de la Nouvelle Droite, et n'hésitent pas à mêler « droite » et « gauche » au profit d'une « *identité révolutionnaire européenne* ».[381]

Le groupe niçois Fraction Hexagone, créé en 1994, devenu depuis Fraction, et qui semble en sommeil depuis 2006, est sans doute le plus célèbre parmi les jeunes nationalistes ; avec plusieurs albums, des titres qui

[381] Sur le RIF, voir l'ouvrage collectif très documenté *Rock haine Roll, Origines, histoires et acteurs du Rock Identitaire Français*, éditions No Pasaran, 2004.

vont de « *Europe Jeunesse Révolution* » à « *Conquérants* » ou « *Les lansquenets* », en passant par « *Fière Celtie* » et « *Yankees go home* », ou « *Reconquista* » en 2001, il a participé dès 1996 à la fête lepéniste des Bleus-Blancs-Rouges, puis au Tremplin Rock d'Orange devenue municipalité frontiste. Mais il est aussi emblématique à un double titre. D'une part, c'est sans doute celui qui associe le plus explicitement musique et politique ; il expliquait ainsi sur son site en 2003 : « *Nous écoutons beaucoup de hard-core, de death et de black metal, ce qui se ressent particulièrement dans nos compositions. Étant un groupe engagé, nous avons décidé de nommer notre style musical, NRHC (Nationaliste Révolutionnaire Hard Core)* ». Et Fabrice Robert, le bassiste du groupe, précise dans une interview à la revue *Devenir*[382] : « *Le groupe a été créé avec un objectif précis : diffuser l'idéal nationaliste-révolutionnaire sur un support musical de type metal-hardcore. Nous pensons que des paroles radicales doivent êtres portées par une musique dure et puissante.* »

Fraction est aussi le groupe qui exprime les positions les plus élaborées et les plus directement politiques : « *Nous abordons des sujets très divers. Nous fustigeons, tout d'abord, les méfaits de l'impérialisme américain et de son allié privilégié, le sionisme international. Nous mettons aussi en avant les maux qui touchent notre société contemporaine* », au nombre desquels le « *règne du fric* » voisine avec le « *métissage institutionnalisé* ». Les références sont diverses également : « [...] *nos principales références restent Sorel, Blanqui, Jünger, les frères Strasser sans oublier Che Guevara et le sous-commandant Marcos* [...] *Le monde marchand que nous combattons ne constitue que la forme laïcisée du judéo-christianisme que nous rejetons tout autant.* »

Et particulièrement intéressante pour notre étude est la reprise à leur compte un peu plus loin d'une phrase d'Alain de Benoist tirée de son ouvrage *Comment peut-on être païen ? :* « *Nous voulons opposer la Foi à la Loi, le mythos au logos, l'innocence du devenir à la culpabilité de la créature, la légitimité de la volonté qui tend vers la puissance à l'exaltation de la servitude et de l'humilité, l'autonomie de l'homme à sa dépendance, le vouloir à la pure raison* [...]. » On retrouve dans ce discours, on le voit, à côté des idées politiques d'une partie des droites extrêmes, l'essentiel des notions esthétiques que nous examinons depuis le début de notre recherche, en particulier l'opposition du *muthos* au *logos*, et la « volonté qui tend vers la puissance », qui renvoie ici à la prédilection pour la violence musicale du *hard rock*.

---

382 *Devenir* n° 15, hiver 2000. Fondée en 1998, *Devenir* est une revue identitaire européenne éditée en Belgique. La revue s'est arrêtée en 2005 pour laisser la place à *ID Magazine*.

Pour surprenant qu'il puisse paraître, ce mélange de références – des Strasser, membres du parti nazi évincés par Hitler, à Guevara –, associé à un anti-américanisme farouche et à un paganisme revendiqué, n'est pas isolé et trouve des correspondants exacts dans les options politiques des extrêmes droites. La volonté tout d'abord de proclamer une orientation « *ni droite ni gauche* », reprise un temps comme slogan par le Front national sous la forme réductrice « *Ni gauche ni droite, Français* », est constante dans une partie de l'extrême droite. On laissera ici de côté l'analyse contestée de l'historien Zeev Sternhell qui a cru y déceler la preuve de l'existence d'un « fascisme français » avant et pendant la seconde guerre mondiale[383]. Mais c'est clairement qu'elle apparaît chez les nationalistes-révolutionnaires, dont les identitaires représentent une partie des continuateurs : le mouvement Nouvelle Résistance créé en 1991 veut constituer un « *front anti-système* » regroupant les « radicaux » de droite comme de gauche ; de même Unité radicale, créé en 1998, écrit dans son programme : « *Notre ennemi, c'est le système occidental* ». Une position proche est aussi revendiquée dès 1992 par la Nouvelle Droite qui entend substituer à l'opposition entre la droite et la gauche une opposition entre « *le centre* » (aussi appelé parfois « *le système* » comme chez les nationalistes-révolutionnaires) et « *la périphérie* » (soit tous ceux, qu'ils soient de droite ou de gauche, qui s'y opposent) ; c'est d'ailleurs ce qui expliquera les tentatives de rapprochements « rouges-bruns » initiées par la Nouvelle Droite dans les années 1990.

Ensuite, le nationalisme des Identitaires est celui des nationalistes « européens », opposés aux nationalistes « franchouillards » et conservateurs de la vieille garde du Front national : « *Nous rêvons d'un véritable Empire allant de Galway à Vladivostok, à une Europe aux cent drapeaux bâtie sur une véritable démocratie directe qui redonnerait enfin au peuple sa liberté* », affirme Fraction Hexagone ; c'est, au mot près, ce que revendiquait déjà à la fin des années soixante l'idéologue de la revue et du groupe *Jeune Europe*, Jean Thiriart : « *la très grande Europe de Reykjavik à Vladivostok* ». Le Belge Thiriart, militant des Amis du grand *Reich* allemand pendant l'Occupation, emprisonné à ce titre après la guerre, proche ensuite de l'OAS, milite depuis lors pour une unité européenne, incluant l'Union Soviétique, ce qui peut paraître paradoxal pour un anticommuniste ; mais s'il peut écrire : « *L'Europe soviétique, oui, sans réticence* », c'est en précisant son idéal d'un « *hyper-État-nation doté d'un hypercommunisme démarxisé* [...] *le totalitarisme éclairé* »[384] et en indiquant que les soldats russes « *à Dublin, retrouveront des yeux bleus et des cheveux blonds comme à Kharkov, comme*

---

383 Zeev Sternhell, *Ni droite ni gauche. L'idéologie fasciste en France*, Paris, Seuil, 1983 ; réédition Ed . Complexes, 2000. Contra, notamment Pierre Milza, *Fascisme français. Passé et Présent*, Paris, Flammarion, 1987.
384 *Conscience européenne*, n° 8, 1984.

à Vladivostok »[385]. Les « rouges-bruns » des années quatre-vingt-dix n'ont rien inventé, et le philonazisme peine à se dissimuler. C'est Thiriart encore qui précisait ainsi, dans l'article cité de la revue *Conscience européenne*, ses regrets : « *Hitler n'a jamais voulu l'Europe européenne ; il a tenté l'Europe allemande et c'est pourquoi il s'est cassé les dents* »[386].

On retrouve ici le même clivage que celui qui oppose, au sein même du Front national en particulier, les « nationaux », que l'on pourrait appeler « hexagonaux », attachés à une identité française, à la terre et à la tradition, et les nationalistes « européens », promoteurs d'une identité européenne, aristocratique et blanche. Ce qui les réunit, c'est dans tous les cas l'affirmation d'une identité clanique – le mot « clan » revient constamment dans les textes identitaires – qui ne se définit que par le rejet, l'exclusion de « l'autre ». Et, on l'a vu, de multiples « passerelles » peuvent exister entre l'un et l'autre courant[387].

Mais le groupe Fraction est aussi intéressant par ce qu'il révèle des liens non plus seulement thématiques ou même idéologiques mais structurels entre l'extrême droite politique et le RIF. D'une part, un de ses fondateurs, qui est aussi son bassiste, Fabrice Robert, anime depuis trente ans divers mouvements d'extrême droite et, après avoir été conseiller municipal Front national et être passé au MNR de Mégret, a été notamment et successivement un ancien dirigeant du groupe nationaliste-révolutionnaire Nouvelle Résistance puis d'Unité radicale, et le président du Bloc identitaire créé en 2003 ; à ses côtés, le chanteur du groupe, Philippe Vardon, est lui aussi un ancien d'Unité radicale et des Jeunesses identitaires, et sera candidat aux municipales à Nice en 2008 sur une liste Nissa rebella-Bloc identitaire soutenue par le MNR.

D'autre part, le lien entre culture et politique, et l'aspect de « *guerre culturelle* » de la démarche, dont nous avons vu l'intérêt pour l'extrême droite, est clairement affirmé. Dans son interview à *Devenir*[388] que nous avons déjà mentionnée, Fabrice Robert, alors dirigeant d'Unité radicale, apporte aux questions posées des réponses qui confortent notre thèse. Interrogé sur le « combat culturel », il précise : « *Nous avons conscience que*

---

[385] *L'Empire euro-soviétique de Vladivostok à Dublin*, Charleroi, Machiavel, 1986.

[386] Sur Thiriart et Jeune Europe, voir notamment René Monzat, *Enquêtes sur la droite extrême*, Le Monde-Editions, Paris, 1992, pages 51-57 (auquel j'emprunte plusieurs citations) ; Anne-Marie Duranton-Crabol, *L'Europe de l'extrême-droite de 1945 à nos jours*, Bruxelles, Complexe, 1991.

[387] Sur les contacts, au niveau des groupes politiques, entre, notamment, le PFNE et le GRECE, voir René Monzat, *Enquêtes sur la droite extrême*, Le Monde-Editions, Paris, 1992, pages 222-225.

[388] *Devenir* n° 15, Hiver 2000.

l'on gagne plus de sympathisants avec un CD qu'avec un journal, avec une chanson ou une BD qu'avec un tract ... Ainsi notre combat culturel se mène au niveau des labels de disques, de l'édition de BD, de la promotion de groupes musicaux. », confirmant l'attachement de l'extrême droite aux démarches qui mettent en œuvre l'image, la musique, le mouvement et s'adressent plus aux sens qu'à la raison. La guerre culturelle en effet « *permet d'agir sur la perception qu'ont les individus du monde et de la société dans laquelle ils vivent.* » Et Robert présente à la suite, illustrant cette conception, le mouvement Jeune Résistance et le label Bleu Blanc Rock qu'il vient de créer : « *Avec Jeune Résistance, nous proposons de la bande dessinée (Gérard l'anar, les aventures de Lo Leblanc), des interviews de groupes identitaires, des chroniques de disques, de zines, de bd's, de livres et de sites web. Jeune Résistance est animé principalement par des musiciens du RIF.* [...] *Bleu Blanc Rock est une association militante dont le but est de diffuser le rock nationaliste auprès du grand public.* »

De nombreux autres groupes de rock identitaire, aux influences musicales des plus diverses (de *Pink Floyd* au *hard rock*), mais défendant les mêmes thèmes de l'enracinement européen, fleurissent depuis une quinzaine d'années : pour ne s'en tenir qu'à ceux qui ont eu quelque audience, on peut citer Vae Victis, né en 1993, qui chante « *Clovis* » comme « *Excalibur* » ou les « *Libres Cosaques* », Kaiser Bound, qui réclame « *une Europe enracinée* », les bourguignons de Brixia, In Memoriam, Elendil (au nom emprunté à Tolkien), Dr Merlin qui a sorti un disque de textes de Brasillach, les franciliens d'Ile-de-France, ou Jack Marchal, « *nationaliste à 100 % depuis trente ans* », et même un groupe de « rap identitaire » breton-normand : Basic Celtos qui « *vomit les politichiens* » et se revendique entre autres de Charles Martel et de Knut le Grand ...

Cette diversité musicale ne doit cependant pas surprendre : elle est elle-même le résultat d'une stratégie visant à permettre au rock identitaire « *de sortir du ghetto dans lequel certains aimeraient le voir moisir.* ». Fabrice Robert l'expose clairement dans un autre entretien avec la revue *Devenir*[389] à propos du site Bleu Blanc Rock : « *L'objectif, à terme, est de bâtir un portail de la scène musicale anti-système et enracinée. Et de se faire côtoyer Fraction, Ile de France, Vae Victis avec des groupes tels que Sepultura, EV, Tri Yann ou encore Madball. Ces formations musicales peuvent ne pas être totalement en phase avec nos idées. Au fond, peu importe.* » Ce qui compte en effet, c'est que « *un fan de Biohazard pourra – à partir d'un moteur de recherche – être dirigé sur le site de Bleu Blanc Rock et ainsi découvrir les groupes de rock identitaire français.* »

---

[389] *Devenir* N° 17, été 2001.

Il serait évidemment absurde de conclure de ce qui précède que tous les amateurs de rock, même très « *hard* », sont des « fascistes ». La vogue à la fin des années soixante-dix des concerts « *Rock against racism* » (« Rock contre le racisme ») suffit à prouver le contraire ; et le mouvement SHARP (*Skin Heads Against Racial Prejudice*, « skinheads contre les agressions racistes ») qui se développe un peu plus tard aux États-Unis puis au Royaume Uni autour du groupe *The Oppressed* montre que même chez les skinheads les choses ne sont pas univoques. Mais le rock, par ses origines et sa nature mêmes, se prête facilement à la récupération par les groupes les plus extrémistes, tout comme il se prête, de dérive en dérive, à l'expression de tous les mythes récurrents des extrêmes droites « révolutionnaires ». Pour être limitée et souvent inconsciente, cette expression n'en est pas moins redoutable. Son apparence « apolitique » permet une imprégnation discrète d'une idéologie qui, pour variée et confuse qu'elle soit, se ramène toujours à un même point commun : un antiégalitarisme forcené.

Ainsi s'explique la coexistence à l'extrême droite de militants qui honnissent le rock, lui préférant qui la musique classique, qui la musique folklorique, et d'autres qui en ont fait leur musique de prédilection, voire un de leurs signes de reconnaissance ou de ralliement. Chacun exprime à sa manière une même vision du monde.

À cela s'ajoutent deux différences : une différence de classe et une différence de génération. D'une part, en simplifiant, le rock est davantage ressenti comme une musique des et pour les catégories populaires, la musique classique pour la bourgeoisie. D'autre part le rock, surtout dans ses variantes *hard*, *heavy metal*, est davantage l'apanage de personnes jeunes. C'est d'ailleurs par le Front national de la Jeunesse que se font les rapprochements entre les deux univers du Front national et des multiples groupes « identitaires » ou « nationalistes révolutionnaires ». En 1998 par exemple est organisé en Lorraine[390] un concert avec les groupes de RIF Vae Victis, In Memoriam, dont nous avons parlé ci-dessus, et le nancéien Aion. Le concert est organisé conjointement par le FNJ (Front national de la jeunesse), Renouveau étudiant et le groupusculaire GAJ (Groupe Action Jeunesse), et le contact local est un libraire qui a été candidat du Front national aux élections européennes de 1984, et qui serait proche des catholiques traditionalistes de Bernard Antony.

---

[390] Voir l'article « Une réunion néonazie dans la banlieue de Nancy » dans *L'Est républicain* du 1er novembre 1998.
Cf. aussi l'article de Christian Lombard « L'extrême-droite en Lorraine » dans le journal en ligne lorrain *infodujour.com*, publié en 15 épisodes entre le 13 mai et le 3 juillet 2001, à l'adresse <http://www.infodujour.com/scripts/enq_epi.php?epiID=77>.

Cet exemple est intéressant parce qu'il est révélateur d'une démarche : malgré toutes leurs différences, les extrêmes droites s'unissent lorsque c'est utile, et l'on peut voir comme ici des membres conservateurs et catholiques d'un parti qui dénonce le rock donner la main à des « révolutionnaires » païens pour organiser un concert de *hard rock*, les organisations de jeunesse, le FNJ notamment, servant à faire le lien. Les tentatives de Le Pen de donner une image de respectabilité à son parti en se démarquant des groupuscules les plus extrémistes, les skinheads notamment, marquent ici leurs limites. Mais aussi, ce qui nous intéresse davantage pour notre étude, si de telles convergences ont lieu, c'est que les différences entre les options esthétiques des uns et des autres ne sont pas rédhibitoires. Et cela nous ramène aux déclarations d'Alain Sanders évoquées au début de ce chapitre : il y a rock et rock, et celui qui s'est suffisamment détaché de ses origines « cosmopolites » pour devenir un appel à l'exaltation identitaire devient *ipso facto* acceptable.

Peu importe en effet *in fine* que les valeurs héroïques, la germanité ou la supériorité clanique soient exaltées à travers les Valkyries de Wagner ou à travers les riffs de Vae Victis : dans tous les cas, c'est, au service des mêmes valeurs, une même esthétique de la fascination qui est mise en œuvre.

XVIII

Fascinant / fascisant

« *Le nazisme <a> perverti lexique et langue, contaminé et comme infecté les images les plus vénérées comme "ciel", "lumière", "crépuscule", "terroir", "village", "forêt", ridiculisé l'honneur, la fidélité, la vie rustique, le goût au travail, la patrie* [...], *l'orgueil et la foi, banni du vocabulaire les mots "magie", "mythe", "servir", "dominer", "guide", "autorité", avoir avili le réalisme en art, ridiculisé Courbet et Leibl, rendu suspects Munch et Corinth, interdit d'aimer Wagner en musique* [...] », s'insurge en 1997 Jean Clair, alors entre autres fonctions directeur du Musée Picasso, dans *La responsabilité de l'artiste*[391]. Et ce faisant, le nazisme a « *retiré à ceux qui avaient jusqu'alors pour tâche de célébrer le monde non pas la permission, mais tout bonnement la possibilité de le faire* ». Constat pertinent, mais qui n'ébauche pas l'analyse.

D'autres avant lui, notamment Victor Klemperer dans son ouvrage *LTI, la langue du Troisième Reich, Carnets d'un philologue*, tardivement publié en français[392], ont montré comment le nazisme, comme tous les totalitarismes, avait accaparé à son profit nombre de mots et d'images, tout un langage, leur avait assigné un sens particulier vecteur d'une idéologie, avait créé une « *novlangue* » propre à servir ses desseins en agissant par là sur la pensée même, réduite à l'affirmation péremptoire et au slogan. Mais le constat de Jean Clair élude un élément essentiel : pourquoi ces mots, ces images, et ceux-là seuls, ou ceux qui sont à leur ressemblance, et non d'autres mots, d'autres images ?

Pourquoi « ciel » et pas « terre », pourquoi « crépuscule » et pas « aube », pourquoi « honneur » et pas « sympathie », pourquoi Wagner et pas Mozart ? Pourquoi des mots comme « solidarité » ou « usine » ont-ils échappé à la corruption nazie ? Pourquoi « travail, famille, patrie » a-t-il été substitué par la Révolution nationale pétainiste à « liberté, égalité, fraternité », attachant effectivement à cette triade nouvelle une connotation définitivement péjorative ? À quoi, à quelle idéologie mais aussi – et, pour ce qui concerne cette étude, surtout – à quelle esthétique répondent de tels choix ?

---

391 Jean Clair, *La responsabilité de l'artiste*, Paris, Gallimard, 1997, p. 78.

392 Trad. française, Paris, 1996 (l'ouvrage est d'ailleurs cité par J. Clair lui-même, *o.c.* p. 33).

Les exemples abondent de l'intervention politico-idéologique sur le langage, et celle-ci est le lot de tous les « conseillers en communication » quelle que soit l'orientation du groupe politique ou économique concerné. Il est cependant évident qu'elle occupe une place plus déterminante auprès des formations qui accordent une fonction importante à la création d'un imaginaire social, et que, « novlangue » ou « langue de bois », elle n'est pas instituée au hasard. Pour en revenir à ce qui nous intéresse ici directement, plus près de nous, l'Institut de formation nationale du Front national a publié en 1990 une brochure déterminant les termes à employer et ceux à proscrire par les cadres du parti. Il devient ainsi recommandé de remplacer par exemple « patron » par « employeur », « lutte » par « combat » ou encore « masses » par « peuple », « droits de l'homme » par « droits du citoyen », ou aussi, dans une tonalité moins discrète et plus polémique, « associations antiracistes » par « lobby de l'immigration » : il s'agit ici à l'évidence d'éliminer les termes qui connotent ce que la brochure appelle « *l'idéologie marxiste* »[393]. Bruno Mégret, encore alors dirigeant du Front national, expliquait ouvertement en 1996[394] : « *Notre stratégie de conquête du pouvoir passe par une bataille du vocabulaire.* [...] *Lorsqu'ils parlent d'identité, de libanisation, de classe politico-médiatique, lorsqu'ils utilisent des termes comme l'établissement, le cosmopolitisme, le peuple, le totalitarisme larvé, hommes de la rue, journalistes et politiciens entrent dans notre champ lexical* ». Voilà pour le champ idéologique.

Le champ esthétique, c'est dans un domaine plus « *métapolitique* » (pour reprendre la terminologie du GRECE) qu'il faut le chercher. René Monzat évoque dans ses *Enquêtes sur la droite extrême*[395] le « *Guide des prénoms* » publié en 1983 par *Enfants Magazine*, revue alors proche de la Nouvelle Droite : il s'agit d'un nouveau calendrier substituant systématiquement aux prénoms d'origine hébraïque ou chrétienne des prénoms « scandinaves » ou « germains » : Christian devient Tristan, Bénédicte cède la place à Harald, etc. Il ne s'agit plus ici à proprement parler d'une idéologie, encore moins de politique : le prénom Tristan n'est en lui-même, objectivement, pas plus porteur d'une idéologie que Bénédicte ou que la plupart des autres prénoms, dont l'origine et le sens étymologique sont de surcroît la plupart du temps ignorés par ceux qui les donnent à leurs enfants, et dans le choix desquels les phénomènes de mode et l'influence des vedettes du moment jouent un rôle majeur. Mais il s'agit bien d'une esthétique, d'une façon de « sentir » le monde et, dans le cas des droites extrêmes, de le faire sentir : « *Par le prénom que l'on porte,* précise Alain de Benoist dans la préface de ce *Guide, on se rattache à tout un environnement historique et spirituel* ».

393 Cf. *Le Pen le vrai. Les dossiers du Canard* n° 45, octobre 1992, p. 75.
394 Dans le journal *Présent* du 16 juin 1996.
395 *In Enquêtes sur la droite extrême*, Paris, Le Monde-Editions, 1992, pp. 218-219.

Les mots et les images qui ont été asservis et pervertis par le nazisme sont ceux qui pouvaient l'être, qui devaient l'être parce que leurs connotations le permettaient. Si « sympathie » par exemple n'appartient pas à la « novlangue » des nazis, c'est parce que ce terme ne correspond pas à leur conception des rapports humains, parce que ses connotations, gentillesse voire faiblesse, sont à l'opposé de leur idéologie ; « honneur » au contraire, terme « *vénéré* » et vénérable dans son sens dénoté, connote la grandeur, une vertu « supérieure », une valeur en soi. De même le « ciel » s'oppose à la terre comme l'élévation à la bassesse commune, comme l'inconnu au familier. Et si Mozart est rejeté au profit de Wagner, c'est que la musique du premier, « humain trop humain » pour paraphraser Nietzsche, n'a pas le pouvoir d'exaltation, au sens étymologique, des *Walkyries* ou de *Siegfried*.

On voit là l'erreur et le danger qu'il y a à ne reconnaître dans l'esthétique d'extrême droite qu'un détournement de sens de thèmes, de mots, d'images ou de valeurs qui auraient en eux-mêmes une pureté originelle, pureté qu'il conviendrait de redécouvrir et de réhabiliter en la débarrassant de la tache conférée par l'appropriation extrémiste. C'est cette réhabilitation que, par exemple, paraît souhaiter Jean Clair : « *Sans doute le fascisme aura-t-il jeté un soupçon qui semble indélébile* [...] *sur tout ce qui semble jaillir d'un monde originel, fait de passion et de sensibilité, opposé au monde de la rationalité et de la technique.*

Mais n'est-il pas temps de renverser la proposition et de rappeler que c'est le fascisme lui-même qui le premier, dans les années 20, donna le change en se déguisant sous les oripeaux des théories progressistes ? [...] *N'est-il pas temps de reconquérir sur le fascisme ce que le fascisme a conquis, contaminé et perverti et le faire notre à nouveau ?* »[396].

Dans sa volonté de faire une « *critique de la modernité* » et de stigmatiser les avant-gardes et leur « *théologie du vide* » américanisée ou mondialisée, Clair n'hésite pas à défendre le « *retour à l'ordre* », l' « *enracinement* » et le « *passé* », comme si ces notions étaient définitivement neutres, pures de toute connotation, de toute charge idéologique, voire « *progressistes* », comme si le fascisme les avait accaparées par hasard ou par opportunisme. Pourtant, comme le pense Philippe Dagen, qui cite Clair largement : « *ces notions n'ont pas été "contaminées" fortuitement par le fascisme* [...], *contrairement à ce qui est ici sous-entendu par un étrange tour de passe-passe historique. Elles sont ses idées-forces, ses slogans majeurs. Elles sont aussi au centre de l'idéologie et de l'esthétique du national-socialisme.* »[397]. Laissons de côté le registre polémique propre ici à Dagen, il n'en reste pas

---

[396] Jean Clair, *Considérations sur l'état des beaux-arts. Critique de la modernité*, Paris, Gallimard, 1983, p. 107 (cité par P. Dagen p. 49).

[397] Philippe Dagen, *La haine de l'art*, Paris, Grasset, 1997, p. 49.

moins que l'attachement au passé, à l'ordre, aux racines renvoie à des préoccupations centrales dans toute la pensée des droites extrêmes, de même que « *passion* » et « *sensibilité* » renvoient, dans leur opposition au couple « *rationalité et technique* », aux fondements même de l'esthétique d'extrême droite.

« *On n'accuse pas le baromètre de provoquer la tempête* »[398], répond par avance Jean Clair. Il n'est certes pas question de rejeter le ciel, la sensibilité, l'honneur ou le travail au motif que des extrêmes droites en ont fait leurs mots de prédilection. Mais leur usage ou a fortiori leur exaltation ne peuvent pas ignorer qu'il s'agit de termes auxquels est attachée, qu'on le veuille ou non, une forte charge symbolique qui en fait les vecteurs privilégiés d'une idéologie.

L'emploi du langage – textuel ou iconique – sert ainsi, tout autant et souvent plus qu'à exprimer des idées, à développer un imaginaire particulier, en jouant sur les connotations, sur la charge affective des mots ou des images. Deux chercheurs contemporains, Pierre Jouve et Ali Magoudi, ont montré[399] dès 1987 comment le discours du Front national, et de son chef en particulier, fait fonctionner un système élaboré de « redéfinition », mais est aussi et surtout porteur d'une forte charge irrationnelle propre à fasciner ceux qui l'écoutent ou le lisent. Et le 21 avril 2002, au soir d'une élection présidentielle qui le voit arriver en deuxième position, ce n'est pas par une analyse politique des résultats que Le Pen commence son discours, mais par un prophétique « *Entrez dans l'espérance* ». Nous avons déjà évoqué les mises en scène des meetings du Front national.

De même, le choix de la flamme comme logo frontiste parle de lui-même. La similitude du dessin avec celui de l'emblème du parti fascisant italien des années soixante-dix, l'*Ordine Nuovo* de Giorgio Almirante, a fait rechercher entre les deux partis une proximité politique qui s'est vite révélée erratique : en fait, c'est pour la flamme avant tout que le Front national naissant a adopté l'emblème transalpin. Et de manière identique, pour revenir au nazisme, il est vraisemblable que, si la croix gammée, parmi de multiples signes plus ou moins ésotériques, du même registre orientalisant, fut choisie, et non pas le tao ou le cercle, c'est que, quelles qu'en soient les interprétations[400], elle représente avant tout, pour tous ceux qui ne sont pas férus d'ésotérisme ou d'héraldique, la *hakenkreuz*, la croix fourchue, dont les

---

[398] Jean Clair, *La responsabilité de l'artiste*, Paris, Gallimard, 1997, p. 52.

[399] Pierre Jouve et Ali Magoudi, *Les Dits et Non-dits de Jean-Marie Le Pen*, Paris, La Découverte, 1987.

[400] Symbole sexuel pour Wilhelm Reich, in *La psychologie de masse du fascisme*, Paris, Payot, 1972, p. 106 ; symbole solaire pour d'autres, symbole héraldique germanique pour René Alleau, in *Hitler et les sociétés secrètes*, Paris, Grasset, 1969.

angles vifs connotent la violence, la dureté, l'angle droit opposé à la douceur de la courbe. La même interprétation vaut pour l'emploi de caractères spéciaux, apparentés en outre aux runes nordiques, dans le sigle des SS [401].

C'est également la charge irrationnelle, l'immédiateté expressive présentes dans leurs œuvres qui ont permis au nazisme, ou du moins à certains de ses chefs, Goebbels en particulier, de trouver une proximité avec les expressionnistes allemands, alors même que certains étaient politiquement très éloignés du nazisme. Jean Clair explique, très justement cette fois: « *Le pathos expressionniste, sa volonté de s'enraciner dans une tradition nordique, son exaltation d'une germanité primitive, son recours surtout au mythe d'une langue originelle,* [...] *aux contes, à l'enfance, à l'archaïque, tout cela pouvait aisément croiser les attentes d'une scénographie hitlérienne où l'émotivité, le sentiment immédiat, l'appel à tous les sens et leur fusion "mystique" dans la magie du* Gesamtkunstwerk, *l'œuvre d'art totale, lui faisaient perdre ses droits à l'esprit rationnel.* » [402]. Comme ailleurs, l'extrême droite s'empare de ce qui, chez ces artistes, sert sa propre vision du monde. Et, en retour en quelque sorte, « *Ce qui dans le nazisme était retour à un* Gemüt *romantique opposé à la raison classique* [...], *la rhétorique des discours, des mises en scènes, des défilés et des chants, s'accordait au mieux à la théorie expressionniste d'un langage qui se voulait immédiateté expressive, qui congédiait le discursif.* »

Exaltation – ou ascension – et décadence, puissance et faiblesse, fascination et raison sont les couples antithétiques qui fondent les dialectiques d'extrême droite, les premiers survalorisés et les seconds anathématisés. Rétablir, renaître, relever, et le préfixe *re-* omniprésent, en sont les termes dynamiques, établissant un lien entre le passé figé à jamais dans sa splendeur fantasmée et le futur éclatant qui le reproduira : le présent est aboli, ou rejeté dans les ténèbres de la « décadence ».

« *La thématique décadentielle*, écrivait Alain Bihr dans un ouvrage sur le Front national[403], *est en fait un des lieux communs, un des archétypes de la pensée d'extrême droite. Constituant sa manière spécifique de rendre compte de la "crise culturelle", elle lui confère ce style particulier, auquel Céline a définitivement donné ses lettres de noblesse, si l'on peut dire, "l'art de la vocifération rythmée, de l'imaginaire déchaîné, l'art du délire".* » La décadence est en fait plus qu'une thématique. Elle est le fondement même,

---

401 Voir notamment Victor Klemperer, *LTI, la langue du Troisième Reich, Carnets d'un philologue*, trad. française, Paris, 1996, p. 101.

402 Jean Clair, *La responsabilité de l'artiste*, Paris, Gallimard, 1997, p. 39.

403 *Le spectre de l'extrême droite. Les français dans le miroir du Front national*, Paris, Editions de l'Atelier/ Editions ouvrières, 1998, p. 138.

le signe au sens saussurien – signifiant et signifié – d'une vision du monde qui rejette le présent au nom de valeurs passées à restaurer, et alimente le ressentiment et son corollaire la fascination.

Échappant au présent, à l'*actualisation* des linguistes, le mot évacue en effet sa dénotation pour ne plus fonctionner que par ses connotations et la fascination qu'il suscite. L'usage rationnel et actualisé du langage cède la place à un usage affectif et mythophorique. Le langage iconique suit la même voie : aux points de vue et aux fragmentations cubistes, aux anamorphoses baroques, on préfère le symbolisme de la figuration édifiante. À Mozart on préfère – encore – les *Walkyries*.

On retrouve là une origine de l'anti-intellectualisme de toutes les extrêmes droites, tel que l'a analysé Ariane Chebel d'Appollonia[404], et tel que le résume, mais pour le revendiquer, Alain de Benoist : « *Notre anti-intellectualisme découle de cette conviction* [...] *qu'il y a prééminence de l'âme sur l'esprit, du caractère sur l'intelligence, de la sensibilité sur l'intellect, de l'image sur le concept, du mythe sur la doctrine* »[405] ». On retrouve dans cette synthèse du héraut de la Nouvelle Droite tous les éléments de cette « *autre vue du monde* » qu'il propose et qui constitue le fonds commun des droites extrêmes, renvoyant aussi bien à Barrès pour qui, au moins à ses débuts, la société « *repose en fait sur des nécessités antérieures et peut-être étrangères à la raison individuelle* »[406], à Louis Pauwels accablant les « *bons intellectuels rationalistes français* »[407] ou à Henri Massis classant « *les idées* » parmi « *toutes les forces subversives qui travaillent l'Europe* »[408].

La sensibilité primant sur l'intellect, le mot et l'image doivent essentiellement s'adresser à la première. Leur efficacité se mesure alors à leur pouvoir de fascination. Fascination pour le symbole du logo, du drapeau, de l'oriflamme ; fascination pour le slogan, le calembour, l'envolée rhétorique ; fascination pour l'icône symbolique, du *Titan* mussolinien à la Jeanne d'Arc qui ouvre les défilés du Front national ; fascination pour l'image archétypale qui exalte les valeurs ; fascination enfin pour le guide, le tribun, le chef charismatique, promu lui-même au rang de symbole vivant.

Car c'est bien aux sens que s'adresse, retrouvant l'étymologie du mot esthétique, l'image mimétique, représentation rassurante et édifiante de tout

---

[404] A. Chebel d'Appollonia, *L'extrême-droite en France*, Paris, Complexe, 1988, pp. 35-43.
[405] in *Nouvelle Ecole*, n° 35, 1979 ; cité par A. Chebel d'Appollonia, l.c.
[406] *Scènes et doctrines du nationalisme*, Paris, p. 45.
[407] *L'homme éternel*, Paris, Gallimard, 1970, p. 171.
[408] in *Défense de l'Occident*, Paris, 1927, p. 176; cité par A. Chebel d'Appollonia, l.c.

ce qui est senti comme absent ici et maintenant, de la vertu passée comme de l'héroïsme mythifié : les saisons et les jours de la ruralité laborieuse et heureuse, la vigueur hallucinée de la pucelle de Domrémy, la flamme du solstice, le roi Arthur qui « *va revenir* » ou le maréchal qui va sauver la France, le blouson de cuir du rocker, le rêve à portée d'écran de *L'éternel retour*, le beau sans questions et le vrai sans incertitudes, images, toutes, d'une accession à l'ordre et à la puissance.

Et à la puissance. Car cette fascination est le corollaire d'un ressentiment. Sans reprendre le détail des analyses de Nietzsche ou de Max Scheler notamment sur « *l'homme du ressentiment* »[409], on ne peut que définir ainsi celui qui, ayant perdu ses repères – ses certitudes – dans un monde qu'il juge privé de sens, se sent « étranger au monde » et rumine sans cesse son mécontentement, tourne en agressivité son impuissance face au monde et son sentiment d'être autre, ou plutôt son sentiment que les autres sont, précisément, « autres » et comme tels objet de jalousie inconsciente ou de haine déclarée.

Dans le domaine artistique, c'est fondamentalement la situation et le comportement de celui qui, face à un Picasso, au lieu de reconnaître : « je n'y comprends rien », décide péremptoirement que « ça n'a pas de sens », et qu'il convient donc de le rejeter. Ce n'est pas autre chose que disait déjà le peintre Maurice Denis lorsqu'en 1905, à la suite de l'exposition des Fauves au Salon d'automne, il écrit, dans une humilité feinte[410] : « *Que Matisse me pardonne si je ne comprends pas* » avant de s'en prendre à « *l'excès des théories* » qui caractériserait ce dernier. Le rattachement forcené à des conceptions assurées et rassurantes, parce qu'ancrées dans la tradition et en apparence immédiatement accessibles – la figuration classique notamment –, est le corollaire de la peur de l'incertitude et du surinvestissement narcissique qui l'accompagne. Denis continue : « *Le recours à la tradition est la meilleure sauvegarde contre les vertiges du raisonnement* [...] ». Le ressentiment génère l'agressivité et fait passer le jugement du domaine esthétique au domaine moral : on retrouve au bout de ce cheminement l'assimilation du Beau au Bien que nous évoquions dans le premier chapitre à propos des conceptions artistiques de l'extrême droite : je ne trouve pas beau ce tableau, donc il ne relève pas du Beau, donc il n'a pas de sens, donc pas de valeur, donc il n'est pas conforme au Bien. Et comme ce tableau correspond, *grosso modo*, au présent, le lien est facile avec la thématique de la décadence : autrefois c'était beau et bien, aujourd'hui ce n'est ni beau ni bien. Le ressentiment cherche alors des coupables de ce changement.

---

[409] En particulier Max Scheler, *L'homme du ressentiment*, Paris, Gallimard, 1958 (trad.).

[410] « De Gauguin, de Whistler et de l'excès des théories », *L'Ermitage*, n° 11, 15 novembre 1905 ; cité *in* Dagen, *La haine de l'art*, Paris, Grasset, 1997, p. 26.

C'est ce qui explique la virulence des attaques, à toutes les périodes, contre l'art prétendu « *dégénéré* » et le lien fait constamment entre la qualité – déniée – des œuvres d'art en cause et le caractère – affirmé, y compris hors de propos – immoral ou cosmopolite de leur auteur : nous avons déjà évoqué les incriminations haineuses contre les cubistes en 1912, qu'on traitait jusque dans les journaux de « *métèques* » et d' « *apaches* » et dont on dénonçait à la fois de manière significative le caractère « *anti-artistique* » et « *anti-national* ».

Tous ceux qui n'apprécient pas Picasso ne sont pas d'extrême droite et ne transforment pas leur appréciation en ressentiment. Mais tous ceux qui, dans l'angoisse née de l'incertitude et de la perte ressentie de repères, cherchent dans l'incrimination de l'altérité un remède à leur désarroi sont un terreau de choix pour l'extrême droite. Birgitta Orfali les retrouve[411] parmi les partisans du Front national : « *La force et la cohésion du FN résident dans la propension du parti à entretenir une forme de ressentiment chez ses électeurs, ses sympathisants ou ses adhérents* ». La théorie du complot, des forces obscures et malfaisantes agissant contre les valeurs, ou, selon le cas, contre la nation – l' « *anti-France* » –, la famille ou la religion, est une constante des droites extrêmes, qu'elles incriminent les juifs, les maçons, les intellectuels ou les « *technocrates de Bruxelles* ». La revanche est un de leurs thèmes de prédilection et le développement du ressentiment un de leurs modes de persuasion principaux.

L'art n'échappe pas, on l'a dit, à cette démarche. Il n'en est que plus inquiétant de voir des penseurs qui ne se réclament nullement de l'extrême droite reprendre les mêmes arguments : décadence, complot, pour justifier à la fin du vingtième siècle leurs attaques contre l'art contemporain. Nous ne développerons pas ici, ce qui sortirait de notre sujet, l'examen de cette « querelle de l'art contemporain », comme l'a baptisée la presse, nous contentant de quelques observations. Elle a été initiée notamment par des articles hostiles à tout l'art contemporain parus en 1991 et 1992 dans la revue *Esprit*[412], dus en particulier à l'essayiste Jean-Philippe Domecq, qui affirmait vouloir « *ne plus entendre parler de Warhol* », ou à l'universitaire Jean Molino, qui allait, lui, jusqu'à souhaiter « *se débarrasser de Baudelaire* » et développait sa nostalgie de critères assurés d'appréciation esthétique.

La querelle se poursuit quelques années plus tard : au philosophe Jean Baudrillard publiant en 1996 dans le journal *Libération* un article sous le titre « *Le Complot de l'art* » succède le critique Jean Clair écrivant dans

---

[411] Birgitta Orfali, *L'adhésion au Front national*, Paris, Kimé, 1989, p. 265.
[412] *Esprit*, numéros 173, 179, 185.

L'Événement du jeudi un article intitulé « *L'art contemporain français* n'a plus [c'est moi qui souligne] *ni sens ni existence* »[413]. C'est peut-être là que se situe l'élément essentiel de cette « querelle de l'art contemporain » qui agite alors le milieu intellectuel, dans cette incapacité de nombre de ses contempteurs à analyser l'art contemporain autrement qu'en termes de décadence.

Il n'est pas étonnant dès lors que la revue proche de la Nouvelle Droite *Krisis*, dirigée par Alain de Benoist, se fasse un plaisir en 1996, dans un numéro intitulé « Art/non Art ? », d'accueillir Clair, Domecq et Baudrillard dans ses colonnes[414], où ils se retrouvent aux côtés de contributeurs occasionnels des autres revues du GRECE (*Éléments*, *Nouvelle École*) : l'écrivain Louis Védrines (qui a écrit aussi dans les *Cahiers des amis de Robert Brasillach*), ou l'universitaire Kostas Mavrakis, qui explique que « *le modernisme n'a plus d'avenir* » et que « *en tant qu'art, on s'apercevra bientôt qu'il n'a même pas de passé* » avant d'asséner, pour qui n'aurait pas compris la ligne éditoriale de la revue, que « *les idéologies, nationalistes en Italie et en Allemagne, communiste en URSS, proposaient au moins une cause substantielle à défendre, celles de leurs valeurs collectives réelles ou imaginaires. Les démocraties n'avaient rien à leur opposer, sauf justement la liberté. Elles favoriseront donc un art dont le contenu est l'absence de contenu, autrement dit la licence de faire n'importe quoi* ».

Ce rapprochement perçu comme une collusion suscitera dans la revue *Art Press* un dossier intitulé peut-être un peu rapidement « L'extrême-droite attaque l'art contemporain »[415], qui entraînera des réponses véhémentes dans les numéros suivants, mais qui permettait de clarifier les positions et de mettre en évidence la place de l'idéologie d'extrême droite dans le débat. On peut en effet être étonné de voir des penseurs de cette envergure reprendre les clichés les plus éculés de l'extrême droite : aucun des critiques ou philosophes engagés dans cette querelle n'en est politiquement proche ; mais ce constat est un élément de plus dans l'examen de l'influence de la pensée d'extrême droite sur le champ intellectuel contemporain, bien au-delà de son emprise politique.

Ce qui apparaît clairement pour toute l'extrême droite, c'est que l'art contemporain est à rejeter en totalité car il est le résultat ou l'aboutissement d'une décadence de l'art. Cette « décadence » est unanimement reconnue et condamnée par l'extrême droite, et au-delà par tous les pourfendeurs de l'art

---

[413] Baudrillard, dans *Libération* du 20 mars 1996 ; Clair, dans *L'Evénement du jeudi* du 23 janvier 1997.
[414] *Krisis* n° 19, novembre 1996.
[415] *Art Press* n° 223, avril 1997.

contemporain. Si aucun ne remet en cause l'idée que « l'art contemporain », dans sa globalité, soit une « *escroquerie* » (Gollnisch), du « *non-art* » (Mavrakis[416]), que Klein, Christo, César, Buren « *méritent d'êtres admirés non pas en qualité d'artistes, mais en qualité d'imposteurs et d'escrocs* » (Harouel[417]), la question est cependant débattue de savoir quand a commencé la « décadence ». Et les réponses, qui concernent essentiellement la peinture, apportent des nuances.

Un universitaire comme Jean-Louis Harouel, dans son ouvrage récent *La grande falsification : l'art contemporain,* considère que c'est l'invention de la photographie, au milieu du dix-neuvième siècle donc, qui a déclenché le reflux de la peinture. Reprenant, contre deux mille ans d'évolution de la conception des rapports entre le réel et son image, l'idée platonicienne de l'imitation, il explique que la peinture servait à « *reproduire exactement* [...] *les lieux, les êtres et les choses* ». La photographie, permettant une meilleure ressemblance avec le réel, aurait dépouillé les artistes de cette fonction de création d'images mimétiques et provoqué une « *fuite hors de l'art de peindre* », ne laissant plus sous le nom d'art contemporain que des « *non œuvres* » dans un « *monde d'après l'art* ».

Le philosophe Kostas Mavrakis s'oppose à cette explication : « *Ce n'est pas*, écrit-il dans son livre *Pour l'Art. Éclipse et renouveau*[418]*, comme on a pris l'habitude de le dire, la photographie qui a supplanté la peinture figurative en se chargeant de la reproduction du visible, c'est la domination du naturalisme qui a convaincu certains esprits que la mimésis était superflue puisqu'elle faisait double emploi avec cet art mécanique.* » Un peu plus tard, il répond longuement par une série d'articles publiés sur son blog[419] aux thèses de Harouel, dans des termes parfois peu amènes malgré la proximité idéologique : « *Cette explication-justification est aussi fausse qu'éculée. Si l'invention d'un moyen mécanique de reproduction du visible suffisait pour périmer l'art alors la sculpture aurait disparu dès l'antiquité quand fut découvert le procédé du moulage.* », ou encore : « *L'erreur d'Harouel réside dans sa définition réductrice de la peinture.* [...] *En fait, Harouel n'a pas la moindre idée de ce qu'est le travail artistique et il n'a pas cherché à s'instruire auprès de ceux qui savent.* »

Pour Mavrakis en effet, comme il le développe dans *Pour l'Art. Éclipse et renouveau*, la décadence ne commence pas avec la photographie, mais

[416] Kostas Mavrakis, *Pour l'Art. Eclipse et renouveau*, Editions de Paris, 2006, *passim*.
[417] Jean-Louis Harouel, *La grande falsification l'art contemporain*, Jean-Cyrille Godefroy Editions, 2009.
[418] Kostas Mavrakis, *Pour l'Art. Eclipse et renouveau*, Editions de Paris, 2006, p. 43.
[419] *Art, Culture, Société_ Blog de Kostas Mavrakis*, articles des 2, 4, 7 et 13 mai 2009 à l'adresse <http://kostasmavrakis.hautetfort.com/>.

vers 1910 quand l'art abstrait s'est substitué à l'Art. Les Impressionnistes, avec leur « *mimésis affaiblie et leur signifiance restreinte* », en avaient constitué les premiers symptômes, en discréditant le dessin, le coup de grâce étant porté par les « *nihilistes actifs* » comme Marinetti, Duchamp, Malévitch. Ainsi, conclut Mavrakis dans le chapitre II de son livre, « En chemin vers la catastrophe », la peinture « *a péri assassinée* ». L'art étant désormais dépouillé successivement de toutes ses caractéristiques, on a abouti au « *non-art* » contemporain.

Cette conception des étapes de la « décadence » et du passage subséquent de l'art au « non-art », cette obstination à rejeter tout l'art du vingtième siècle conduira à une querelle secondaire au sein même de la Nouvelle Droite, dans sa revue *Éléments*, entre Michel Marmin, cofondateur du GRECE et ancien directeur de la revue, et Mavrakis. Marmin reproche à son « *ami* » Mavrakis de faire commencer la décadence avec l'impressionnisme et explique : « *Nous estimons à l'inverse, que l'impressionnisme (mais aussi après lui le fauvisme, l'expressionnisme et même le cubisme et même le dadaïsme et même certains courants abstraits...) a été une formidable régénération dans une période de l'histoire de l'art occidentale où l'académisme n'était plus, à de bien rares exceptions, que la lugubre, mortifère et décadente parodie de ce qu'avait la tradition classique.* »[420]

On voit là que ce qui rapproche ces conceptions, malgré leurs nuances ou leurs divergences, est que chacune se réfère à l'idée d'une « *décadence* », voire une dégénérescence (corollaire inévitable de la période de « *régénération* » qu'évoque Marmin), qui a fait passer de la tradition figurative classique à l'art contemporain. Seules les étapes et la linéarité ou non de cette évolution sont objet de débat.

On voit également, à travers ces écrits, ces articles dans des revues, comment se fait la jonction entre l'extrême droite et les philosophes ou essayistes conservateurs. Remettant en cause tout l'art du vingtième siècle, la première récupère à son profit, via leur commune « *rhétorique de l'exécration* », non pas la critique, mais la stigmatisation de l'art contemporain par les seconds.

Un académicien comme Marc Fumaroli, bien que semblant défendre les mêmes thèmes, échappe pour une part à une telle critique : conservateur avoué, Fumaroli défend le « *dessin d'après modèle* », et, dans un entretien avec Jean Clair dans *Le Figaro*, estime que « *si l'art est éducation du sensible, il faut l'encourager à emprunter d'autres chemins que ceux dont le*

---

[420] *Eléments* n° 123, hiver 2006. Le débat se poursuivra dans le numéro 124.

médiatiquement correct contrôle actuellement l'accès »[421]. Opposant deux conceptions de l'art, il affiche ses préférences. On peut déplorer cette fixation sur l'académisme des siècles passés, du dix-septième en particulier, dont Fumaroli est un spécialiste reconnu ; on peut estimer léger et non fondé le rejet par exemple du cubisme défini abruptement comme « *le plaisir de retrouver prise avec un "chez soi" élémentaire et fortement réprouvé* ». C'est néanmoins autre chose d'affirmer comme Jean Clair que « *l'art français, contrairement à l'art italien, anglais ou germanique* [sic], *n'a plus d'existence* », ou comme Baudrillard que l'art contemporain est « *nul* », *a fortiori* comme Harouel que les artistes contemporains sont « *des escrocs* ».

On retrouve une prudence du même ordre chez le philosophe Yves Michaud, lorsqu'il publie en 1997 *La crise de l'art contemporain*[422] dans lequel il essaie de faire prendre en compte la « *nostalgie* » des adversaires de l'art contemporain plutôt que leur haine, et s'efforce six ans plus tard, dans *L'art à l'état gazeux*[423], de mettre en évidence le lien entre la transformation de la notion d'art, sous l'influence du primat accordé à l'esthétique, et l'évolution du mode d'existence de la société humaine : l'art contemporain n'est plus producteur d'œuvres d'art, mais d'installations et de performances, et comme tel il s'est répandu partout, est devenu « *gazeux* ». C'est ce qui lui vaudra d'être pris à partie par Kostas Mavrakis, pour qui l'art contemporain ne saurait être que du « non-art », et qui écrit dans un article publié sur son blog[424] le 3 avril 2009 : « *Le non-art est par définition fait pour ceux qui, ne comprenant rien à l'art, ne peuvent que souhaiter sa disparition. Parmi ces philistins, généralement snobs, il y a des intellectuels connus qui, tels Yves Michaud, mettent leur facilité de plumitifs au service du relativisme nihiliste. Aveugles à la peinture, ils comptent sur cette idéologie pour les en débarrasser* [...]. *L'essayiste Michaud* [...] *s'est complètement démasqué en faisant la promotion d'anartistes absolus.* »

C'est cette « *rhétorique de l'exécration* » qu'analysait et que dénonçait justement le critique Georges Didi-Huberman, dans un article de 1993 intitulé « *D'un ressentiment en mal d'esthétique* », qui se veut une réponse aux textes parus dans *Esprit* les deux années précédentes[425]. Il y montrait tout ce que ces écrits devaient au « *désir de vengeance* » ou, convoquant Nietzsche, à un « *ressentiment* » dépassant le simple domaine de l'art : « *Il s'agit d'abord d'un ressentiment moral et idéologique bien plus vaste qui*

---

421 *Le Figaro* du 22 janvier 1997.

422 Yves Michaud, *La crise de l'art contemporain*, PUF, 1997.

423 Yves Michaud, *L'art à l'état gazeux, Essai sur le triomphe de l'esthétique*, Stock, 2003.

424 *Art, Culture, Société. Blog de Kostas Mavrakis*, <http://kostasmavrakis.hautetfort.com/>.

425 Georges Didi-Huberman, « D'un ressentiment en mal d'esthétique », *Les Cahiers du Musée national d'Art moderne,* n° 43, 1993, pp. 102-118. Republié dans *L'Art contemporain en question,* Paris, Galerie nationale du Jeu de Paume, 1994, pp. 65-88

cherche dans le domaine esthétique son application la plus triomphaliste et la plus aisée en un sens ». Constatant que l'art contemporain est fréquemment associé par ses détracteurs qui au communisme, qui au mercantilisme, qui à l'étranger, Didi-Huberman n'hésitait pas à voir dans ces attaques une diabolisation qui reprend des thématiques chères à l'extrême droite et que nous avons ici même déjà vues à l'œuvre au début du vingtième siècle notamment. Même si les auteurs ici concernés ne se rattachent pas à l'extrême droite, le rapprochement des démarches est intéressant, en ce qu'elles associent morale ou idéologie et esthétique, et fondent leur condamnation de l'art contemporain non sur la raison ou le raisonnement, mais sur leur sentiment, sur une « *exécration* » qui est, à la bien considérer, l'équivalent négatif, comme en creux, de la fascination.

L'article de Didi-Huberman posait en effet une autre question, qui peut éclairer un aspect de notre réflexion, lorsqu'il se demandait pourquoi ce qu'il qualifie de « *pseudo-esthétique du "jugement de dégoût"* » rencontre l'assentiment d'un large public. C'est pour lui l'absence actuelle d'un véritable travail critique qui a laissé libre un espace où s'est engouffrée la « critique du ressentiment » ; et s'il se refuse à envisager, à l'inverse par exemple de Rainer Rochlitz[426], de définir une « *rationalité esthétique* » car, dit-il, « *faire* œuvre critique, *c'est le contraire de vouloir imposer des* critères », il n'en demeure pas moins que c'est une démarche de critique, et au-delà d'enseignement, qui seule s'oppose au « *jugement de dégoût* ». On retrouve là l'opposition entre une esthétique fondée non pas sur la raison, ce qui en exclurait la sensibilité, mais fondée en raison, et une esthétique fondée sur le sentiment, celle qui caractérise l'extrême droite.

---

[426] Voir par exemple, de Rainer Rochlitz, « Critériologie du juste et du beau », in *Atopie esthétiques transversales,* n° 3, septembre 1996.

XIX

Une esthétique d'extrême droite

Comment définir une esthétique d'extrême droite ? La difficulté de l'entreprise naît des termes mêmes qui la fondent.

L'esthétique connaît en effet, sans même qu'il soit besoin de remonter à la première *Esthétique*, l'*Æsthetica* du philosophe allemand Alexander Gottlieb Baumgarten en 1750, des définitions et des acceptions multiples, selon qu'on y voit de manière préférentielle, pour ne retenir que les options principales, une « *science de la connaissance sensible* », selon les termes de Baumgarten lui-même[427], ou une « science de l'art », la *Kunstwissenschaft* des philosophes allemands, ou encore une philosophie de l'art, et plus précisément une « *philosophie de l'art beau* (*Philosophie der schönen Kunst*) » à la façon de Hegel[428]. Concurrencée par la psychologie, la sociologie, la sémiologie, avec lesquelles elle entretient des relations et auxquelles elle a souvent recours, l'esthétique peine parfois à trouver sa juste place et à délimiter ses contours comme mode d'interprétation du monde. En 2002, le *Magazine Littéraire* consacre un dossier important, auquel collaborent une vingtaine de spécialistes de la question, à « *Philosophie et art* » et lui donne comme titre « *La fin de l'esthétique ?* »[429]. En 2005, la revue d'études esthétiques *Figures de l'Art* pouvait même poser la question « *L'esthétique est-elle encore possible aujourd'hui ?* »[430].

Nous ne prétendons pas ici donner une définition de l'esthétique[431], ce n'est ni notre objet ni notre propos, mais nous nous sommes proposé de rechercher les points communs à l'extrême droite dans sa représentation du monde sensible et sa conception de l'art et de la beauté. Ce n'est au demeurant pas si éloigné de ce que faisait il y a plus de deux siècles Baumgarten lui-même, lorsqu'il ajoutait à sa définition de l'esthétique une

---

[427] *Esthétique,* vol. 1, éd. et trad. fr. J.-Y. Pranchère, L'Herne, 1988, p. 121.

[428] *Vorlesungen über die Ästhetik*, 1935 / *Esthétique,* trad. fr. S. Jankélévitch, Aubier-Montaigne, 1944.

[429] *Magazine Littéraire* n° 414, novembre 2002.

[430] *Figures de l'Art*, n° 10, « L'esthétique aujourd'hui ? », Presses Universitaires de Pau, novembre 2005.

[431] Sur la notion d'esthétique, voir en particulier les ouvrages de Marc Jimenez, *Qu'est-ce que l'esthétique ?*, Gallimard, Folio Essais, 1997, et *Esthétique contemporaine. Tendances et enjeux*, Klincksieck, 2004.

parenthèse qui en développait les divers aspects : « *L'esthétique (ou théorie des arts libéraux, gnoséologie inférieure, art de la beauté du penser, art de l'analogon de la raison) est la science de la connaissance sensible* ».

Nous nous en tiendrons donc, comme nous l'avons pu faire implicitement jusqu'ici, et avec toutes les limites que comporte un tel choix, à une conception somme toute classique, et en tout cas globalisante, de l'esthétique, considérée comme l'ensemble des principes qui sont à la base d'une représentation sensible, d'une conception de l'art et d'un idéal de beauté. Ces principes renvoient nécessairement à une représentation du monde correspondant à une conception globale de celui-ci, laquelle en retour éclaire l'esthétique.

Parallèlement, la définition de l'extrême droite pose des problèmes similaires. La notion même d'extrême droite n'est recevable que si l'on néglige les multiples querelles d'historiens autour de celle-ci, qui ne sont pas toutes de simples querelles de chapelles. Les historiens anglo-saxons préfèrent généralement parler de « droites radicales », certains chercheurs hésitent, nous l'avons vu[432], sur la délimitation de la frontière entre populisme et extrême droite, d'autres s'efforcent de distinguer une extrême droite parlementaire des multiples mouvements qui refusent la démocratie parlementaire. Certains mouvements usuellement classés à l'extrême droite récusent d'ailleurs eux-mêmes cette classification : cela a été le cas à plusieurs reprises du président du Front national, qui préconise pour son parti la désignation comme « droite nationale ».

Les ouvrages fondateurs des historiens sur le sujet[433] ont toutefois dégagé quelques constantes qui permettent de délimiter l'extrême droite, dans sa version européenne tout au moins, même si des nuances persistent dans sa définition en extension sinon en compréhension. Pour ce qui est plus précisément de l'extrême droite française, la plupart des spécialistes se retrouveraient dans les neuf caractéristiques définies récemment par Michel Winock : « *la haine du présent* », « *la nostalgie d'un âge d'or* », « *l'éloge de l'immobilité* », « *l'anti-individualisme* », « *l'apologie des sociétés élitaires* », « *la nostalgie du sacré* », « *la peur du métissage génétique et l'effondrement démographique* », « *la censure des mœurs* », « *l'anti-intellectualisme* ». Nous avons nous-même évoqué plusieurs de ces aspects au fil de notre étude. Faute d'un corps de doctrine unifié, c'est à travers de

---

[432] *Supra* chapitre IV.

[433] Voir notamment Ariane Chebel d'Appollonia, *L'extrême-droite en France*, Paris, Complexe, 1988 ; Pierre Milza, *L'Europe en chemise noire - Les extrêmes droites européennes de 1945 à aujourd'hui*, Paris, Fayard, 2002 ; Michel Winock, *Nationalisme, antisémitisme et fascisme en France*, Seuil, 2004.

telles caractérisations qu'on peut chercher à définir l'extrême droite. C'est une démarche similaire que nous avons tenté de mener ici.

Question doublement délicate donc que celle de l'existence et des critères de détermination de l'esthétique d'extrême droite. Pourtant la question mérite d'être posée. Ce qui la légitime, et que nous avions esquissé sous une autre forme en introduction, est cette interrogation fondamentale : qu'est-ce qui fait que, dans le domaine culturel, dont on a vu qu'il était primordial pour toutes les extrêmes droites européennes, des gens aussi différents en apparence que des skinheads adeptes de rock et de cérémonies païennes, des catholiques intégristes admirateurs des vitraux de Chartres, des conservateurs défenseurs de la ruralité et des couchers de soleil peints puissent se trouver liés et alliés, même si ce n'est qu'épisodiquement ? Quelle représentation du monde, quelle part de sensibilité – au sens du grec *aisthésis* d'où dérive précisément esthétique –, quelles particularités dans la façon de voir, entendre, sentir le monde et de le faire voir, entendre, sentir, leur sont communes et permettent cette proximité culturelle ?

Question d'autant plus délicate que, comme le développe Jean-Yves Camus dans un article récent[434], « *Le préjugé du sens commun considère l'extrême-droite comme la famille politique produisant, plus que toute autre en dehors de la nébuleuse marxiste, de l'idéologie.* [...] *La vérité est pourtant à l'opposé : l'imaginaire de l'extrême-droite est fait avant tout de "visions du monde", d'images fugaces arrivant en gerbes, et qui dessinent un univers intellectuel dans lequel l'attitude et le style importent finalement davantage que la cohérence.* ». Il n'est donc pas question de rechercher une doctrine esthétique assurée, mais plutôt de ces « gerbes » d'éléments caractérisants qui permettent de la circonscrire et de lui donner un contenu.

On comprendra qu'au terme de cette trop brève étude, nombre de paramètres restent encore à approfondir, et que les difficultés n'ont pas toutes été levées, tenant d'une part au faible volume du corpus explicitement référencé d'extrême droite, lié à la difficulté que nous venons de rappeler d'une délimitation indiscutable de ce qui relève de l'extrême droite ; d'autre part aux ambiguïtés, voire aux contradictions internes d'un tel corpus, qui tiennent à la variété tant sociologique que doctrinale des courants qui constituent les extrêmes droites françaises et a fortiori européennes ; enfin aux multiples interférences relevées avec d'autres courants de pensée, qu'elles soient conjoncturelles, voire fortuites, ou socialement et historiquement déterminées et témoignent alors d'une proximité idéologique partielle.

---

[434] Jean-Yves Camus, « L'Extrême droite : une famille idéologique complexe et diversifiée », *La Pensée et les hommes*, n°68, Bruxelles, juin 2008.

De ce qui précède ressortent néanmoins plusieurs éléments suffisamment attestés, récurrents et généraux pour permettre d'esquisser les traits essentiels qui fondent une esthétique d'extrême droite.

L'esthétique d'extrême droite demande une appréhension immédiate et sensible non seulement de la signification mais surtout du sens de l'œuvre, qui ne doit pas laisser prise à l'incertitude ou à l'ambiguïté. Elle présente donc des éléments mimétiques du réel mais affectés d'une charge symbolique identifiable sans détour. L'antinomie affirmée du Beau et du Laid, comme du Bien et du Mal, au sein d'une pensée manichéenne, permet une interprétation univoque.

Elle procède d'une attraction adressée aux sens et aux sentiments, et agit par la fascination. Ses objets doivent être exaltés et exaltants, suggérer un monde autre que le monde actuel considéré comme en proie à la décadence. Une variante conservatrice met l'accent sur le désarroi face au monde moderne dégénéré et la condamnation de celui-ci au nom des valeurs mythifiées de l'ancien temps.

La raison et le raisonnement sont exclus de son approche, ou viennent au second plan, comme une justification de la sensation première. Une volonté affirmée d'anti-intellectualisme parcourt plus ou moins ouvertement l'ensemble des productions, y compris littéraires.

Devant être immédiatement reconnaissable, elle repose sur la tradition et exclut toute création en rupture ou ne respectant pas les normes considérées comme communément admises. Les démarches « futuristes » ne doivent pas faire illusion, qui entendent insuffler une vigueur nouvelle ou retrouver les élans perdus bien plus qu'explorer des voies nouvelles.

Elle traduit un travail, et donc un savoir-faire, le « métier » de l'artiste, et ne se satisfait donc le plus souvent que d'un certain académisme, ou à tout le moins d'une référence aux maîtres du passé, même si ceux-ci, les romantiques par exemple, avaient pu apparaître novateurs en leur temps : le passé vaut pour sa force symbolique, non pour son historicité. « Enracinée » dans un passé qu'elle veut transmuer en futur, elle manifeste une occultation fondamentale du présent.

Elle permet enfin une reconnaissance identitaire, l'appartenance à un groupe, un clan, une nation, une communauté, à travers l'appel à une tradition ou à des codes particuliers, et se définit ainsi par l'opposition à l'altérité comme au cosmopolitisme.

Aucun de ces traits ne suffit à lui seul à définir une esthétique d'extrême droite, et certains peuvent être partagés isolément, nous l'avons évoqué, par d'autres courants de pensée. Mais leur combinaison fournit un ensemble cohérent en phase avec les domaines politique, social, économique de l'idéologie d'extrême droite. Les mêmes lignes de force s'y retrouvent : la dénégation du présent, la recherche identitaire, le rejet de l'altérité, l'affirmation de soi comme appartenant à un groupe, l'exaltation de la force à travers des symboles unissant le Beau, le Bien et le Vrai conçus comme des absolus.

La mise en avant de ces éléments idéologiques correspond au rejet des valeurs antinomiques : l'assomption du présent, l'acceptation de l'altérité, la reconnaissance de l'humanité, l'admission du doute et de la faiblesse. Ce rejet est d'autant plus violent qu'il s'accompagne du ressentiment, de la thématique du complot ou de forces malfaisantes qui organiseraient dans l'ombre la décadence, tant politique qu'économique, morale et esthétique.

Ainsi dans le cadre plus général, et qu'il ne nous appartenait pas d'étudier ici, d'une conception et d'une interprétation du monde, se dessinent les contours d'une conception de la culture, d'une vision culturelle du monde, d'une esthétique enfin communes à toutes les droites extrêmes. Notre étude a porté pour l'essentiel sur la situation dans la France contemporaine. Mais les brèves incursions que nous avons faites au-delà dans le temps et dans l'espace ont mis en évidence la permanence de ces traits fondamentaux.

Cependant, chacun de ces traits, chacune de ces options peuvent être revendiqués séparément par des individus ou des courants idéologiques qui n'appartiennent pas à l'extrême droite, voire s'en démarquent résolument : nous en avons aperçu un certain nombre d'exemples. Ainsi le respect de la tradition se retrouve dans tous les conservatismes ; ainsi le symbolisme a traversé tout le dix-neuvième siècle, et le « réalisme soviétique » par exemple n'en était pas exempt. Il est donc possible, sans être rattachable à l'extrême droite, de se réclamer de l'un ou l'autre de ces traits ou de le représenter, lui donnant force et légitimité.

Mais le faire, c'est renforcer par là même l'idéologie d'extrême droite qui a développé cet aspect et dont il est une des caractéristiques. Pour ne reprendre qu'un des exemples que nous avons évoqués, il est évident que tous les amateurs de *hard rock* ne se reconnaissent pas dans les droites extrêmes, mais l'exaltation de la force virile, de la violence pulsionnelle qui s'attache à cette musique confère un attrait, voire une légitimité, aux thèses d'extrême droite qui reprennent ces notions et les théorisent, faute pour l'amateur d'avoir toujours le temps, la volonté, les moyens de distinguer les sensations et sentiments provoqués par son groupe préféré et leur utilisation idéologique par les extrêmes droites.

Est-ce à dire que, en art comme ailleurs, il faudrait aux démocrates répudier tout ce que l'extrême droite apprécie ou revendique ? Ainsi présentée, la thèse est absurde, et il n'est pas dans notre intention de donner ici des leçons, et encore moins des directives. C'est donc autrement qu'il convient de conclure.

La force d'une telle esthétique tient à ses caractéristiques : d'une part, précisément, à cette capacité à apparaître éclatée dans des contextes divers et sans rapport avec l'idéologie qui l'a théorisée, favorisant ou suscitant par glissements successifs le passage du réactionnel à l'idéologique ; d'autre part, à son pouvoir de séduction : ignorant la raison et le raisonnement, développant la confusion entre un Beau, un Bien et un Vrai idéalisés, elle sollicite directement sensations brutes et sentiments, et son appel à l'exaltation est propre à attirer tous ceux qui portent en eux une part d'irrationnel, qu'il s'agisse de rêve ou de ressentiment.

Et c'est cette force même qui fait son danger, qu'il revient à chacun de prendre en compte pour n'y pas succomber et garder le recul nécessaire. Par la fascination exercée, elle annihile la raison ; par l'exaltation, elle fait croire au surhomme. Mais il ne peut y avoir de surhomme que s'il est des sous-hommes.

La mise en œuvre de processus esthétiques de fascination rejoint ainsi le fondement inégalitaire de l'idéologie des extrêmes droites.

Bibliographie

ADORNO Theodor W., *Prismes. Critique de la culture et société* [*Prismen*], trad. française, Paris, Payot, 2003

ADORNO Theodor W., *Essai sur Wagner* [*Versuch über Wagner*], trad. française, Paris, Gallimard, rééd. 1979

ALBÉRÈS René Marill, *Bilan littéraire du XXe siècle*, Paris, Aubier-Montaigne, 1956

ALBERTI Leon-Battista, *De Pictura*, traduction et notes de J.-L. Schefer, Paris, Macula, 1992

ALLEAU René, *Hitler et les sociétés secrètes – Les sources occultes du nazisme*, Paris, Grasset, 1969.

ARAGON Louis, *Écrits sur l'art moderne*, Paris, Flammarion, 1981

ARIÈS Paul, *Le Retour du diable : satanisme, exorcisme, extrême droite,* Villeurbanne, Golias, 1997

ARIES Paul, *Satanisme et vampyrisme, le livre noir*, Golias, 2004

ARISTOTE, *Poétique*, 6, 1450a 2, Paris, Seuil, 1980 (traduction R. Dupont-Roc et J. Lallot)

BACH Richard, *Jonathan Livingstone Seagull*, trad. française, Paris, Flammarion, 1973

BACH Steven, *Leni Riefenstahl. Une ambition allemande*, traduit de l'anglais (É.-U.) par M. Tricoteaux, Éd. Jacqueline Chambon, 2008

BARRÈS Maurice, *Scènes et doctrines du nationalisme*, Paris, Félix Juven éditeur, 1902

BARTHES Roland, *Le degré zéro de l'écriture*, Paris, Seuil, 1953

BARTHES Roland, *Mythologies*, Paris, Seuil, 1957, rééd. 1970

BARTHES Roland, *L'Obvie et l'Obtus*, Paris, 1982

BAUDOU Jacques, *La Fantasy*, PUF, « *Que sais-je ?* » n° 3744

BAUMGARTEN Alexander Gottlieb, *Esthétique* [*Ästhetica*], vol. 1, éd. et trad. fr. J.-Y. Pranchère, L'Herne, 1988

BEAUVOIR (de) Simone, *Mémoires d'une jeune fille rangée*, Paris, Gallimard, 1958

BÉNARD Nicolas, *La culture Hard Rock*, Paris, Dilecta, 2008.

BENN Gottfried, « Expressionnismus », repris in *Gesammelte Werke*, Wiesbaden, 1959

BENOIST (de) Alain, *Vu de Droite*, Paris, Copernic, 1977

BERGSON Henri, *Essai sur les données immédiates de la conscience*, Paris, 1889, rééd. PUF, 1959

BERTIN MAGHIT Jean-Pierre, *Le Cinéma sous l'Occupation*, Paris, Orban, 1989

BERTRAND-DORLÉAC Laurence, *L'Art de la défaite*, Paris, Seuil, 1993

BESANCON Alain, *L'image interdite*, Paris, Fayard, 1994
BÉTHUNE Christian, *Adorno et le jazz, Analyse d'un déni esthétique*, Paris, Klincksieck, 2003
BETTELHEIM Bruno, *Psychanalyse des contes de fées*, Robert Laffont éd., Paris, 1976, rééd. 1999
BIBLE, Bible, Paris, éditions du Cerf, 2000
BIHR Alain, *Le spectre de l'extrême droite. Les français dans le miroir du Front national*, Paris, Éd. de l'Atelier/ Éd. ouvrières, 1998
BOURDIEU Pierre, *Les règles de l'art, Genèse et structure du champ littéraire*, Paris, Seuil, rééd. 1998
BOUSSINOT Roger, *L'encyclopédie du cinéma*, Paris, Bordas, 1980
BRASILLACH Robert, *Notre avant-guerre*, Paris, Plon, 1941
BRUNEL Pierre (dir.), *Dictionnaire des mythes littéraires*, Éditions du Rocher, 1988
CALVIN Jean, *L'Institution chrétienne*, 1560, rééd. Genève, Labor et Fides, 1955
CASSIN Barbara (dir.), *Vocabulaire européen des philosophies*, Paris, Le Seuil / Le Robert, 2004
CHAVANEAU Emmanuel, « L'illusion d'une vie sans histoire », *in Négationnistes : les chiffonniers de l'histoire*, ouvrage collectif, Paris, Golias/Syllepse, 1997
CHEBEL D'APPOLLONIA Ariane, *L'extrême-droite en France*, Paris, Complexe, 1988
CLAIR Jean, *La responsabilité de l'artiste*, Paris, Gallimard, 1997
CLAIR Jean, *Considérations sur l'état des beaux-arts. Critique de la modernité*, Paris, Gallimard, 1983
CŒUROY André, *La Musique et le Peuple en France*, Paris, Stock, 1941, rééd. Stock, 1960.
COHEN Jean-Louis (dir.), *Années trente. L'architecture et les arts de l'espace entre industrie et nostalgie*, Paris, 1996
COLAS-ADLER Marie-Hélène et FERRER Mathilde (dir.), *Groupes, mouvements, tendances de l'Art contemporain depuis 1945*, Paris, École Nationale Supérieure des Beaux-Arts, 1989
COLLECTIF, « L'art contemporain en question », *in Conférences et colloques*, Galerie nationale du Jeu de Paume, Paris, 1994
COLLECTIF, *Lyon capitale du négationnisme ?*, Villeurbanne, éditions Golias, 1995
COLLECTIF, *Négationnistes : les chiffonniers de l'histoire,* Paris, Golias/Syllepse, 1997
COLLECTIF, *Rock haine Roll, Origines, histoires et acteurs du Rock Identitaire Français*, éditions No Pasaran, 2004
DABEZIES André, « Des mythes primitifs aux mythes littéraires », *in Dictionnaire des mythes littéraires*, Paris, Éd. du Rocher, 1988
DAGEN Philippe, *La haine de l'art*, Paris, Grasset, 1997

DENIS Maurice, *De Gauguin et de Van Gogh au classicisme, Théories*, 4e édition, Paris, Rouart et Watelin, 1920
DESCARTES René, *Œuvres*, Gallimard, Bibliothèque de la Pléiade, n° 40, rééd. 1953
DIOUDONNAT Pierre-Marie, *Je suis partout, 1930-1944. Les maurrassiens devant la tentation fasciste*, Paris, 1973.
DRIEU LA ROCHELLE Pierre, *Socialisme fasciste*, Paris, Gallimard, 1934
DUMÉZIL Georges, *L'idéologie tripartie des Indo-Européens*, Bruxelles, Latomus, 1958
DURAND Géraud, *Enquête au cœur du Front national*, Paris, Grancher, 1996
DURANTON-CRABOL Anne-Marie , *Visages de la Nouvelle Droite. Le GRECE et son histoire*, Presses de la Fondation nationale des sciences politiques, 1988
DURANTON-CRABOL Anne-Marie, *L'Europe de l'extrême-droite de 1945 à nos jours*, Bruxelles, Complexe, 1991
DUVEAU Marc (dir.), *La grande encyclopédie de la fantasy*, Paris, Omnibus, 2003
ÉRIBON Didier, *Faut-il brûler Dumézil ? Mythologie, science et politique*, Paris, Flammarion, 1992
FAURE Christian, *Le projet culturel de Vichy : folklore et révolution nationale 1940-1944*, Presses Universitaires de Lyon, 1989
FERGUSON Marilyn, *Les enfants du Verseau*, Paris, Calmann-Lévy, 1981 (trad.).
FERRY Luc, *Le Sens du Beau. Aux origines de la culture contemporaine*, Paris, Livre de poche, 2002
FREUD Sigmund, *Au-delà du principe de plaisir*, publié dans les *Essais de psychanalyse*, traduction Jankélévitch, Paris, Payot, 1963
FREUD Sigmund, *Inhibition, symptôme et angoisse*, Paris, PUF, 5e édition, 2002
FREUD Sigmund, *L'Avenir d'une illusion*, trad. Marie Bonaparte, Paris, PUF, 1971
FRONT NATIONAL, *Pour un avenir français. Le programme de gouvernement du Front national*, éd. Front national, 2002
FRONT NATIONAL, *Pour la France, programme du Front national*, présenté par Jean-Marie Le Pen, Paris, Albatros, 1986
FRONT NATIONAL, *Passeport pour la victoire*, programme du Front national pour les élections de 1988, éd. Front national, 1988
GADAMER Hans Georg, *L'Art de comprendre*, *Écrits* II, *Herméneutique et champ de l'expérience humaine*, Paris, Aubier, 1991
GHIBERTI Lorenzo, *I Commentarii*, éd. J. von Schlosser, Berlin, Julius Bard, 1912
GIRARDET Raoul, *Mythes et mythologies politiques*, Paris, Seuil, 1986

GODARD Henri, *Céline Scandale*, Paris, Gallimard, 1994
GOLDMANN Lucien, *Racine*, Paris, L'Arche, 1956
GOLDMANN Lucien, *Pour une sociologie du roman*, Paris, Gallimard, 1964
GRAMSCI Antonio, *Cahiers de prison*, volume III, Paris, Gallimard, 1978 (trad. des *Quaderni del carcere* n° 10 à 13)
GRAZIANI Françoise, « Image et Mythe », *in Dictionnaire des mythes littéraires*, dir. P. Brunel, Paris, éd. Du Rocher, 1988
GREENBERG Clement, *Art et culture – Essais critiques*, Paris, Macula, 1988
GUÉNON René, *La crise du monde moderne*, Paris, Gallimard, rééd. 1973
GUYOT Adelin et RESTELLINI Patrick, *L'art nazi*, Bruxelles, Éditions Complexe, 1996. Préface de Léon Poliakov
HAROUEL Jean-Louis, *La grande falsification : l'art contemporain*, Jean-Cyrille Godefroy Éditions, 2009
HASTINGS Michel, « Les métaphores médicales dans le discours du Front national en France », *in L'Extrême-Droite en Europe de l'Ouest*, Presses de l'Université libre de Bruxelles, 1991
HEGEL Friedrich, *Esthétique* [*Vorlesungen über die Ästhetik*], trad. fr. S. Jankélévitch, Aubier-Montaigne, 1944
JACOB Jean, *Le retour de « l'ordre nouveau »*, Genève, Droz, 2000
JAKOBSON Roman, *Essais de linguistique générale*, Paris, Minuit, 1963
JIMENEZ Marc, *Esthétique contemporaine***,** *Tendances et enjeux*, Paris, Klincksieck, 2004
JIMENEZ Marc, *Qu'est-ce que l'esthétique ?*, Paris, Gallimard, « Folio Essais », 1997
JOUBERT Marie-Agnès, *La Comédie-Française sous l'occupation*, Paris, Tallandier, 1998
JOUVE Pierre et MAGOUDI Ali, *Les Dits et Non-dits de Jean-Marie Le Pen*, Paris, La Découverte, 1987
KANT Emmanuel, *Critique de la faculté de juger* [*Kritik der Urteilskraft*], traduction française A. Philonenko, Paris, Vrin, 1979.
KLEMPERER Victor, *LTI, Notizbuch eines Philologen*, Leipzig, 1975, traduction française : *LTI, La langue du IIIe Reich*, Paris, Albin Michel, 1996
KNIGHT Nick, *Skinhead*, Londres, Omnibus Press, 1982
KRUMEICH Gerd, *Jeanne d'Arc à travers l'histoire*, Paris, Albin Michel, 1993
KYLOUŠEK Petr, *La poétique subversive des hussards (Nimier, Laurent, Blondin, Déon)*, Sborník Prací Filozofické Fakulty Brněnské Univerzity, université de Brno, 2001
LACOUE-LABARTHE Philippe et NANCY Jean-Luc, *Le mythe nazi*, Paris, L'aube poche, rééd. 2005
LALO Charles, *L'Art et la vie sociale*, Doin, 1921

LAPLANCHE Jean et PONTALIS Jean-Bernard, *Le vocabulaire de la psychanalyse*, Paris, PUF, 1968
LE PEN Jean-Marie, *Les Français d'abord*, Paris, Carrère / Laffon, 1984
LE PEN Jean-Marie, *La France est de retour*, Paris, Carrère/ Laffon, 1985
LÉONARD DE VINCI, *Traité de la peinture*, Paris, Berger-Levrault, 1975 (traduction A. Chastel).
LOISEAU Jean-Claude, *Les Zazous*, Paris, Sagittaire, 1977
LOUBET DEL BAYLE Jean-Louis, *Les Non-conformistes des années 30. Une tentative de renouvellement de la pensée politique française*, Paris, Seuil, 1969
LUKACS Giörgy, *La Théorie du roman*, trad., Paris, Denoël, 1968
LUKACS Giörgy, *Le Roman historique*, trad., Paris, Payot, 1965
LUKACS Giörgy, *Balzac et le réalisme français*, traduction, Paris, Maspéro, 1969
LUKACS Giörgy, *Grandeur et décadence de l'expressionnisme*, 1934, repris *in Problèmes du réalisme*, Paris, Arche, 1975
MABIRE Jean et VIAL Pierre, *Les Solstices, histoire et actualité*, Éditions Le Flambeau, Chatillon sur Chalaronne, 1991
MASSIS Henri, *Défense de l'Occident*, Paris, Librairie Plon, 1927
MAUCLAIR Camille, *La Farce de l'art vivant*, Paris, Éditions de la Nouvelle Revue critique, 1930
MAURRAS Charles, *Mes idées politiques*, rééd., Paris, Fayard, 1968
MAVRAKIS Kostas, *Pour l'Art. Éclipse et renouveau*, Versailles, Éditions de Paris, 2006
MÉGRET Bruno, *L'Alternative nationale. Les priorités du Front national*, Éditions Nationales, 1996
MÉGRET Bruno, « La France, une réalité d'avenir », *Les origines de la France*, Éditions Nationales, 1997
MEYER Nonna et PERRINEAU Pascal (dir.), *Le Front national à découvert*, Paris, Presses de la FNSP, 1989
MICHAUD Yves, *L'art à l'état gazeux, Essai sur le triomphe de l'esthétique*, Stock, 2003
MICHAUD Yves, *La crise de l'art contemporain*, Paris, PUF, 1997
MILLET Catherine, *L'art contemporain en France*, Paris, Flammarion, rééd. 1994
MILZA Pierre, *Fascisme français. Passé et Présent,* Paris, Flammarion, 1987
MILZA Pierre, *L'Europe en chemise noire. Les extrêmes droites en Europe de 1945 à aujourd'hui*, Paris, Flammarion, coll. « Champs », 2002
MITTERAND Henri, *Littérature*, XXe siècle, coll. H. Mitterand, Nathan, Paris, 1989
MONZAT René, *Enquêtes sur la droite extrême*, Paris, Le Monde-Éditions, 1992

NATTER François et ROUSSEAU Claude, *De la politique naturelle au nationalisme intégral*, recueil de textes, Paris, Vrin, 1972

NOLL Richard, *Jung, « Le Christ aryen », Les secrets d'une vie*, (trad.) Paris, Plon, 1999

NORA Pierre (dir.), *Les lieux de mémoire*, tome III : *Les France*, Paris, Gallimard, 1992

ORFALI Birgitta, *L'adhésion au Front national, De la minorité active au mouvement social*, Paris, Kimé, 1989

ORY Pascal, *Les collaborateurs, 1940-1945*, Paris, Seuil, 1976

ORY Pascal, *L'anarchisme de droite*, Paris, Grasset, 1985

PAUWELS Louis, *L'homme éternel*, Paris, Gallimard, 1970

PAUWELS Louis et BERGIER Jacques, *Le matin des magiciens*, Paris, Gallimard, 1961

PLATON, *Phèdre*, Paris, Les Belles Lettres, 2002 (traduction Paul Vicaire)

PLATON, *Banquet*, Paris, Flammarion, 1998 (traduction Luc Brisson)

PLATON, *Hippias majeur*, Paris, Les Belles Lettres, 2003 (traduction Alfred Croizet)

PLATON, *Philèbe*, Paris, Les Belles Lettres, 1978 (traduction Auguste Diès)

PLATON, *Sophiste*, Paris, Les Belles Lettres, 1985 (traduction Auguste Diès)

PLATON, *Cratyle*, Paris, Les Belles Lettres, 1931 (traduction L. Méridier)

PLOTIN, *Ennéades*, Paris, Les Belles Lettres poche, 1999 (traduction Émile Bréhier)

POUJADE Pierre, *J'ai choisi le combat*, Paris, 1955

REBATET Lucien, *Les Décombres*, rééd. (sous le titre : *Mémoires d'un fasciste*), Paris, Pauvert, 1976

RÉGNIER Gérard, *Jazz et société sous l'Occupation*, Préface de Pascal Ory, Paris, L'Harmattan, 2009

REICH Wilhelm, *La psychologie de masse du fascisme*, Paris, Payot, 1972

RICHARD Lionel, *Le nazisme et la culture*, Bruxelles, Complexe, 2006 (rééd.)

ROCHE-PEZARD Fanette et MILZA Pierre, *Art et fascisme : totalitarisme et résistance au totalitarisme dans les arts en Italie, Allemagne et France des années 30 à la défaite de l'axe,* Bruxelles, Complexe, 1988

ROSENBERG Alfred, *Le mythe du XXe siècle*, édition de 1934, traduction française Éditions Déterna, 1999

ROTHKO Mark, *Conversations avec Clay Spohn*, 1947, *in* Mark Rothko, Miguel Lopez-Remiro, Claude Bondy, *Écrits sur l'art*, Paris, Flammarion, 2006.

SADOUL Jacques, *93 ans de BD*, Paris, J'ai Lu, 1989

SALLENAVE Danièle, *Le don des morts – Sur la littérature*, Paris, Gallimard, 1991

SCHELER Max, *L'homme du ressentiment*, Paris, Gallimard, 1958 (trad.).
SCHLEGEL (von) August Wilhelm, *Vorlesungen über schöne Literatur und Kunst* [*Leçons sur la littérature et les beaux-arts*], 1801-1802, éd. E. Behler, Paderborn, Schöningh, vol. 1, 1989
SCHOPENHAUER Arthur, *Le Monde comme volonté et comme représentation*, 1818, trad. PUF, 1966, livre III
SICLIER Jacques, *La France de Pétain et son cinéma*, Paris, Henri Veyrier, 1981.
SINGER Claude, *Le juif Süss et la propagande nazie : l'histoire confisquée*, Paris : Les Belles Lettres, 2003
SONTAG Susan, *Under the Sign of Saturn*, New York, Farrar Straus Giroux, 1980
SOUCHARD Maryse, WAHNICH Stéphane, CUMINEL Isabelle, WATHIER Virginie, *Le Pen, les mots, Analyse d'un discours d'extrême-droite*, Paris, La Découverte, 1998
SOUDAIS Michel, *Le Front national en face*, Paris, Flammarion, 1996
TAGUIEFF Pierre-André, *Sur la Nouvelle Droite*, Descartes et Cie, 1994
THIRIART Jean, *L'Empire euro-soviétique de Vladivostok à Dublin*, Charleroi, Machiavel, 1986
THOMAS D'AQUIN, *Somme théologique,* 1re partie, traduction française A.-M. Roguet, Cerf, 1994
TRIOLO Jean-Luc, *Index de la fantasy. L'heroic fantasy en France en 2002*, Paris, Encrage, 2003.
VALLA Jean-Claude, « Pour une renaissance culturelle », *Dix ans de combat culturel pour une renaissance*, GRECE, Paris, 1977
VERDÈS-LEROUX Jeannine, *Refus et violence, Politique et littérature à l'extrême-droite, des années 30 aux retombées de la Libération*, Paris, Gallimard, 1996
VERNANT Jean-Pierre, *Les origines de la pensée grecque*, Paris, 1962, 10e édition, PUF, collection Quadrige, novembre 2007
VERNANT Jean-Pierre et VIDAL-NAQUET Pierre, *Mythe et tragédie en Grèce ancienne*, Paris, 1972, rééd. Paris, La Découverte, 2001
WINOCK Michel, *Nationalisme, antisémitisme et fascisme en France*, Paris, Seuil, 2004

Index des noms de personnes

Table des matières

Politique aux éditions L'Harmattan

Dernières parutions

QUE RESTE-T-IL DU SOCIALISME ?
Tarondeau Jean-Claude
Cet ouvrage retrace l'histoire de l'utopie qui, au XIXe siècle, donne naissance au socialisme et décrit les principales expériences qui ont été menées en son nom. Les expériences socialistes limitées comme celle des Acadiens ont disparu rapidement, les plus grandes ont engendré des dictatures qui se sont effondrées comme en URSS ou qui ont renoncé au socialisme comme en Chine. Il montre enfin comment le socialisme d'aujourd'hui s'adapte aux réalités et rejette les utopies qui l'ont fait naître.
(Coll. Questions contemporaines, 18.50 euros, 190 p.)
ISBN : 978-2-336-00547-8, ISBN EBOOK : 978-2-296-50753-1

INTERNATIONALE (L') DE L'INTELLIGENCE – Pour une mondialisation éclairée !
Guyot Gilles - Préface de Francine Demichel
«Si l'on veut que la mondialisation ne soit pas pilotée selon les impératifs financiers, il est temps que se développe l'internationalisation des savoirs.» L'»internationale de l'intelligence» est la solution aux dérives actuelles de la mondialisation et l'enseignement supérieur français, très dynamique dans ce domaine, a une carte à jouer pour le plus grand bien de notre pays.
(22.00 euros, 232 p.) *ISBN : 978-2-336-00557-7, ISBN EBOOK : 978-2-296-50757-9*

DOUZE (LES) TRAVAUX D'HERCULE DU NOUVEAU PRÉSIDENT
Sous la direction de Hubert Lévy-Lambert et Laurent Daniel
Ce livre explique les enjeux qui sous-tendent les décisions politiques attendues du nouveau Président. Il est orienté vers la recherche d'une réduction rapide du déficit public et du déficit extérieur. Les lecteurs y trouveront matière à réflexion sur certains choix stratégiques comme le recrutement de nouveaux fonctionnaires, le retour de la retraite à 60 ans, l'encadrement des loyers ou l'abandon de la TVA «sociale». La plupart des auteurs sont membres de «X Sursaut», regroupant plusieurs centaines de polytechniciens.
(Coll. Questions contemporaines, 24.00 euros, 234 p.)
ISBN : 978-2-296-99503-1, ISBN EBOOK : 978-2-296-50726-5

CADRE (LE) JURIDIQUE DE LA CAMPAGNE PRÉSIDENTIELLE
Sous la direction de Jordane Arlettaz et Séverine Nicot
Les campagnes présidentielles font-elles l'objet d'un traitement juridique particulier, en réponse à l'enjeu politique et citoyen des élections qu'elles précèdent ? Le cadre normatif est-il adapté aux campagnes présidentielles ? Le droit de la campagne est-il un droit dérogatoire ? Le candidat est-il un sujet de droit comme les autres ?
(Coll. Questions contemporaines, 18.00 euros, 178 p.)
ISBN : 978-2-296-96303-0, ISBN EBOOK : 978-2-296-50766-1

UN HOMME ÉLÉGANT – Quarante mois auprès de Jacques Chirac
Lugan Benoît
Entre 1998 et 2001, Benoît Lugan fut l'un des aides de camp du Président de la République Jacques Chirac. Alors au contact permanent de celui-ci, il a pu en observer les principaux traits de caractère. Rigoureux et inquiet, attentif et courtois, pudique et généreux, courageux et sensuel, doué d'un remarquable sens tactique et d'une prodigieuse mémoire, et enfin tout à la fois fataliste et opiniâtre : ainsi est décrit, au travers de nombreux événements vécus, le tempérament de l'ancien chef de l'État.
(13.50 euros, 118 p.) *ISBN : 978-2-296-96301-6, ISBN EBOOK : 978-2-296-50641-1*

RÉCONCILIER DÉMOCRATIE ET GESTION
Brilman Jean
Sur la base d'une vulgarisation synthétique de sources incontestables (rapports de la Cour des comptes, de l'Inspection des finances, du FMI, etc.) l'auteur met en évidence les dérives économiques et sociologiques de la démocratie contemporaine à l'origine de la dette française. L'étroit chemin qui permettrait de stabiliser la dette sans trop dégrader la croissance passe par un assouplissement monétaire et une politique économique visant à restaurer la compétitivité, une réduction du nombre excessif des collectivités publiques.
(Coll. Questions contemporaines, 26.00 euros, 252 p.)
ISBN : 978-2-296-99715-8, ISBN EBOOK : 978-2-296-50668-8

RGPP ET RÉFORME DES COLLECTIVITÉS TERRITORIALES
Sous la direction de Jean-Claude Nemery
La RGPP (Révision Générale des Politiques Publiques) est un programme en cours d'une grande portée pour la réforme de l'État français, dont un aspect clé réside dans la refondation de l'État «territorial». Quel est l'impact de la RGPP sur l'administration territoriale de l'État et quelle est son incidence sur les collectivités locales ?
(Coll. Grale, 28.00 euros, 272 p.)
ISBN : 978-2-336-00149-4, ISBN EBOOK : 978-2-296-50638-1

RÉGIONS (LES) FRANÇAISES AU MILIEU DU GUÉ
Plaidoyer pour accéder à l'autre rive
Bénéteau Alain, Mallet Louis, Catlla Michel - Préface de Michel Rocard
2012, la région a trente ans. La dernière-née des collectivités territoriales a-t-elle trouvé sa place dans le système institutionnel français et répondu aux attentes de ses créateurs ? Si l'institution régionale est pleinement entrée dans le paysage politique français, les difficultés et les contradictions qui ont accompagné sa naissance ne l'ont pas quittée. La région est encore fragile, et donc pas encore stabilisée.
(Coll. Questions contemporaines, 18.50 euros, 186 p.)
ISBN : 978-2-336-00293-4, ISBN EBOOK : 978-2-296-50650-3

MISSIONS D'OBSERVATION DES ÉLECTIONS
Ndoumou Fabien Désiré
L'essor des missions d'observation des élections est lié à la vague démocratique des années 1980 et 1990, qui a entraîné nombre d'États totalitaires à adopter les principes de la démocratie représentative. Elles ont connu un succès mitigé, l'espoir placé en elles s'est effrité. Plusieurs raisons à cela : les divergences de vue, les difficultés de terrain et le paternalisme lié au statut même de l'observateur. Quelle réflexion face à cette situation ?
(Coll. Défense, Stratégie et Relations Internationales, 46.00 euros, 450 p.)
ISBN : 978-2-296-96565-2, ISBN EBOOK : 978-2-296-50544-5

GUIDE DE SURVEILLANCE ET D'OBSERVATION DES ÉLECTIONS
Ewangui Céphas Germain
Préface d'Henri Bouka
Conduire avec succès les processus électoraux est une condition *sine qua non* pour la légitimité des dirigeants et les institutions de tout État qui se veut démocratique. Cependant, réussir ce pari exige non seulement l'engagement et l'enthousiasme des parties prenantes, mais aussi le savoir, la maîtrise des mécanismes pour conduire à la fois les élections et les missions d'observation électorale.
(Coll. Harmattan Congo, 10.00 euros, 58 p.)
ISBN : 978-2-296-99673-1, ISBN EBOOK : 978-2-296-50708-1

THÉORIE (LA) DU COMPLOT : UN MYTHE ?
Mezaguer Sarah
Cet essai analyse les raisons ayant permis à la théorie du complot de trouver, ces dernières décennies, une résonance particulière dans notre société. Il revient tout d'abord sur sa propagation et les raisons qui font que l'on y adhère. Tout en semblant *a priori* exacerber l'angoisse, la théorie du complot permet finalement de la canaliser. C'est dans un climat de

confusion où l'on croit enfin avoir les clés pour comprendre le monde alors qu'il ne cesse de se complexifier que s'épanouit ce type de théorie.
(15.50 euros, 152 p.) *ISBN : 978-2-296-96728-1, ISBN EBOOK : 978-2-296-50338-0*

FACE AUX NOUVEAUX MAÎTRES
Staraselski Valère - Préface de Vincet Ferrier
Avec cet ouvrage, l'auteur entre une nouvelle fois dans le champ de bataille contre les fauteurs contemporains d'aliénation humaine. Le marché, et surtout son arsenal idéologique : voilà l'ennemi. Voici une sélection d'articles, de communications, d'entretiens, d'allocutions parus dans *L'Humanité*, *Libération*, *Témoignage chrétien*, sur les sites Vendémiaire, Communisme 21, Altaïr, Transitions, La faute à Diderot et de la Fondation Gabriel Péri de 2003 à 2012.
(24.00 euros, 244 p.) *ISBN : 978-2-296-99291-7, ISBN EBOOK : 978-2-296-50458-5*

HAUT COMMISSARIAT (LE) DES NATIONS UNIES POUR LES RÉFUGIÉS (HCR) FACE AUX CATASTROPHES NATURELLES – Ce que le tsunami de 2004 a changé
Maertens Lucile - Préface de Bertrand Badie
S'étant consacré jusque-là à la protection des migrants déplacés pour des raisons exclusivement politiques, le HCR est intervenu auprès des victimes du tsunami en 2004. Pourtant qualifiée d'»exceptionnelle» par le Haut Commissaire Lubbers, cette opération a marqué le début d'une série d'interventions destinées aux victimes de catastrophes naturelles. Le champ d'intervention du HCR a changé depuis le tsunami.
(Coll. Perspectives organisationnelles, 16.00 euros, 156 p.)
ISBN : 978-2-296-96280-4, ISBN EBOOK : 978-2-296-50281-9

INDIVIDU (L') DANS LES RELATIONS INTERNATIONALES
Le cas du médiateur Martti Ahtisaari
Dieckhoff Milena - Préface d'Alvaro de Soto
La médiation internationale vise, par l'insertion d'un tiers médiateur, la résolution pacifique des conflits. Mais quelle est la part revenant en propre à l'individu-médiateur dans cet exercice délicat qu'est la médiation entre deux parties en conflit ? Centrée sur l'analyse du médiateur finlandais Martti Ahtisaari, prix Nobel de la paix en 2008, cette étude rend compte des déterminants qui façonnent l'action médiatrice et des facteurs qui assurent une marge de liberté à l'individu-médiateur.
(Coll. Inter-National, série Première Synthèse, 18.00 euros, 178 p.)
ISBN : 978-2-296-96439-6, ISBN EBOOK : 978-2-296-50320-5

DÉLIBÉRATION ET GOUVERNANCE – L'émergence d'une logique d'action ?
Sous la direction de Patrick Quantin et Andi Smith
Passer du gouvernement à la gouvernance, est-ce ouvrir la porte à plus de délibération, c'est-à-dire une logique d'action fondée sur l'argumentation publique ? Cette manière d'opérer et de légitimer des décisions se substitue-t-elle aux procédures préexistantes ou forme-t-elle des «instances» supplémentaires qui compliquent l'action publique ? Ces contributions identifient les conditions qui encouragent ou découragent l'émergence de la délibération comme logique d'action sociétale et gouvernementale.
(Coll. Logiques politiques, 27.00 euros, 274 p.)
ISBN : 978-2-296-99687-8, ISBN EBOOK : 978-2-296-50456-1

SÉCURITÉ ET FACTEURS HUMAINS DANS LES MOYENS DE TRANSPORT
Une approche multidisciplinaire
Sous la direction de Sandrine Gaymard et Angel Egido ; préface de Jean Soumagne
La sécurité dans les moyens de transport (terrestre, aérien) sous ses formes diverses constitue un réel enjeu de santé publique, et des réseaux européens de recherche se sont constitués pour apporter des réponses aux questions posées sur le terrain. Les contributions sont rassemblées sous quatre grands thèmes : évaluation et méthodes d'évaluation pour la sécurité ; communications, médias et sécurité ; politiques publiques, environnements et sécurité ; usagers vulnérables, normes et sécurité.
(Coll. Logiques sociales, 32.50 euros, 316 p.) *ISBN : 978-2-296-99665-6, ISBN EBOOK : 978-2-296-50234-5*

POLITIQUES DE LA VIOLENCE – Essai sur l'impuissance citoyenne
Cagnat Cédric - Préface d'Alain Brossat
L'auteur nous propose ici une analyse du fonctionnement des mécanismes d'extermination de la vie politique dans nos sociétés. La thèse qu'il soutient : le «démocratisme», soit l'idéologie des formes de pouvoir légitimées, est cela même qui refoule et tue la démocratie. Selon lui, cette idéologie fonctionne comme un agencement de discours destinés à faire prévaloir auprès de la population cette «évidence» fallacieuse, discréditant toute autre figure de la politique ou de l'activité démocratique.
(Coll. Questions contemporaines, 19.00 euros, 192 p.) *ISBN : 978-2-296-96545-4*

SIGNATURE EN POLITIQUE – Entre attribut du pouvoir et contrainte matérielle
Raher Rémi
Dans le champ politique, la signature peut être perçue comme un outil de structuration de l'action publique : elle valide une décision et engage un processus. Cependant, nombreux sont les documents signés sans que le titulaire de la signature n'ait formellement émis son accord, voire sans qu'il en soit informé. L'utilisation de la signature s'inscrit dans les règles du jeu politique, mais elle rend possible l'expression de singularités, avec un enjeu global qui se résume ainsi : qui décide ?
(Coll. Questions contemporaines, 15.50 euros, 152 p.) *ISBN : 978-2-296-96105-0*

PACTE (LE) SOCIAL RÉEXPLIQUÉ AUX CITOYENS DÉCHUS
Coito Manuel
Le pacte social menace de rompre sous l'effet d'un capitalisme finissant. Une idéologie d'allure religieuse est appelée à la rescousse pour sauver les apparences et prospère d'autant que se languit la vie politique. Ce livre revient sur les tyranniques injonctions des sondeurs de la volonté publique et des apôtres de la fatalité économique, l'absurde liturgie électorale de la représentation politique, la forclusion sociale des vieux... et imagine l'avenir d'un regain du pacte social.
(Coll. Questions contemporaines, 13.50 euros, 120 p.) *ISBN : 978-2-296-96404-4*

DÉVELOPPEMENT DURABLE ET SCIENCES SOCIALES
Traductions d'un concept polysémique de l'international au local
Coordonné par Marjorie Filliastre, Marion Mauger-Parat et Hélène-Yvonne Maynaud
L'étude pluridisciplinaire de la question du développement durable suscite de nouveaux questionnements à l'aune de la situation internationale et nationale. Les chercheur-e-s en sciences humaines et sociales en examinent les ressorts et étudient la manière dont les individus, seuls ou collectivement, membres d'organisations publiques ou privées, professionnels ou particuliers, se représentent ce phénomène ou encore oeuvrent pour sa mise en place.
(Coll. Dossiers Sciences Humaines et Sociales, 22.50 euros, 226 p.) ISBN : 978-2-296-96536-2

GÉNOCIDE (LE) FACE À L'IMAGE
Gosztola Matthieu
L'image témoigne toujours du réel dans son aspect le plus tranchant. Elles apparaissent comme ontologiquement nécessaires lors des conflits, des guerres, et plus particulièrement lors de cette atrocité qu'est le génocide. Il s'agit simplement de témoigner de toutes les douleurs et de toutes les injustices pour tenter de les prévenir, dans ce monde si féru d'oubli. Car un génocide est toujours possible, n'importe où, n'importe quand.
(Coll. Questions contemporaines, 14.00 euros, 128 p.) *ISBN : 978-2-296-96841-7*

PASSAGE AU CRIBLE DE LA SCÈNE MONDIALE – L'actualité internationale 2011
Sous la direction de Josepha Laroche
Cette publication porte sur l'actualité mondiale de l'année 2011 : une importance particulière a été accordée à l'affaiblissement des Etats. Ce livre souligne également les avancées juridiques et les innovations institutionnelles réalisées en matière de protection internationale des droits de l'Homme, il met en avant la vigueur et le dynamisme des mobilisations sociales s'exerçant aujourd'hui sur la scène mondiale.
(Coll. Chaos International, 13.50 euros, 124 p.) *ISBN : 978-2-296-96991-9*

L'HARMATTAN, ITALIA
Via Degli Artisti 15; 10124 Torino

L'HARMATTAN HONGRIE
Könyvesbolt ; Kossuth L. u. 14-16
1053 Budapest

ESPACE L'HARMATTAN KINSHASA
Faculté des Sciences sociales,
politiques et administratives
BP243, KIN XI
Université de Kinshasa

L'HARMATTAN CONGO
67, av. E. P. Lumumba
Bât. – Congo Pharmacie (Bib. Nat.)
BP2874 Brazzaville
harmattan.congo@yahoo.fr

L'HARMATTAN GUINÉE
Almamya Rue KA 028, en face du restaurant Le Cèdre
OKB agency BP 3470 Conakry
(00224) 60 20 85 08
harmattanguinee@yahoo.fr

L'HARMATTAN CAMEROUN
BP 11486
Face à la SNI, immeuble Don Bosco
Yaoundé
(00237) 99 76 61 66
harmattancam@yahoo.fr

L'HARMATTAN CÔTE D'IVOIRE
Résidence Karl / cité des arts
Abidjan-Cocody 03 BP 1588 Abidjan 03
(00225) 05 77 87 31
etien_nda@yahoo.fr

L'HARMATTAN MAURITANIE
Espace El Kettab du livre francophone
N° 472 avenue du Palais des Congrès
BP 316 Nouakchott
(00222) 63 25 980

L'HARMATTAN SÉNÉGAL
« Villa Rose », rue de Diourbel X G, Point E
BP 45034 Dakar FANN
(00221) 33 825 98 58 / 77 242 25 08
senharmattan@gmail.com

L'HARMATTAN TOGO
1771, Bd du 13 janvier
BP 414 Lomé
Tél : 00 228 2201792
gerry@taama.net

642455 - Février 2016
Achevé d'imprimer par

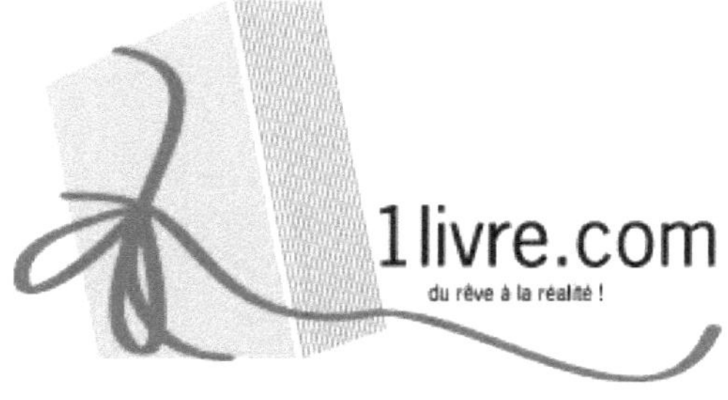